从人类自我发展自我完善的意义上说，人文意指人类文化、人类文明。在此，人文的内涵可以在社会群体和独立个体的层面上表现出来：就社会层面而言，人文负载了文化传承的重任，充当了文明进步的先锋；就个体层面而言，人文侧重于个人心智的历练，个人情操的提升。

人文还是一类学科的专名，它与自然科学、社会科学并驾齐驱，是关于人的本性、特质、才能和未来状况的知识和学问。在此，人的存在和活动，人的精神和价值，人格的培养，人性的健全成为中心话题。在人文学科的麾下，聚集了文学、历史、哲学、教育、艺术、语言、法律、宗教、民俗等诸多分支学科。与自然科学、社会科学相比，人文学科更加贴近人的感受和体验，更能表现人的情感与理想。

对于普通读者来说，人文精神直接关乎其实际生活状态。科学技术的进步、现代化进程的发展，无疑给社会和个人带来富足、现代的生活条件；但同时，商品拜物抬头、工具理性膨胀、自然生态恶化与精神疾患蔓延，也如阳光下的阴影一般尾随而至。如此说来，人文精神的弘扬与普及就成为保障现代

总序

曾繁仁

人类社会和谐健康发展的必要条件。

立足个体层面，提高人文素质，面向社会群体，传播人文知识，可以采取的方式应该是多种多样的。就广大读者而言，朋友交谈般的娓娓道来比起完备严谨的论著讲章更具亲近感，更易接受，也更能激发其感受与思考的意愿与情趣。因此，我们希望能够做一个合格的导引者，带领读者朋友进入那负载了丰富的精神内涵和人类文化经验、标示着人性发展的轨迹、显现着人格教养的“人文博物馆”。

无论是哲学、历史、文学、语言、教育、艺术、民俗，每一种文化传承，都是我们今日社会进步及个体精神成长的基石。对于深受日常事务困扰的现代人来说，在紧张的生活节奏之间，特意寻找和营造一段“休止”，让自己身心放松，为将来聚集精力，这一切，越来越显得重要和必需。我们不妨设想，在此期间，若有人性智慧编织的音符与你相伴，那将是多么美妙的时光。《人文博物馆》正是为读者提供精神徜徉的地方。在这用文字和画面构筑的“博物馆”里，阅读、体会进而领悟那些博大睿智的精神遗产，亦是本书希望做到的。

人文博物馆·哲学卷

目录

引言 爱智与知人

要想难倒哲学家，最简单的方法莫过于问他“哲学是什么”。这恐怕是哲学这门学科中最难回答的问题之一。正如中世纪哲学家奥古斯丁所说：“假如没有人问我，我很清楚它是什么，但是假如有人问我，而且要我说明，那就使我为难了。”

当然，人们可以很方便地从哲学词典或教科书中找到有关“哲学”的各种定义和界说，但当你对哲学有了一定深入的了解，进入哲学的殿堂之后，就会感到对“哲学是什么”这一问题最好保持沉默，你会发现它原本是无法用语言谈论的，正如老子所言：“道可道，非常道；名可名，非常名。”维特根斯坦也说：“对于不可说的东西我们必须保持沉默。”①然而，古今中外的哲学家们仍然喋喋不休地大谈何为哲学，这又是怎么回事呢？是不是徒劳无益呢？当然不是。因为哲学的最深刻悖论就在于此：

“说”“不可说”。

真正的哲学是超出语言（特别是日常语言）范围的，不能用语言“说”出来，而更多地依靠领悟、体会、实践等方式。然而，要学习和传播哲学，又只能采用语言这种不完美的形式。虽然“只可意会，不可言传”，但又不得不以“言传”的方式来“意会”。用冯友兰的话说，就是：“人必须先说很多话然后保持沉默。”②

《中国大百科全书·哲学卷》将哲学定义为：“哲学是世界观的理论形式，是关于自然界、社会和人类思维及其发展的最一般规律的学问。”这可以说是哲学的“权威”定义，虽然没错，但并不足以很好地说明这门历史悠久、派别繁多的学科的实质。

---

① 维特根斯坦：《逻辑哲学论》，105页，商务印书馆，1996。

② 冯友兰：《中国哲学简史》，295页，北京大学出版社，1996。

追根溯源，哲学在东西方走了不同的路径。

在西方，“哲学”（Philosophy）一词来源于古希腊文的“φιλοσοφία”，拉丁化为“Philosophia”，即由“philo-”（喜爱）和“sophia”（智慧）组成，也就是说，“哲学”一词在古希腊文中的原意是“爱智慧”。在希腊神话中，智慧女神雅典娜（Athena）是智慧的象征和守护神（见图0-1）。她是万神之王宙斯最喜欢的女儿，据说她是从宙斯前额蹦出而出世的，橄榄树和猫头鹰是她的象征。19世纪70年代，日本近代哲学家西周首次将“Philosophy”译成汉语“哲学”，中国晚清的学者黄遵宪将这一译名介绍到中国，中国学术界逐渐接受并开始用它来表述哲学学说。在古印度，哲学通常被称为“见”或“察”，前者梵文的拉丁化拼音为“darśana”，意为“见解”“思想”“观点”，后者梵文的拉丁化拼音为“anviksiki”，意为“探究的学问”，后来又用以专指逻辑。

■ 图0-1　古希腊智慧女神——雅典娜

据考证，最早使用“哲学”一词的是古希腊哲学家毕达哥拉斯。而古希腊哲学的集大成者亚里士多德认为，希腊哲学源起于贵族生活之“闲暇”和对自然万物之“惊异”。从一开始哲学就包括了智慧与爱智慧的关系，而不是所谓的存在和思维的关系。这从西方形而上学的最早开端巴门尼德的哲理诗得到了证明。女神给爱智者区分了三条道路：一条是存在之路，它必然存在，是可思的，可说的；另一条是虚无之路，它必然不存在，是不可思的，不可说的；第三条路是人之路，人作为要死者行走在存在和虚无之间，其道路似是而非。女神选择了存在之路，因为她是智慧的代言人。

“人是万物之灵”，这个“灵”就是智慧。这种智慧表现在多方面：“人是理性的动物”，“人是劳动的动物”以及“人是语言的动物”。人人都有智，但并非人人都能成为哲学家，区别就在于“爱不爱智”。普通人都具有或多或少的智慧和知识，但他们或妄自尊大，或妄自菲薄，或无自知之明，或无知人之智，或“熟知而非真知”。

哲学这种智慧之爱的最典型形式凝结于黑格尔的逻辑学中，哲学在自身的智慧之爱中赋予智慧以理性，智慧之所以能够在哲学中理性化，是因为智慧本身是理性的。只有理性的才是可能存在的、可思的和可说的，非理性的是不能存在的、不可思的和不可说的。

简言之，西方传统哲学就是对以理性为核心的智慧（知识）进行多方面的反思、批判、概括的学问。

现代西方哲学对传统哲学的理性主义思维方式进行了全面批判和反思（见本书8、9节），对哲学就是“爱智慧”提出了疑问。不过，与其说是对爱智慧本身的怀疑，不如说是对传统哲学爱智慧的方式提出怀疑和批判。对智慧的爱是不变的，变化的只是爱的方式以及智慧的内涵。

再来看中国。

与古希腊哲学起源于“闲暇”时的“惊异”不同，儒家哲学的创始人孔子（前551—前479，图0–2）周游列国，颠沛流离，他说：“德之不修，学之不讲，闻义不能徙，不善不能改，是吾忧也。”（《论语·述而》）中国哲学是起源于先秦时期“士”阶层对社会离乱、道德沦丧的“忧患”。中西哲学之起源的宗教、社会环境和知识主体有所不同，二者对“哲学”的根本态度和取向也就有所不同。

东汉许慎的《说文解字》中，“哲”字的篆文为“哲”或“嚞”，意为“知也”，“哲或从心”，“古文哲从三吉”。

“哲”，在古汉语中有智慧、贤明之意，“哲人”一般指贤明而有智慧的人。但在中国的古典文献中，没有连接在一起的“哲学”一词。中国上古时代的文献《尚书·皋陶谟》记载大禹曰：“知人则哲，能官人；安民则惠，黎民怀之。”《孔氏传》解释为：“哲，智也。无所不知，故能官人、惠爱也。爱则民归之。”如果说“知人则哲”的“知人”即一般所说“知人善任”的意思，还称不上是“哲学”思想，那么春秋时孔子、老子等的思想就开创了中国哲学的历史。《老子》曰：“知人者智，自知者明。”《论语·颜渊》载：“樊迟问仁，子曰：‘爱人。’问知（智），子曰：‘知人。’”“不患人之不己知，患不知人也。”

■ 图 0–2　孔子画像

《论语》中，“知”（智）与“仁”及“勇”并列，如“知者乐水，仁者乐山”，“知者不惑，仁者不忧，勇者不惧”等。孔子所谓“仁者爱人”，是对于“人”（类）的普遍之爱；其所谓“智”在“知人”，也是对于“人”（道）的普遍之知。孔子说：“择不处仁，焉得知？”（《论语·里仁》）“未知，焉得仁？”（《论语·公冶长》）“知”与“仁”应该是统一的。故《中庸》云：“知、仁、勇三者，天下之达德也，所以行之者一也。”

儒家哲学是以“知人”为中心，以“爱人”为宗旨，但又不仅限于“知人”和“爱人”。孔子说：“四十而不惑，五十而知天命”，“不惑”是“知人”的境界（所谓“知者不惑”），其上还有“知天命”，这就不是“知人”所限了。《中庸》云：“思知人，不可以不知天。”从“知”的范围来说，不仅是“知人”，而且是“知天”；从“知”的宗旨来说，“知天”亦是为了“知人”。《中庸》又云：“诚者，天之道也；诚之者，人之道也。”孟子也说：“诚者，天之道也；思诚者，人之道也。”天道与人道有所不同，但通过人道的“诚之”或“思诚”（道德的主体性和能动性），其所要达到的境界是“天人合一”。

从“知人则哲”发展到“思知人，不可以不知天”，这就是先秦时期哲学的主要理路。中国哲学的系统，就是天论和人论以及如何“知天”“知人”的知论所组成的系统。“知人则哲”可谓中国哲学的特色，“合知行”“一天人”“同真善”等都是由此决定的。这样一门学问在中国古代有“道”“道术”“玄学”“道学”“理学”等不同名称，有儒、道、法、墨、名、阴阳等不同流派，但其主旨是以探求“天人合一”为核心，以“修身齐家治国平天下”的道德修养为主要手段，以认识社会、人生为目的，追求“成仁成圣”，或用北宋思想家张载的名言：“为天地立心，为生民立命，为往圣继绝学，为万世开太平。”

总之，哲学是一种智慧，但智慧并不就是哲学，仅仅把哲学视为“智慧学”“聪明学”，显然是不恰当的。爱智慧不等于智慧（Wisdom），智慧不等于知识（Knowledge）。知识是对特定事物的认识结果。智慧是综合化、系统化的知识和能力。有些人把哲学降低为智慧，再把智慧降低为知识，特别是书本知识，以为读了几本书，背了几条原理和规律，就懂得了哲学，实在是对哲学的极大误解。哲学并不仅仅是一种智慧，而是对智慧的追求和追问，是对智慧的真挚、强烈、永恒之爱，即“爱智之忱”。智慧有高有下，有大有小，也有过时之虞，而爱智之情才是可贵的、永恒的。因而，哲学就不是回答和解决具体问题的“小智慧”和“小聪明”，而是关于人类生存发展和安身立命的“大智慧”和“大聪明”。这种“大智慧”和“大聪明”，用中国传统哲学的语言说，就是“究天人之际，通古今之变”（司马迁），“判天地之美，析万物之理”（庄子）；用西方传统哲学的语言说，就是“寻问世界的本源和本质”，“提供一切知识的基础”，“追求第一原因”；用现代西方哲学的语言说，就是解决“信仰的迷失”“人生的危机”“意义的失落”“人的自我异化”“存在的遗忘”“精神的焦虑”“全球性危机”等问题；用马克思主义哲学的语言说，就是解决人的解放和自由全面发展的问题。所有这些问题，用通常的说法，就是哲学所研究的“世界观”（本体论）“认识论”“历史观”“人生观”和“价值观”等问题。

哲学既是这种反思、批判、创造、变革的智慧的结晶——“世界观”（本体论）“认识论”“历史观”“人生观”和“价值观”等问题，更是爱智的激情——对世界的惊奇、对现实的反思和批判、对真理的执着、对真善美和自由理想的渴望。

本书不是一部完整意义上的哲学史，更不是一本哲学概论。她不成体系，甚至没有“逻辑”。

笔者只想在哲学长路上树几个路标，在哲学长河中撷几朵浪花，在与往圣先贤的对话中，在对生活的体验和感悟中，聆听世界和人的奥妙，诉说头脑的理性和心灵的激情，思考宇宙人生的有趣的问题，敬畏自然、热爱生命、善待他人、认识自己。

具体来讲，本书以人与世界的关系为核心，思考讨论以下问题：

第 1～11 节简要介绍哲学的概念、功能、历史、人物、派别等。

第 12～15 节讨论哲学的对象之一——世界。

第 16～23 节讨论哲学的核心——人。

第 24～38 节讨论认识论、伦理学、逻辑学、美学、宗教学等分支学科中的问题。

第 39～45 节讨论政治哲学、社会哲学、历史哲学、文化哲学中的问题。

这些思考和问题肯定不完善、不全面，不令人满意，它向世界和未来开放，哲学的思考和哲学的问题没有最终的答案，哲学之路没有尽头，我们永远是思想者，我们同行在思之路上，活着，爱着，怀疑着，批判着，思索着，行动着，走向自由、健康、和谐、幸福。

1 “头上的星空”与“庙里的神”

有两种东西，我们愈是时常愈加反复地思索，

它们就愈是给人的心灵灌注了时时翻新，

有增无减的赞叹和敬畏，

——头上的星空和心中的道德法则。

这是德国伟大哲学家康德（Immanuel Kant，1724—1804，图1-1）的墓碑铭文，出自他的三大批判之一的《实践理性批判》。

■ 图1-1　康德雕像

“头上的星空”代表外在的自然界，“心中的道德法则”代表内在的精神世界。这两个世界就是传统哲学所要思考的主要领域。在康德看来，对这两种东西，首先要有“赞叹”和“敬畏”之情，因其美妙而赞叹，因其伟大而敬畏，其次才可以进行思考和研究。受近代以来西方理性主义思维方式和文化传统影响，人们对待这两个世界的态度更多的是一种知识论和工具化态度，也就是说，把自然界和精神世界当做哲学思考的对象，当做人类认识和改造的工具。人们在理性、科

学、工业、市场的支配下对自然和心灵为所欲为、予取予求，忘记了对自然和心灵的“赞叹”和“敬畏”，忘记了自然和心灵不是外在的“物”，而是人的存在的内在组成部分，于是陷入“人类中心主义”的泥淖，造成了现代以来人与自然关系、人与人关系以及人自身关系的危机和困境，最终伤害的是人类自己。现在我们重读康德的名言，感触颇深。无论人类的科学和哲学如何昌明，无论人类的工业和技术如何发达，无论人类的文明如何“先进”，如果失去了对自然、生命、心灵、精神的赞叹和敬畏，必将导致严重的危机，误入歧途。

康德是18世纪德国古典哲学的奠基人，他在代表作“三大批判”——《纯粹理性批判》《实践理性批判》和《判断力批判》中为人的认知理性、实践理性（道德）和审美理性划界，厘清了人的认识能力、实践能力和审美判断能力，分析了人在真、善、美三大领域的能力及其限度，极大地发展了哲学的三大分支——认识论、伦理学和美学。可以说，康德哲学以晦涩的方式道出了哲学的秘密——对真、善、美的追求。具体说来，哲学主要的研究对象就是人与世界的关系，而人与世界的关系具体表现为认知关系(真与假)、价值关系（善与恶）和审美关系（美与丑)，因此，哲学对人与世界关系的反思，集中表现为对真、善、美的追求。如果再加上对真善美的根据、基础和标准的追求——“本体”即“在”，以及追求真善美的最终目的——人自身的存在与发展，那么，全部哲学的主要问题，就可以概括为：“在”“真”“善”“美”“人”。

无独有偶，德国哲学家黑格尔(George Wilhelm Friedrich Hegel，1770—1831，图1–2）曾经把哲学比做“庙里的神”。他说：“一个有文化的民族”，如果没有哲学，“就像一座庙，其他各方面都装饰得富丽堂皇，却没有至圣的神那样。”[①]“庙里的神”，就是照亮人类的文化殿堂和精神家园的“灵光”。也就是说，哲学就像普照大地的阳光一样，照亮了

① 黑格尔：《逻辑学》，上卷，2页，商务印书馆，1966。

人类的生活，如果失去了哲学，人类的生活就会黯然失色。他说："凡生活中真实的伟大的神圣的事物，其所以真实、伟大、神圣，均由于理念。""人应尊敬自己，并应自视能配得上最高尚的东西。"[①]而这种"高尚的东西"，就是规范人类生活的"理性"。这样的理性，并不是个人的理性，也不是工具理性（所谓工具理性，就是把对象当做认识和改造的工具而忽视了对象自身的价值），而是一种普遍理性。这种普遍理性，需要一种特殊的文化形式，就是哲学。某一个人不懂哲学或拒斥哲学，照样可以生活得很好，但是一个民族若没有自己的哲学和哲学家，没有理论思维，没有理想的追求，没有"判天地之美，析万物之理"（庄子语）的精神，那么一刻也不能生存，即便生存下去也将没有"灵魂"。正因如此，马克思把哲学称为"时代精神的精华"和"文明的活的灵魂"。

■ 图 1-2　黑格尔画像

黑格尔对哲学的这种理解，最典型地表达了西方传统哲学特别是德国古典哲学对哲学的理解。当代美国哲学家理查·罗蒂（Richard Rorty，1931—）说："自希腊时代以来，西方思想家们一直在寻求一套统一的观念"，"这套观念可被用于证明或批评个人行为和生活以及社会习俗和制度，还可为人们提供一个进行个人道德思想和社会政治思考的框架。'哲学'（'爱智'）就是希腊人赋予这样一套映现现实结构的观念的名称。"[②]

然而，这种对哲学的理解，也容易导

① 黑格尔：《小逻辑》，35、36 页，商务印书馆，1980。
② 理查·罗蒂：《哲学和自然之镜》，11 页，生活·读书·新知三联书店，1987。

致一种误区：哲学的神化。哲学家们自觉不自觉地把自己当做哲学之“神”的代言人，把哲学塑造成高高在上的理论，以至与人们的生活脱节甚至对立，特别是随着工业时代分工的细化，学习和研究哲学成为某种专业和职业，哲学家们发明了很多套特定的游戏规则——概念化的话语体系，普通人越来越看不懂哲学，哲学家也越来越远离民众，远离生活。歌德的名言“理论是灰色的，生活之树常青”就是此意。

现代以来，这种对哲学的理解，逐渐被人们批判和抛弃，越来越多的人不再把哲学看做高尚、神圣、伟大而与人的生活对立的思想，哲学开始走下“神坛”，然而，这并不意味着要走向另一个极端——哲学的世俗化。哲学源于生活，又必须超越生活，哲学之“神”并不是宗教神学中至高无上的、主宰人的神，并不是人的异化，而是人自身精神追求的最高表达。哲学的光就是人性之光，人的精神之光，它值得人们去赞叹、敬畏和追求。哲学对世界和智慧的赞叹与敬畏、爱与追求，并不会因为时代的变化而变化，它始终如一。需要反省和批判的不是这种赞叹与敬畏、爱与追求，而是赞叹与敬畏、爱与追求的方式。

2 “密涅瓦的猫头鹰”与“高卢的雄鸡”

许多人在谈论哲学时，经常引用黑格尔的一个比喻。黑格尔说，哲学就像密涅瓦的猫头鹰一样，不是在旭日东升的时候在蓝天上翱翔，而是在黄昏降临的时候才悄然起飞。这里的“密涅瓦”即希腊神话中的智慧女神雅典娜，她是思想和智慧的象征和守护神，猫头鹰栖落在她身边。黑格尔用这个比喻，意在说明哲学是一种“反思”（后思）活动，是一种沉思的理性。所谓“反思”就是“对思想的思想”“对认识的认识”，是事后的思考，即对已成之事的思考和解释。他在《小逻辑》中说：“哲学的认识方式只是一种反思——意指跟随在事实后面的反复思考。”如果说“思想”和“认识”是鸟儿在旭日东升或骄阳当空的蓝天上翱翔，那么，“反思”当然只能是在黄昏降临时悄然起飞。

黑格尔的这一比喻，除了说明哲学在现实和常识之后产生外，还有一层更深含义：哲学的反思必须是深沉的、超越的，而不是追求时髦，因而也常常是寂寞的。黑格尔说：

> 时代的艰苦使人对日常生活中平凡的琐屑兴趣予以太大的重视，现实上很高的利益和为了这些利益而作的斗争，曾经大大地占据了精神上一切的能力和力量以及外在的手段，因而使得人们没有自由的心情去理会那较高的内心生活和较纯洁的精神活动，以致许多较优秀的人才都为这种艰苦环境所束缚，并且部分地牺牲在里面。因为世界精

神太忙碌于现实，所以它不能转向内心，回复到自身。①

特别要指出，黑格尔的“反思”“后思”与我们俗话说的“事后诸葛亮”有同有异。相同之处是，两者都是在“事”之后的思考；不同之处在于，“反思”是对事实的一种批判和超越，是深刻的哲学思考，而“事后诸葛亮”却是对事先不知道、事后什么都知道的人的讥讽，是一种贬义用语。

■ 图 2—1 马克思

与黑格尔的这一比喻截然不同的是，马克思（1818—1883，图2—1）把无产阶级比做人类解放的心脏，把哲学比做人类解放的头脑，认为哲学是为人类解放服务的。所以，马克思把哲学称为迎接人类黎明即人类解放的“高卢雄鸡”。高卢是法国古称，高卢雄鸡是法国第一共和国国旗上的标志，是当时法国人民的革命意识的象征。马克思借用了海涅的形象比喻：“高卢雄鸡如今再次啼叫，而德意志境内也已破晓。”

从黑格尔的“猫头鹰”到马克思的“高卢雄鸡”，形象地表明马克思主义哲学不同于以往一切哲学的特点。用马克

① 黑格尔：《哲学史讲演录》，第1卷，1页，商务印书馆，1959。

思的话说：

> 哲学家们只是用不同的方式解释世界，而问题在于改变世界。①

在这两个比喻启发下，我们来谈谈哲学的功能。任何一门学科只要有其存在的价值，就会有其特定的功能，哲学当然不例外。但哲学的功能不能理解为功利主义的"功"或实用主义的"用"。在日常生活中，许多人会问"哲学有用吗？""有什么用？"对哲学的"用"颇多怀疑乃至否定。是的，在常人眼里，哲学不能用来追求功名利禄，哲学经常与贫穷为伍，而哲学家经常与孤独为伴。

先来看两则寓言：

马克思曾经援引过一个阿拉伯寓言，充分暴露了哲学家面对世俗生活的尴尬。

> 有一个船夫准备好在激流的河水中驾驶小船，上面坐着一个想渡到河对岸去的哲学家。于是发生了下面的对话：
>
> 哲学家：船夫，你懂得哲学吗？
>
> 船夫：不懂！
>
> 哲学家：那你就失去了一半的生命！
>
> 哲学家又问：你研究过数学吗？
>
> 船夫：没有！
>
> 哲学家：那你就失去了一半以上的生命。
>
> 哲学家刚刚说完了这句话，风就把小船吹翻了，哲学家和船夫两人都落入水中，于是船夫喊道：你会游泳吗？
>
> 哲学家：不会！
>
> 船夫：那你就失去了你的整个生命！②

这个寓言大概很能得到那些怀疑哲学的功能和价值的人们的认同。然而，哲学不是"游泳术"，没有实际的功用，是不是就没有意义呢？再来看中国古代思想家庄子（约公元前369—前286，图2-2）所讲的一个寓言。

---

① 《马克思恩格斯选集》，第1卷，19页，人民出版社，1995。在伦敦海德堡公墓的马克思的墓碑上，就镌刻着他的这句名言。

② 参见《马克思恩格斯全集》，第35卷，303～304页，人民出版社，1971。

一天惠子向庄子抱怨，说他有一棵叫樗的树，因为太大了，木匠无从下手，所以大而无用。庄子说，你这棵树因其太大，而免受斤斧之砍伐，没有人加害于它，有什么可抱怨的呢。小有小的用处，大有大的用处。参天大树不宜做桌椅板凳，但你可以“彷徨乎无为其侧，逍遥乎寝卧其下”，沐浴于这棵大树之下的情趣，又岂是桌椅板凳所能代替的？哲学，也许正像这棵大树一样，其价值不在有“小用”而在有“大用”。这样说，并不是轻视衣食住行等“小用”，说哲学之用“大”，是因为它比物质方面的价值更长久，更深远。进一步说，真正的哲学的功能恰恰在于超越经验(世俗)层面的实际功用，而达到超验意义上的“大用”，这种“大用”在功利层面看当然就是“无用”，无用之用方为大用，无功之功方为大功。要求哲学具有世俗意义上的功用，既无可能也无必要。就如梵高画笔下的“鞋”不能穿，但却比实际的鞋有更大的意义和用处。实际的鞋穿破了就会被扔掉，所谓“弃之如敝屣”，但梵高画的“鞋”却具有永久的价值。

■ 图 2-2　庄子画像

还有一个金手指的传说故事。有一个神仙，他有一个点石成金的金手指，并可以满足人们的一个愿望。于是很多人求他点东西变金子，有人求他点一块石头，有人求他点一间屋子，甚至有人求他点一座金山，神仙都有求必应。一天，有个年青人求他：“神仙爷爷，我不要别的东西，能不能把您那个金手指给我？”神仙一听吓跑了，心想，我把金手指给你，我还是什么神仙呢！好的哲学不是金手指点出来的各种东西，而是这个“金手指”本身。

现代文明的一大特点就是这种世俗功用的泛滥，功利主义和实用主义盛行。

随着科学技术的日益强大，人的认识和改造自然的欲望和能力无限扩大，甚至把整个自然和文化都变成桌椅板凳等物品或商品，只顾眼前利益，不顾长远利益，只顾人类私利，不顾生态的利益，只顾“小用”，不顾“大用”，必然导致生态的失衡与文化的失衡。只有人对自然不再采取直接功利态度，而采取有所为有所不为的“自然”态度，才能重建生态的平衡与文化的平衡。在普遍的功利主义和实用主义浪潮中，哲学若能更清醒、更坚定地守卫世界的“大用”，方凸显其真正价值所在。

■ 图 2–3　《庄子》书影

既然如此，那么哲学的“大用”具体有何表现呢？

从历时态上看，哲学的功能始终是作为一个原点、第一推动力，它从现实生活中提炼、抽象、升华出来，又不断给其他文化形式和实践活动以启迪、推动和支持。这一原点不是固定不变的，而是不断汲取生活的营养以丰富和发展自身，因而始终生生不息、鲜活有力、与时俱进。同时，它又始终保持自己的相对独立性，虽然在某些特殊时期（如欧洲中世纪）它会被其他因素所一时遮蔽，但终究会冲破牢笼，重现光芒。哲学就好比一个永远值得人们追寻却又永远不能达到的光点，给人类的心灵以光明和温暖。

从共时态上看，哲学有两大功能，其一是文化价值功能。就是对文化的存在价值、合理性、符号话语系统、交往系统、规范机制、历史发展规律等等问题进行理论反思、价值评价与现实重建。由于哲学本身就是文化的核心，所以哲学对文化的反思和批判在很大程度上表现为自我反思和自我批判，在人类历史上，没有哪一门其他学科像哲学这样不断地拷问自身，追问自身存在的价值和意义，在否定中前进，在涅槃中永生。具体说来，哲学的文化价值功能有两种基本形式：一是**“加法”**（正的方法）。哲学作为文化的深层基础，为其他文化形式提供思想背景和前提，丰富和引导文化的进步和发展，为人们提供世界观、方法论和思维方式，提高每个人乃至全民族的理论素养和文化素质，提升人的生存境界和生活质量，丰富人的精神生活。由于这种功能主要表现为量的增加，所以可称为“加法”。另一功能为“**减法**”（负的方法），主要是为人提供“安身立命”之所，使人去除过多的私欲、物欲与经验事物的遮蔽，提升人的日常生活，使人通过真理追求、道德修养和审美体悟，趋近真善美和自由的理想境界。由于这一功能表现为质的深化和提升，所以称为“减法”。表面看来，“加法”和“减法”似乎是互相矛盾的两种功能，其实二者是紧密结合、互相补充、相互承继、缺一不可的。前者是入世法，它要求哲学关注现实生活，把握时代脉搏，以促进人们的生存与发展，即老子所说的“为学日益”；后者是超世法，它要求哲学超越于日常生活，趋向理想境界，即老子所说的“为道日损”。只有先通过“加法”，立足于经验和生活，然后才能通过“减法”，超越于经验和生活。哲学关注现实生活但不满足于现实生活，要追求更理想的精神世界，从现实中汲取营养以完善自身，并以超越的态度反思和批判现实。

然而，以上所说只是比较理想的状况，事实上，哲学对生活的渗透和影响往往会产生一些误区，主要表现在，人们往往站在“理所当然”的常识立场上“化”哲学，把它当作现成的原理、结论，把哲学教条化和经验化，使哲学失去了反思态度、批判精神和创新意识，成为现实的附庸，导致理论与实践的双重贫困。我们过去几十年的哲学普及的历史已充分证明了这一点。因此，发挥哲学的文化价值功能并不意味着哲学概念、原理和知识体系的普及，而在于主体思维方式和价值观念由自在向自觉的提升，在于主体内在的精神升华要求和文化素质的全面提高。

从共时态上看，哲学的另一大功能是社会功能。它就像一只牛虻，以关注和提升个人、民族乃至全人类的生存与发展为神圣使命，表现为对社会的反思、批判和重建功能。哲学不仅要为现实社会的合理性辩护，更要为合理性的未来社会而呐喊。哲学的本性就是对真善美和自由的追求，所以对现实社会反思和批判的功能要重于辩护和建设的功能。当然反思和批判之中也有建设，是为了建设更美好、更合理的未来，而这并不意味着对社会主流或权威的简单认同和亦步亦趋。当社会处于大动荡大变革时期时，哲学反思批判传统的一切落后腐朽的东西，大胆吸收借鉴现代的、外来的优秀文明，为民族选择社会发展道路提供参考和引导。当社会处于繁荣昌盛的和平时期时，哲学则以其清醒的头脑、冷峻的眼光反思现实，既大胆地发现新事物和新趋势，为新事物的发展开辟道路，又要在人们头脑普遍发热时适当泼些冷水，使社会在稳步前进中求得健康和谐的发展，更趋向于理想的世界。

一般人认为，哲学远离人的现实生活，属于哲学家的头脑和象牙塔中的思想，似乎不会有太大的社会功能。其实这是世俗的偏见。人类历史证明，大凡社会生活大变革、大动荡的时代，就是哲学思想异常活跃的时代，新的时代呼唤新的哲学，新的哲学也必然推动时代的进步和变革。如中国的春秋战国、明末清初和西方的古希腊、文艺复兴时期，出现了一大批灿烂辉煌的哲学思想和哲学家。社会革命和解放往往以哲学革命和思想解放为先导，密涅瓦的猫头鹰并不总是在黄昏时才起飞，有时它会像高卢雄鸡一样第一个破晓去迎接黎明的曙光。

3 “厮杀的战场”与“花蕾、花朵和果实”

熟悉自然科学史的朋友都知道，自然科学的发展就像不断叠加的建筑，后人在前人的基础上不断进步。牛顿经典力学建立在亚里士多德物理学基础上，爱因斯坦相对论则是对牛顿经典力学的发展和超越，后人虽然也有对前人的批判，但主要是“批判地继承”，后人站在前人的肩上，不必每次都推倒重来，后人的思想以更高的形式包含了前人的思想。因此，当代人只要学习当代的科学就足够了，不必非要了解先前的科学。

与自然科学不同，读过哲学史的人们，往往发现一个有趣的现象：每个哲学家（特别是传统哲学）都自认为找到了“庙里的神”，即认为自己发现了哲学的真理，而其他的哲学家则批判和反驳对哲学的这种解释，并各自宣布只有自己所理解的哲学才是唯一正确的、“放之四海而皆准的”哲学。不仅同时代的哲学家们互相批判和讨伐，而且后人对待前人的哲学好像总是要从头再来，或另辟蹊径。哲学家们总是互相批判多于互相继承，一部哲学史仿佛就是哲学家们互相反对、互相争论、互相推翻的历史，是哲学自我批判的历史。于是，当代人要学习哲学，不得不“从头开始”，先学哲学史，甚至有人说哲学史就是哲学的全部。恩格斯说，要想锻炼人的理论思维能力，除了学习哲学史外尚无别的办法。

黑格尔对此有一个精妙的比喻。他在《哲学史讲演录》（图 3–1）导言中说：

全部哲学史这样就成了一个战场，堆满死人的骨骼。它是一个死人的王国，这王国不仅充满着肉体死亡了的个人，而且充满着已经推翻了的和精神上死亡了的系统，在这里面，每一个杀死了另一个，并且埋葬了另一个。……这样的情形当然就发生了：一种新的哲学出现了。这哲学断言所有别的哲学都是毫无价值的。每一个哲学出现时，都自诩为：有了它，前此的一切哲学不仅是被驳倒了，而且它们的缺点也被补救了，正确的哲学最后被发现了。但根据以前的许多经验，倒足以表明新约里的另一些话同样地可以用来说这样的哲学，——使徒彼德对安那尼亚说：“看吧！将要抬你出去的人的脚，已经站在门口。”且看那要驳倒你并且代替你的哲学也不会很久不来，正如它对于其他的哲学也并不会很久不去一样。[①]

■ 图3–1　黑格尔《哲学史讲演录》(商务印书馆)

那么哲学的发展史是否只是一片“厮杀的战场”？这种“厮杀”的结果是否会“埋葬”所有的哲学，甚至导致虚无？这样的结果对人类文明有什么意义？人们又如何来学习哲学？我们来看黑格尔的另一个比喻：

花朵开放的时候花蕾消逝，人们会说花蕾是被花朵否定了的；同样地，当结果的时候花朵又被解释为植

① 黑格尔：《哲学史讲演录》，第1卷，21～22页，商务印书馆，1959。

物的一种虚假的存在形式，而果实是作为植物的真实形式出现而代替花朵的。这些形式不但彼此不同，并且互相排斥互不相容。但是，它们的流动性却使它们同时成为有机统一体的环节，它们在有机统一体中不但不互相抵触，而且彼此都同样是必要的；而正是这种同样的必要性才构成整体的生命。[①]（图 3–2）

多美的比喻！花蕾孕育了花朵，花朵又孕育了果实；但花朵的绽放正是对花蕾的否定，果实的产生也正是对花朵的否定，这个否定之否定的过程，不正是以新的形式与内容包含着对先前存在的肯定吗？这样来看哲学史，它就不再只是一个“堆满死人的骨骼”的战场，不再是一个绝对否定、一无所获的过程，而恰恰是一个通过不断“扬弃”从而不断结出果实的过程。就像花朵否定花蕾，果实又否定花朵一样，每一个哲学的体系、概念、规律、原理都是哲学长河中的一个“中介”，它否定了前面的哲学，又被后面

■ 图 3–2　花蕾、花朵和果实

① 黑格尔：《精神现象学》，上卷，2 页，商务印书馆，1983。

的哲学否定，同时，将新的思想传递下去，这样，哲学自身在生生不息的流变中不断获得愈来愈充实的内容。这种自我批判自我否定的辩证运动，正是深刻地展现了哲学发展的逻辑。在思想与思想的“断杀”与撞击中，留下的不只是“死人的骨骼”，更多的是人类精神的结晶与升华。

既然哲学的精华主要在哲学史中，那么要学习哲学必须首先在哲学史中选取经典来读。哲学经典浩如烟海，这里只介绍一些最基本的：

入门书：《苏菲的世界》《哲学的故事》《大哲学家》《画说哲学》等。

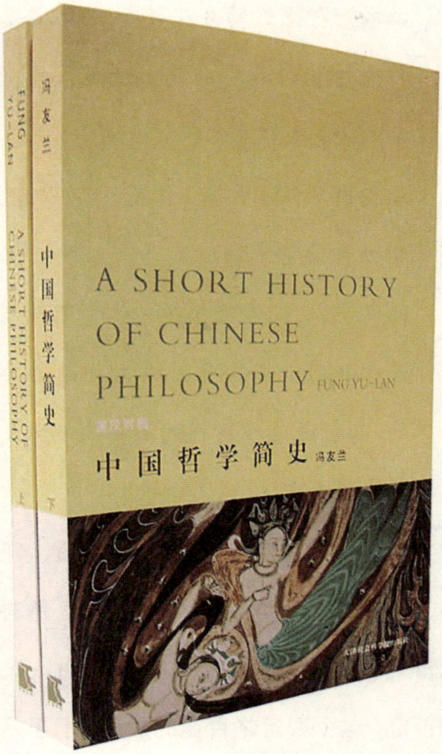

■ 图3–3　冯友兰《中国哲学简史》（英汉对照本），（天津社会科学院出版社）

原著：《中国哲学简史》（冯友兰）（图3–3）、《周易》、“四书”（《大学》《中庸》《论语》《孟子》）、《老子》、《庄子》、《实践论》（毛泽东）、《矛盾论》（毛泽东）。

《理想国》（柏拉图）、《西方哲学史》（罗素）、“三大批判”（康德）、《哲学史讲演录》、《小逻辑》（黑格尔）、《共产党宣言》（马克思）、《1844年经济学哲学手稿》（马克思）、《释梦》（弗洛伊德）、《人论》（卡西尔）、《存在与时间》（海德格尔）、《存在与虚无》（萨特）。

要想学好哲学，光读万卷书是不够的，还要行万里路——在实践中思考；做每日人——每天好好做人，反省自己；为真善事——做真善美的事情。总之，要想学好哲学，应当做到四点：

读万卷书，行万里路，做每日人，为真善事。

4 走出“洞穴”

哲学是怎样产生的？哲学家的使命是什么？我们来看柏拉图（前427—前347，图4–1）在《理想国》（图4–2）中借苏格拉底之口说出的一个生动而著名的比喻。

让我们把受过教育与和没受过教育的人的本质比作下述情形。让我们想象一个洞穴式的地下室，它有一长长通道通向外面，可让和洞穴一样宽的一路亮光照进来。有一些人从小就住在这洞穴里，头颈和腿脚都绑着，不能走动也不能转头，只能向前看着洞穴后壁。让我们再想象在他们背后远处高些的地方有东西燃烧着发出火光。在火光和这些被囚禁者之间，在洞外上面有一条路。沿着路边已筑有一带矮墙。矮墙的作用像傀儡戏演员在自己和观众之间设的一道屏障，他们把木偶举到

图 4–1　柏拉图雕像

屏障上头去表演。

接下来让我们想象有一些人拿着各种器物举过墙头，从墙后面走过，有的还举着用木料、石料或其他材料制作的假人和假兽。而这些过路人，你可以料到有的在说话，有的不在说话。

他们是一些和我们一样的人。你以为这些囚徒除了火光投身到他们对面洞壁上的阴影而外，他们还能看到自己的或同伴们的什么呢？

如果他们一辈子头颈被限制了不能转动，他们又怎样能看到别的什么呢？

那么，如果囚徒们能彼此交谈，你不认为，他们会断定，他们在讲自己所看到的阴影时是在讲真物本身吗？

因此无疑，这种人不会想到，上述事物除阴影而外还有什么别的实在。

如果他们被解除禁锢，矫正迷误，你认为这时他们会怎样呢？如果真的发生如下事情：其中有一人被解除了桎梏，被迫突然站了起来，转头环视，走动，抬头看见火光，你认为这时他会怎样呢？他在做这些动作时会感觉痛苦的，并且，由于眼花缭乱，他无法看见那些他原来只看见其阴影的实物。如果有人告诉他，说他过去惯常看到的全然是虚假，如今他由于被扭向了比较真实的器物，比较地接近实在，所见比较真实了，你认为他听了这话会说些什么呢？如果再有人把墙头上过去的每一件器物指给他看，并且逼他说出那是些什么，你不认为，这时他会不知说什么好，并且认为他过去所看到的阴影比现在所看到的实物更真实吗？

如果他被迫看火光本身，他的眼睛会感到痛苦，他会转身走开，仍旧逃向那些他能够看清而且确实认为比人家所指示的实物还更清楚更实在的影像的。

如果有人硬拉他走上一条陡峭崎岖的坡道，直到把他拉出洞穴见到了外面的阳光，不让他中途退回去，他会觉得这样被强迫着走很痛苦，并且感到恼火；当他来到阳光下时，他会觉得眼前金星乱蹦金蛇乱串，以致无法看见任何一个现在被称为真实的事物的。

因此我认为，要他能在洞穴外面的高处看得见东西，大概需要有一个逐渐习惯的过程。首先大概看阴影是最容易，其次要数看人和其他东西在水中的倒影容易，再次是看东西本身；经过这些之后他大概会觉得在夜里观察天象和天空本身，看月光和星光，比白天看太阳和太阳光容易。

这样一来，他大概终于就能直接观看太阳本身，看见它的真相了，就可以不必通过水中的倒影或影像，或任何其他媒介中显示出的影像看它了，就可以在它本来的地方就其本身看见其本相了。

……

现在我们必须把这个比喻整个儿地应用到前面讲过的事情上去，把地穴囚室比喻可见世界，把火光比喻太阳的能力。如果你把从地穴到上面世界并在上面看见东西的上升过程和灵魂上升到可知世界的上升过程联想起来，你就领会对了我的这一解释了，在可知世界中最后看见的，而且是要花很大的努力才能最后看见的东西乃是善的理念。我们一旦看见了它，就必定能得出下列结论：它的确就是一切事物中一切正确者和美者的原因，就是可见世界中创造光和光源者，在可理知世界中它本身就是真理和理性的决定性源泉；任何人凡能在私人生活或公共生活中行事合乎理性的，必定是看见了善的理念的。[①]

这一比喻是柏拉图的理念论的生动说明：太阳就是事物的理念，是真实的存在，而日常所见的事物只是理念的影像，是不真实的表象或梦幻，介于存在和非存在之间。日常世界虽然虚幻，但又充满

① 柏拉图：《理想国》，272～276页，郭斌和、张竹明译，商务印书馆，1986。

■ 图 4-2　洞穴

■ 图 4-3　柏拉图《理想国》

感觉、欲望和诱惑，并且以习惯等强制力量（比喻中的锁链）束缚人们，因而日常世界既脆弱又强大。只有“护卫者”从洞穴中走出来，才能看到“至善”的太阳。洞穴——日常世界是短暂的、流变的（赫拉克利特说“人不能两次踏进同一条河流”）、不真实的、不完美的；光明——哲学的、理念的世界才是真实的、永恒的、至善的、完美的世界。走出洞穴迈向光明就意味着同世俗的决裂。

洞穴里的人囿于传统和习惯，是不会自动走出来的，于是，带领人们走出洞穴，走向光明，就成为哲学和哲学家的使命。这就是启蒙——开启蒙昧，走向光明。

这让我们想起了智利诗人聂鲁达的著名诗句：

> 就像有那么一口井，
> 锁住了光明，
> 必须坐在黑洞洞的井口边沿，
> 耐心地打捞，
> 掉落下去的光明。

5 永恒的疑问

要产生哲学思想，要成为哲学家，其实说难也不难。说不难，是因为哲学和哲学家并不神秘，它只需要一个条件：对世界的好奇心、想象力和永恒的疑问；说难，是因为这个看似简单的条件大多数人却不具备。贾德在《苏菲的世界》（图5–1）中讲了一个与柏拉图的“洞穴”比喻类似的比喻。

两千多年前，一位古希腊哲学家认为，哲学之所以产生是因为人有好奇心的缘故。他相信，人对于活着这件事非常惊讶，因此自然而然就提出了一些哲学性的问题。

■ 图5–1　贾德《苏菲的世界》

这就像我们看人家变魔术一样。由于我们不明白其中的奥妙，于是便问道：“魔术师如何能将两三条白色的丝巾变成一只活生生的兔子呢？”许多人对于这世界的种种也同样有不可置信的感觉，就像我们看到魔术师突然从一顶原本空空如也的帽子里拉出一只兔子一般。

事实上，我们就是那只被人从帽子里拉出来的小白兔。我们与小白兔之间唯一的不同是：小白兔并不明白它本身参与了一场魔术表演。我们则相反。我们觉得自己是某种神秘事物的一部分，我们想了解其中的奥秘。

成为一个优秀哲学家的唯一条件是要有好奇心。

婴儿有好奇心，这并不令人意外。在娘胎里短短几个月后，他们便掉进一个崭新的世界。不过当他们慢慢成长时，这种好奇心似乎也逐渐减少。为什么？你知道答案吗，苏菲？让我们假设，如果一个初生的婴儿会说话，他可能会说他来到的世界是多么奇特。因为，尽管他不能说话，我们可以看到他如何左顾右盼并好奇地伸手想碰触他身边的每一样东西。

小孩子逐渐学会说话后，每一次看见狗，便会抬起头说："汪！汪！"他会在学步车里跳上跳下，挥舞着双手说："汪！汪！汪！汪！"我们这些年纪比较大、比较见多识广的人可能会觉得小孩子这种兴奋之情洋溢的样子很累人。我们会无动于衷地说："对，对，这是汪汪。好了，坐着不要动！"看到狗，我们可不像小孩子那样着迷，因为我们早就看过了。

小孩子这种行为会一再重复，可能要经过数百次之后，他才会在看到狗时不再兴奋异常。在他看到大象或河马时，也会发生同样的情况。远在孩童学会如何讲话得体、如何从事哲学性的思考前，他就早已经习惯这个世界了。

更明白地说：尽管我们都想过哲学性的问题，却并不一定每个人都会成为哲学家。由于种种理由，大多数人都忙于日常生活的琐事，因此他们对于这世界的好奇心都受到压抑。(就像那些微生虫一般，爬进兔子的毛皮深处，在那儿怡然自得地待上一辈子，从此不再出来。)对于孩子们而言，世上的种种都是新鲜而令人惊奇的。对于大人们则不然。大多数成人都把这世界当成一种理所当然的存在。

这正是哲学家们之所以与众不

同的地方。哲学家从来不会过分习惯这个世界。对于他或她而言，这个世界一直都有一些不合理，甚至有些复杂难解、神秘莫测。这是哲学家与小孩子共同具有的一种重要能力。你可以说，哲学家终其一生都像个孩子一般敏感。

简而言之，这世界就像魔术师从他的帽子里拉出的一只白兔。只是这白兔的体积极其庞大，因此这场戏法要数十亿年才变得出来。所有的生物都出生于这只兔子的细毛顶端，他们刚开始对于这场令人不可置信的戏法都感到惊奇。然而当他们年纪愈长，也就愈深入兔子的毛皮，并且待了下来。他们在那儿觉得非常安适，因此不愿再冒险爬回脆弱的兔毛顶端。唯有哲学家才会踏上此一危险的旅程，迈向语言与存在所能达到的顶峰。其中有些人掉了下来，但也有些人死命攀住兔毛不放，并对那些窝在舒适柔软的兔毛的深处、尽情吃喝的人们大声吼叫。

他们喊："各位先生女士们，我们正飘浮在太空中呢！"但下面的人可不管这些哲学家们在嚷些什么。

这些人只会说："哇！真是一群捣蛋鬼！"然后又继续他们原先的谈话：请你把奶油递过来好吗？我们今天的股价涨了多少？番茄现在是什么价钱？你有没有听说黛安娜王妃又怀孕了？

这种对未知世界的好奇心、想象力和疑问的冲动，本来是人的本能，这在儿童身上表现得非常明显。每一个人小时候都会问大人一些看起来很"天真"其实很有趣的问题。亚里士多德在其《形而上学》一书中开宗明义就指出"求知是人类的本性"。然而不幸的是，儿童在成长的过程中，由于成年人的教育及不断"适应"社会，这种能力逐渐消退，变得与成年人一样对这个世界"习以为常"，不再好奇，不再提出疑问。而哲学家们则与众不同，发挥了儿童的好奇心、想象力和求知欲。因此，贾德才说"成为一个优秀哲学家的唯一条件是要有好奇心"。明代后期思想家李贽所说"童心即真心"也是这个意思。爱因斯坦的名言“想象力比知识更重要”更是明证。

因此，哲学的最大敌人可能就是习惯、常识和偏见。正是对人们日常生活中许多“理所当然、习以为常”的现象和观念不断进行反思和批判，对人们习惯生活于其中的世界不断追问和探索，正是有了“打破砂锅问到底”的怀疑精神，才有了哲学和科学，才有了人类文明。对于人类文明的发展来说，可贵的不是哲学、科学及文化积淀形成的知识体系，而是创造这些知识体系的好奇心、想象力和永恒的疑问。(图 5–2)

■ 图5–2　你要是一直惊奇下去，你就有可能成为一位哲学家了（王磊绘）

6 形而上与形而下

“形而上”与“形而下”是哲学史上非常重要的两个概念。在普通哲学教科书中，“形而上学”一般有两种含义：其一是指哲学史上研究超验（超越经验）的根本原理的理论。其二是我们所熟悉的同辩证法相对立的世界观或方法论，它的特点是用孤立的、静止的、片面的观点去看世界。在形而上学看来，世界上的一切事物都是彼此孤立、永远不变的，如果说有变化，也只是数量的增减和场所的变更。而这种增减和变更的原因，不在事物的内部而在事物的外部，即由于外力的推动。这就否认了唯物辩证法所主张的由于事物内部的矛盾，从而引起事物发展的学说。在哲学史上，形而上学一般与唯心主义有着密切的联系。由于传统哲学教科书过多强调后一方面含义，在人们的普通观念中，第一种含义已被遗忘，第二种含义占据了主流，甚至掩盖了第一种含义。

我们在这里有必要考察一下其第一种（原本的）含义，以及它是如何转变为第二种含义的。

“形而上学”的英文为Metaphysics，这一词原是古希腊罗德岛的哲学教师安德罗尼柯给亚里士多德（Aristotle，公元前384—前322，图6-1）的一部著作（研究“存在之存在”的学问）起的名称，意思是“物理学之后”。因为他在编辑亚里士多德著作全集时，把论述超感觉的即经验以外对象的著作，安排在关于有形物体的学说即物理学的著作之后，并以此定名。可见，“Metaphysics”一词的来源是很偶然的。按亚里士多德的原意，哲学

■ 图6–1 亚里士多德像

包括被后人称为形而上学的学科以及物理学等各门科学在内。物理学是研究各种可感知的实体的科学，是“第二哲学”；而形而上学则是专门研究“存在”本身，即“存在之为存在”的学科，由于这门学科所研究的主要对象是最基本的东西，是其他一切事物所凭借的东西，所以称为“第一哲学”。有趣的是，Metaphysics这个词的前缀meta–在希腊语中不仅指“在……之后”，也有“超越的”“元”（基础）等含义，而这方面的含义恰恰符合亚里士多德所说的“第一哲学”的概念。（图6–2）

更有趣的是，近代思想家和翻译家严复在译介亚氏这本书时，巧妙地从中国古代经典《周易》（图6–3）中取了“形而上”一词来翻译“Metaphysics”，这就是中文“形而上学”的由来。《周易・系辞》原文是：形而上者谓之道，形而下者谓之器。意为在有形体的东西之上的，凭感官不能感知的东西叫做道；有形体的、凭感官可感知的东西叫做器。前者是抽象的、本质的、虚的；后者是具体的、现象的、实的。形而上学在中国对应于“道

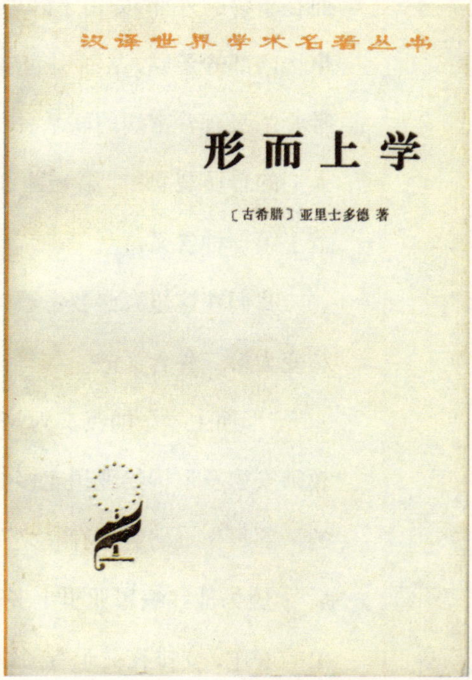

■ 图6–2 亚里士多德《形而上学》（商务印书馆）

学”“玄学”。明代哲学家王夫之说：“形而上者隐也，形而下者显也。”“形而下者，可见可闻者也。形而上者，弗见弗闻者也。如一株柳，其为枝为叶，可见矣，其生而非死，亦可见矣。所以体之而使枝为枝、叶为叶，如此而生，如彼而死者，夫岂可得而见闻者哉？”形而上与形而下之分是隐与显之别，所谓隐，就是幽，就是“弗见弗闻”，不可见不可闻；所谓显，就是明，就是“可见可闻”。

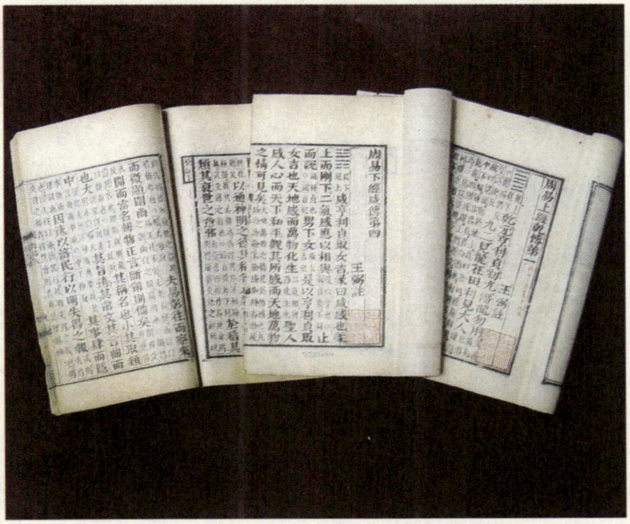

■ 图 6–3　《周易》清刊本（《中国大百科全书·哲学卷》）

形而上学在西方作为“第一哲学”，在相当长的时间中，几乎就是哲学的代名词，被哲学家们看做是我们所有知识的基础和根据。黑格尔除了用“形而上学”一词指研究经验以外对象的哲学外，还根据西方近代哲学具有与辩证法对立的思维方法的特点，又用“形而上学”一词转指非辩证的思维方法，在哲学史上第一次赋予“形而上学”一词以新的含义，也就是以上所说的第二种含义。这种孤立地、静止地考察问题的方法被培根和洛克等人带入哲学领域，形成了形而上学的思维方法。这种思维方法有历史局限性，使这一时期的唯物主义哲学也带有机械的和形而上学的性质。

然而，即使是这种意义上的形而上学的思维方法，在当时历史条件下也是人类思维发展过程中的必经阶段，与当时的生产和自然科学发展水平基本适应，在人类认识史上起过进步作用，在特定的哲学和科学领域中是正当的、必要的。在对世界各部分的认识上，形而上学比古希腊的朴素辩证法要正确些。没有对自然现象分门别类的精确研究，要建立起揭示事物相互联系及其发展规律的现代科学是不可能的。正如恩格斯指出的："把自然界分解为各个部分，把自然界的各种过程和事物分成一定的门类，对有机体的内部按其多种多样的解剖形态进行研究，这是最近四百年来在认识自然界方面获得巨大进展的基本条件。"[①]问题在于，当科学的发展已经越过搜集材料和研究既成事实的阶段，进入整理材料和研究事物发展过程的广大领域时，当19世纪一系列新兴的专门科学产生之后，形而上学成了科学和哲学发展的严重障碍。用形而上学的观点和方法看待社会历史现象，就必然否认社会矛盾，否认发展和否定社会革命的作用。马克思、恩格斯所创立的唯物辩证法，对形而上学的思维方式进行了彻底批判。

在西方哲学中，还有一个概念可以充当形而上学的同义语，那就是"本体论"，不过这个概念是17世纪时才由沃尔夫提出。所谓"本体论"（Ontology）的字面含义是"关于存在（Onto）的理论或科学（Logos）"，译作"存在论"或"有论"也许更为恰当，"本体论"只不过是习惯译法。

总之，形而上学这个名词的产生或许是某种偶然，但是形而上学的产生却不是偶然的，它具有深刻的思想史基础。在西方哲学史上，狭义的形而上学相当于"本体论"，是哲学的基础和核心部分，广义的形而上学就是指整个传统西方哲学。

19 世纪中期以来，除了马克思主义哲学从实践的角度批判形而上学外，现代西方哲学的许多流派也从不同角度批判以形而上学为代表的传统西方哲学，形而上学全面衰落。概括起来，主要有以下几个方面：

第一，资本主义现代化进程、市场经济、科学技术进步等因素，使经验主义、实用主义、功利主义、世俗精神大行其道，人们越来越怀疑以至否定超验的形而上学的可能性和必要性。随着对"乌托邦"、理想主义、"宏大叙事"的怀疑和批

① 《马克思恩格斯选集》，第3卷，60页，人民出版社，1995。

判，人们开始走向相对主义、怀疑主义，这是形而上学衰落的历史和现实基础。

第二，逻辑实证主义及其“证实原则”对形而上学的拒斥，是在哲学内部对形而上学合法性批判的开始。逻辑实证主义者试图把哲学“科学化”，把哲学中一切不能被科学所“证实”的东西统统排除出去，结果就是否定了形而上学的合法性。

第三，科学领域出现的对纯粹客观性和绝对确定性的怀疑，如爱因斯坦的相对论和哥德尔的“不完备性定理”，使人们抛弃了追求绝对和永恒的形而上学。

第四，以反理性、反本质主义为根本特征的“后现代主义”的兴起，提出了“哲学的终结”和“后哲学”的问题，“解构”了传统形而上学。

从表面上看，形而上学的衰落和危机只是由于外在的原因所致。其实，如果抛开表面看实质，这种危机恰恰来自形而上学内部。最主要的问题是“在”与“在者”的悖论。

7 “在”与“在者”

为“在”（Being）与“在者”（Beings）划界，是哲学存在的合法性基础，而对“在”与“在者”的不恰当划界或混淆正是传统哲学（形而上学）的最大误区所在。

世界万物都存在着，但事物之所以存在，必有其内在的理由和根据。按照王弼的说法就是“物无妄然，必由其理”（《周易略例·明象》）。有些事物可以设想，但不可能存在。如“永动机”“方的圆”之类事物就缺乏内在的理由，无法获得自身的存在。“永动机”之所以无法被制造出来，乃是因为它违背了能量转化与守恒定律。“方的圆”之所以不能存在，因为不符合逻辑规则。

如果说每一个事物（在者）都有其相应的理由，那么，一切可能的存在构成的整体——世界为什么能够存在？其内在理由是什么？追问“在者”之何以“在”、如何“在”，我们就从“在者”过渡到了“在”本身。

只有“人”这种特殊的“在者”才能追问“在”的理由和意义。德国存在主义哲学家海德格尔（Martin Heidegger，1889—1976，图7-1）把人这种特殊的在者称为“此在”。“此在”的人，是宇宙中唯一能够追问“在者”之“在”的“在者”，且把这种追问当作自身的存在方式。这种追问表现出来就是形而上学、本体论，就是哲学。也就是说，哲学与人的存在之间有一种宿命式的本然的联系。人更根本的使命是以“此在”的方式来追问、反思、领悟“在”，而不是以科学、理性的方式解释和改造“在”。

这样来理解古今中外许多哲学家的思想就会豁然开朗。孟子曰：“万物皆备于我矣！反身而诚，乐莫大焉。”（《孟子·尽心上》）庄子说：“天地与我并生，而万物与我为一。”（《庄子·齐物论》）他们当然不会像我们所批判的“主观唯心主义”那样相信整个世界的万事万物都取决于“我”的存在，而只是说一切可能的在者的存在理由和根据只有由“我”来追问和领悟。陆九渊说：“宇宙即吾心，吾心即宇宙。”这更不是说整个宇宙都装在“吾”心里了，他只是说宇宙万物之所以存在的理由只因“吾心”才得以显现和澄明。

图 7–1　海德格尔

中国佛教禅宗中也有许多类似的“公案”。据《坛经》记载：“（慧能）至广州法性寺，值印宗法师讲《涅槃经》。时有风吹幡动。一僧曰风动，一僧曰幡动，议论不已。慧能进曰：不是风动，不是幡动，仁者心动。”慧能认为既不是风动，也不是幡动，是我们的意识在活动。没有人的意识对外物（在者）的揭示，外物是没有意义的。由于理智往往执着于外境，迷恋于幻象，故而就不识真心、自性，无法领悟佛性常清静、万法自如。慧能实际上是在提醒前两个和尚，如果把世界看做自己的对立面，苦苦地执迷于外境，那永远不能开悟见性。只有将自己和世界融为一体，无念、无象、无住，方得彻底解脱。在此，唯物还是唯心姑且不论，作为禅宗六祖的慧能，用形象的话语道出了认识的秘密。

其实，从哲学史上看，“在”与“在者”的划界，从哲学史的开端就有了，甚至可以说，这是哲学产生的标志之一。在古希腊哲学中，巴门尼德的存在说划分“真理之路”和“意见之路”，亚里士多德的“作为存在的存在”的形而上学；《易传》的“形而上者谓之道，形而下者谓之器”，老子（图 7–2）的可道之道和不可

■ 图 7-2 ［唐］吴道子《老子像》

道之道，等等。

“在”与“在界”的划界，确立了哲学的起点，更确立了哲学与科学的分野。科学研究的是“在者”，而哲学追问的是“在”本身。正是这一划分，使哲学获得了自身的合法性。

所有科学都是寻求某种“在者”之理由的学问，核心就是“在者”之间的因果联系。古希腊哲学家德谟克利特说：“我发现一个新的因果联系比获得波斯国的王位还要高兴。”对因果联系和科学理性的推崇生成并塑造了西方文化中悠久的科学主义传统。然而“在”本身是无法被对象化的，不可能成为科学和知识所把握的东西。科学使人们只同有限的、特殊的“在者”打交道，而排斥或消解哲学对无限的、普遍的“在”的追问，甚至把哲学科学化，让哲学去寻求“在者”而不是“在”本身。这就是海德格尔所批评的“在的遗忘”。

可见，海德格尔对柏拉图以来两千多年的西方传统哲学的批判——对“在的遗忘”的批评——并不是针对古希腊哲学对“在”与“在者”的划界的，而只是针对追问“在”的不恰当方式，即以追问“在者”的方式来追问“在”本身，以知识论的态度和方式追问存在论问题，从而遮蔽了“在”对“在者”的超越意义，进而沦为“在者”。

当我们问“存在是什么”“本体是什么”“‘无’是什么”等问题时，就已经将

“存在”设置为对象，从而有限化、相对化、具体化了。于是，“存在”变成科学知识的“客观”对象，沦为与人无关的在人身外的“物”，沦为没有时间性、没有历史变化的既定之物。存在论问题成为知识论问题。

“道可道，非常道；名可名，非常名。”可以说出来的“道”，不是“常道”，可以命名的“名”，不是“常名”。

对在者之在的追问，不可避免地陷入一种悖论：

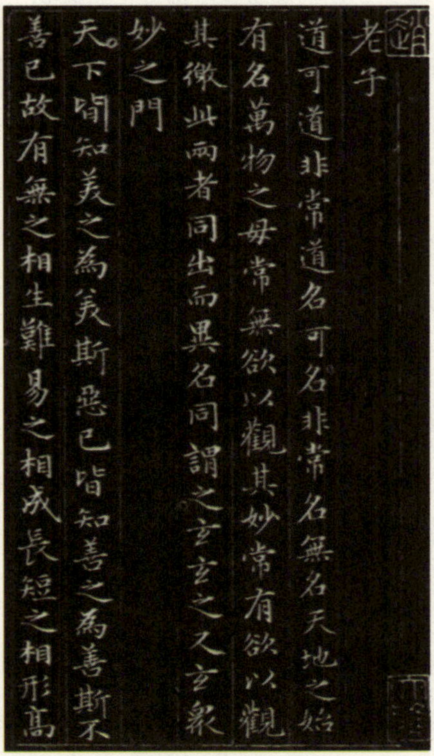
老子
道可道非常道名可名非常名無名天地之始
有名萬物之母常無欲以觀其妙常有欲以觀
其徼此兩者同出而異名同謂之玄玄之又玄衆
妙之門
天下皆知美之為美斯惡已皆知善之為善斯不
善已故有無之相生難易之相成長短之相形高

■ 图 7–3　《老子》（《道德经》）书影

我们能否以追问“在者”的方式来追问“在”本身？如提问：什么是“在”？或：“在”是什么？以及“在”的本质和性质是什么？“在”有什么规律？如果能，岂不是和科学没什么区别吗？岂不是“在”又沦为“在者”，“在”本身又被遮蔽了？如果不能，那么，究竟“在”本身又如何被揭示或彰显出来？既然不能这样问，那么怎么问呢？海德格尔给出了“诗”的出路，就是要哲学像诗一样去描绘世界，而不是像科学那样言说和解释世界。马克思则实现了哲学提问方式从“说”（理论）到“做”（实践）的转变。其他现代西方哲学家也从不同角度提出了现代哲学的出路。

人一出世，就“被抛入”一种经验的存在中，他不得不面对很多“在者”，“沉沦在世”。由“在者”向“在”本身的提升，是人的使命和责任，也就是人的“自我拯救”。这一提升和拯救，主要通过哲学的途径成为可能，而通往哲学之路的首要前提，就是自觉地澄清并解除哲学用追问“在者”的方式去追问“在”本身的迷误。

8 哲学的现代变革

人们一般认为，西方哲学经历过四次大变革，每一次大变革都导致了哲学发展的新阶段，乃至引发了社会文化的变革。第一次是古希腊哲学的“本体论”变革，第一次以理性的方式追问“世界的本原”，标志着西方哲学的诞生；第二次是中世纪哲学的神学化，沦为“神学的婢女”；第三次是17、18世纪以德国古典哲学为代表的“认识论转向”，在追问“世界”之前，先追问人的“意识”，即人的认识的可能性；第四次就是现代哲学的变革，我们可以概括为两大转向：一是“实践转向”，二是“语言转向”。“实践转向”是指哲学形态从“说”（理论）到“做”（实践）的转向，是马克思在哲学史上实现的哲学变革；“语言转向”是指哲学表达方式从“独断”到“对话”的转向，是现代西方哲学所实现的哲学变革。两者几乎是同时代的。也有学者根据近现代哲学在核心范畴上的不同，把现代哲学变革概括为“非实体主义转向”。

现代哲学的“实践转向”和“语言转向”，都是为了解决“说”“不可说”的悖论。从哲学发展的逻辑上看，是以对近代哲学的主—客二元对立的反思与批判为出发点的，并直接以批判黑格尔理性主义哲学为起点。近代哲学最突出的特征就是在思维与存在、精神与物质、主观与客观、主体与客体、人与世界等的二元对立中去探索“思维和存在的关系问题”。近代唯物主义哲学和唯心主义哲学在这点上是完全相同的。他们都始终固执于物质本体与精神本体的抽象对立，并以还原论的思维方式去说明二者的统一。前者把精神还原为物质，用物质来解释人类的精神，而物质是脱离了人的死的物，结果“见物不见人”；后者把物质还原为精神，用精神来解释物质世界，而精神是脱离了人的抽象的精神，结果“见神不见物”。不仅如此，还造成了思维方式上的客体性原则与主体性原则的互不相容，即“非此即彼”的思维方式。可以说，传统唯物主义和唯心主义的最大失误不在于“物”或“心”的问题，而在于“唯”。

■ 图 8–1 《马克思恩格斯选集》（人民出版社）

18世纪末到19世纪初的德国古典哲学，曾试图克服本原问题上的物质本体与精神本体的抽象对立，扬弃思维方式上的客体性原则与主体性原则的互不相容，主要方法就是黑格尔的辩证法，试图在概念的历史运动中实现两者的统一。

“实践转向”：从“说”到“做”

马克思在1845年的《关于费尔巴哈的提纲》中，对全部旧哲学进行了根本性批判，提出了其哲学革命的根本特征——“实践转向”。

从前的一切唯物主义——包括费尔巴哈的唯物主义——的主要缺点是：对事物、现实、感性，只是从客体的或者直观的形式去理解，而不是把它们当作人的感性活动，当作实践去理解，不是从主观方面去理解。所以，结果竟是这样，和唯物主义相反，唯心主义却发展了能动的方面，但只是抽象地发展了，因为唯心主义当然是不知道真正现实的、感性的活动本身的。[①]

马克思认为，抽象的、孤立的、与人分离的自然界，对人来说是无，只有人类的实践活动，才能真正扬弃物质与精神的抽象对立，因为实践本身就是主体与客体、物质与精神、人与世界对立统一的活动，实践就是人特有的存在方式；旧唯物主义和旧唯心主义都离开人类的实践活动和人类历史发展去解决自然界与精神的关系问题，从而造成无法克服的局限性（旧唯物主义排斥能动性，旧唯心主义只能抽象发展能动性）；必须改造德国古典哲学，特别是黑格尔的概念辩证法，以实践原则重建新的哲学。

马克思的“实践转向”，首先以实践的唯物主义回答了哲学的基本问题——思维和存在的关系问题。马克思认为，“现实的人”与“人的实践活动”是哲学的本体论基础。思维和存在的关系，就是以实践为基础的人与世界的关系，而不是抽象的思维与抽象的存在的对立。思维和存在的关系问题的秘密，只有在人类的存在方式——实践活动中才能理解和解决。

马克思的“实践转向”，又以实践的思维方式实现了哲学的世界观、认识论和方法论的统一。

马克思的“实践转向”，以实践自身的矛盾性为基础，深刻揭示了人类存在和世界的二重性矛盾，实现了自然主义与人道主义的统一。传统哲学纠缠于“有为”与“无为”、人与自然的二元对立中，无法消解这一悖论。马克思认为，“有为”就是“自然的人化”，“无为”则是“人的自然化”，二者统一于现实的实践活动中。

马克思从人的历史发展出发，提出了人类存在的三种历史形态的理论，指出人类由“人的依赖关系”到“以物的依赖性为基础的人的独立性”再到“自由个性”的发展进程。这一进程是人通过实践活动不断发展自身、完善自身，不断追求解放和自由全面发展的进程，其终极目

① 《马克思恩格斯选集》，第1卷，16页，人民出版社，1995。

标就是所谓共产主义。共产主义的实现不是通过逻辑思辨在头脑中实现，也不是通过道德批判在情感上实现，而是通过“实践批判”即改变世界的现实活动来实现的。这样，不仅在实践的基础上合理地回答了思维和存在的关系问题，而且在实践的基础上合理地提出和回答了人的解放和自由全面发展问题，不仅为现代哲学，更为人类社会的发展提出了理想目标。

总之，马克思在哲学史上实现的“实践转向”，就是以人的实践（存在方式）为中介去解决近代哲学的主—客二元对立，从人的实践及其历史发展出发去寻求人类解放的道路。在哲学形态上，实现了从“说”到“做”、从理论到实践的变革。把哲学从天上拉回到人间，从哲学家的头脑回归到人类的生活世界。“哲学家们只是用不同的方式解释世界，而问题在于改变世界。”[①]

■ 图 8–2　大英博物馆阅览室。马克思的巨著《资本论》就是在这里写成的。

① 《马克思恩格斯选集》，第1卷，19页，人民出版社，1995。

图 8–3　陈嘉映《语言哲学》（北京大学出版社）

“语言转向”：从独断到对话

与马克思的哲学革命几乎同时，现代西方哲学也以不同的方式解决传统哲学的问题，实现了所谓“语言转向”。就是要求哲学家在建立关于世界和人的理论之前，必须先澄清“语言”的问题，在进行本体论研究和认识论批判之前，必须先有语言的批判。现代西方哲学的两大流派科学主义和人本主义，在很多观点上针锋相对，但在这点上却有共识。前者如罗素、维特根斯坦、卡尔纳普等人明确提出，哲学问题从根本上说是语言问题。后者如存在主义哲学家海德格尔说：“语言是存在的家。”（图 8–3）伽达默尔说：“世界本身是在语言中得到表现的。”

现代西方哲学之所以高度重视从哲学上研究语言，首先是因为，他们共同认为，虽然世界在人的意识之外（世界不依赖于人的意识而存在），但世界却在人的语言之中（人只能用语言表达世界）；语言既是人类存在的消极界限（语言之外的世界对人来说只能是存在着的无），又是人类存在的积极界限（世界通过语言成为对人来说的真正的存在）；正是在语言中积淀着人类智慧和全部文化的历史成果。

第二，他们试图通过对语言的反省和批判来“治疗”传统哲学。传统哲学并不增加知识或理论，只是“分析”和“澄清”人们的思想的含义。如苏格拉底的“精神助产术”。传统哲学家们制造了种种争论不休又无法解决的哲学问题，原因就在于他们“错误地使用语言”。由于现代逻辑学的发展，人们可以更正确地把握语言的本质，能够更好地澄清由于“误用语言”而产生的传统哲学问题。

第三，哲学解释学和存在主义从更深层次表达了语言研究的重要性。语言不仅是人理解和表达世界的工具，而且构成了人类存在的“意义世界”，甚至可以说，不是人在使用语言，而是语言构成人的存在。伽达默尔说“能理解的存在就是语言”，语言是人理解世界的方式，语言的存在方式是对话。巴赫金强调语言的意识形态性和社会历史性，人的存在是对话式的交往。

第四，语言与观念相比，具有更广更深的哲学反思价值。近代哲学，是从观念出发去表达观念与存在的关系。对比观念和语言，可以发现，语言更值得进行哲学反思：

观念的内在性与语言的可表达性。观念必须以语言的形式表达出来，形成思想，语言是“思想的家”；

观念的主观性与语言的客观性。“语言是世界的家”；

语言可以消解观念与存在的二元对立。“语言是思想与世界相统一的家”；

观念的当下性与语言的历史性。观念必须以语言（文字）的形式实现历史遗传，从而积淀成文化，“语言是历史文化的水库”；

观念的私人性与语言的公共性。观念必须以语言为中介实现主体间的思想交流，语言是交往的中介；

观念形式的单一性与语言形式的多样性；

观念的非批判性与语言的可批判性。观念只有以语言为中介才能实现自我批判。①

“语言转向”更根本的意义在于，传统哲学的观念是个体的“独断”，现代哲学的语言是社会的“对话”。传统哲学特别是近代哲学都是以“我说”“我思”或“我在”为前提来推出他人和世界的存在，是一种“唯我论”，最著名的代表就是笛卡尔的“我思故我在”。这种哲学的言说

① 参见孙正聿：《哲学通论》，412页，辽宁人民出版社，1998。

方式必然是一种“独断”，走向极端就形成“话语和思想霸权”，排斥他人的不同话语和思想。而现代哲学的语言是社会性的存在，是不同主体间话语和思想交流形成的“共识”，是平等“对话”的产物。哲学思想当然还是以个体的方式表达出来，但个体的思想必须在与他人和社会思想的开放交流中存在，并得到理解和传播，个体的语言和思想也不一定要排斥他人的语言和思想，哲学不再是少数哲学家的“自言自语”，而是多数人的“众声喧嚣”。

语言的逻辑性与人文性的关系，是现代哲学中的科学主义与人本主义对立的重要根源，也是它们相互融合的重要基础。科学主义思潮与人本主义思潮的冲突，直接体现在对语言的理解上。前者强调语言的逻辑性，从语义和语用的角度分析语言，强调语言的单义性、概念的确定性和意义的可证实性；相反，后者强调语言的人文性，从历史文化和人的角度分析语言，强调语言的多义性、概念的不确定性和意义的生成性。

现代哲学的“实践转向”和“语言转向”是什么关系？马克思主义哲学与现代西方哲学的哲学变革有什么关系？

简单地说，实践和语言都是人与世界关系的中介，都是社会性的存在。两种转向都抓住了传统哲学的误区，都具有理论意义。但是，对于人与世界来说，实践比语言的作用更根本，语言归根到底也是实践的一种形式；而对于哲学——对人与世界的理解和表达来说，语言比实践更根本，实践也需要语言来表达，要实际地改变世界，先要理解世界，要更好地“做”，必先更好地“说”。所以说，实践的批判和语言的反思对于现代哲学来说缺一不可。换句话说，“说”和“做”、“言”和“行”的统一才是现代哲学转向的完整意义。

“非实体主义转向”将在第24节详细讨论。

9 后现代主义

20世纪60年代以来，在西方出现了所谓“后现代主义”(Postmodernism)的泛文化思潮。它涉及哲学、文学、艺术、建筑、语言、历史、政治、伦理等诸多领域。代表人物有拉康、福柯、德里达、利奥塔尔、理查·罗蒂等人。

■ 图 9–1 让-弗朗索瓦·利奥塔尔《后现代状态：关于知识的报告》(生活·读书·新知三联书店)

从严格意义上讲，后现代主义不是一种具有统一范式、一致价值和清晰边缘的思潮。从字面上看，“后现代”就是“现代之后”。然而，如果严格地说，直到今天，我们生活的时代仍然是“现代”，“现代之后”只存在于未来。可以说，“后现代主义”既不“后”，也不是“主义”。当代思想家所讨论的“后现代”，其实并不是指时间上的“后”，而是逻辑上的“后”，更确切地说，是“反”“现代主义”，是对“现代主义”的批判。用利奥塔尔的话说：“简化到极点，我们可以把对元叙事的怀疑看做是‘后现代’。”[①]所谓“元叙事”，就是“逻各斯中心论”（即逻辑中心论）为代表的“本质主义”和“基础主义”，就是一切伟大的、宏观的、普遍的、一元的、启蒙的、现代的东西，实质就是“现代主义”。（图 9–1）

■ 图 9–2　马尔库塞《单向度的人》（上海译文出版社）

后现代主义所批判的“现代主义”，就是“现代社会”和“现代人”的“主义”，主要是“现代性”和“现代化”观念。理性主义的思维方式、功利主义的价值取向、民主法治的政治思想、市场经济、科学技术主导等是“现代主义”的核心观念。用马克思的话说，是“以物的依赖性

① 让–弗朗索瓦·利奥塔尔：《后现代状态：关于知识的报告》，2 页，生活·读书·新知三联书店，1997。

为基础的人的独立性”。“现代主义”在建设高度发达的物质文明的同时，并没有带来人的自由全面发展。马克思从经济、政治、思想等方面对资本主义“现代社会”的批判，是迄今为止最深刻的“现代主义”批判理论。而其他许多思想家从不同角度对“现代主义”“现代化”和“现代性”展开了全面反省和批判。

马尔库塞（Herbert Marcuse，1898—1979）在其代表作《单向度的人》（*One Dimensional Man*，又译为《单面人》，图9–2）中，把当代发达工业社会称为“新型的极权主义社会”，人在政治、经济、生活和思想领域失去了否定性、批判性和超越性向度，成为“单向度的人”。

安东尼·吉登斯在《现代性的后果》一书中提出，现代性使我们中的大多数人都陷入了大量我们没有完全理解的事件，其大部分都在我们的控制之外，“非延续性”或“断裂”是现代性的基本特征。现代性带来了前所未有的巨大变化，人们越来越深切地感受到它的双重性：它既为人类创造了丰富的物质财富和享受生活的机会，又使人类进入一个问题与麻烦层出不穷的时代，主要表现为“全球性问题”（生态环境、人口、能源资源、粮食等）和“人的物化”。

后现代主义的一般理论特征是，以逆向思维方式和分析方式批判、否定、“消解”并试图超越近现代主流文化的理论基础、思维方式和价值取向。

具体理论有：反主客二分、一元论、反决定论，反本质主义、反理性主义、反中心主义、反基础主义、反人道主义，反同一性、确定性和中心性，追求差异性、不确定性、非中心性，政治倾向上的无政府主义和相对主义。

反本质主义就是消解本质与现象的二元对立，消解超验的“本体”；反理性主义就是反对传统哲学的核心概念——理性及其思维方式；反中心主义就是消解中心与边缘的结构；反基础主义就是消解深层与表层的文化二元对立，消解知识和思想的“等级秩序”；反人道主义就是反对传统人类中心主义。

他们在“反”之后也提出了自己的观点。福柯（Michel Foucault，1926—1984，图22–2）以“断层”取消“根源”，罗蒂

■ 图9-3 德里达

以“多元”代替“基础”，德里达（Jacques Derrida，1930—2004，图9-3）以“边缘”颠覆“中心”，以“差异”取代“同一”。

后现代主义实质上是对资本主义现代文明的全面反叛，深刻反映了当代人对生存和发展的危机的反思。其目的是消解规范人的存在的一切“超历史”的或“非人”的因素。这种消解的积极意义在于，在哲学层面突出了个人的独立性、文化的多元化、选择的合理性，颠覆了政治、经济和知识精英对政治、经济、文化领域的霸权，彰显了大众的力量。然而，其消极意义和困境也非常明显，就是“反”有余而“正”不足，破坏有余而建设不足，在否定和消解束缚于人身上的不合理的等级、霸权、秩序的同时，否定和消解了一些维持人类社会文化健康发展的合理秩序，走向“绝对”的相对主义，走向自我否定、自我消解的困境。

这一困境不仅表现在哲学思想中，更表现在文化现象中。在后现代文化中，传统／现代、中心／边缘、都市／乡村、东方／西方、在场／不在场、现象／本质、公共／私人、艺术／生活、精英／大众等等的界限都被消解和抹平了，世界被零散化直到解体，成为一系列“碎片”，时间被撕裂为当下的“瞬间”，主体则非中心化，空心的人失去了大地和天空，人作为匆匆过客关注的只是当下的在场状态，从而失去了“高空的自由空气，精神的敞开领域”（海德格尔语）。正如英国社会学家鲍曼一部著作的标题所示：“生活在碎片中”（*Life in Fragments*）。而人本身则日益符号化和数字化，变成了一系列符号的组合。试想你某一天丢失了出生证、身份证、工作证、移动电话、信用卡、存折、档案、住址、房产证、驾驶证、社会保险卡、钥匙等所有的证件和号码，那时虽然你还活着，可能已不被社会所承认，你将被判“死刑”。

对于这种困境，海德格尔警告说：

> 当今人的根基持存性受到了致命的威胁。更有甚者：根基持存性的丧失不仅是由外部的形势和命运所造成，并且也不仅是由于人的疏忽和浮浅的生活方式。根基持存性的丧失来自我们所有人都生于其中的这个时代的精神。①

后现代主义的这种绝对破坏性和纯粹颠覆性，决定了它只能是一种过渡性哲学。人不能总是生活在碎片与瞬间中，不能总是生活在废墟与荒原上，虽无意也不可能回到原初的“天人合一”的理想状态，但碎片要重组，瞬间要重新连接。人既要有一种对在场状态的世俗关怀，又渴望超越在场的东西，追求一种终极关怀。“后之视今，亦犹今之视昔”，我们不仅要对自己负责，也要对后代负责。后现代主义是一场醉狂的盛宴，然而“醉狂终究要过去，接着便是凄冷的清晨，它随着黎明无情地降临大地”。②面对未来，我们是否有必要像一句歌词那样追问：

生活的压力与生命的尊严哪一个重要？

① 孙周兴编选：《海德格尔选集》，1235页，上海三联书店，1996。

② 丹尼尔·贝尔：《资本主义文化矛盾》，97页，生活·读书·新知三联书店，1989。

10 思想者

■ 图 10—1 罗丹《思想者》，青铜像

图10–1为法国艺术家罗丹的著名青铜像《思想者》。它原是被预定放在未完成的《地狱之门》的门顶上的，后来独立出来。这个裸体的男子弯着腰，屈着膝，右手托着下颌，他那深沉的目光以及拳头触及嘴唇的姿态，表现出一种极度痛苦的心情。他渴望沉入绝对的冥想，努力把那强壮的身体抽缩、弯压成一团。他的肌肉非常紧张，不但在全神贯注地思考，而且沉浸在苦恼之中。他注视着下面发生的悲剧，他同情、爱惜人类，因而不能对那些犯罪的人下最后的判决，所以他怀着极其矛盾的心情，在那深刻的沉思中，体现了内心的苦闷。这种苦闷的内心情感，通过对面部表情和四肢肌肉起伏的艺术处理，生动地表现出来。这种表面沉静而隐藏于内心的力量更加令人深思。

罗丹的思想者像，用艺术的方式精彩地描绘了哲学史上所有伟大哲学家的形象。

翻开哲学思想史，首先映入眼帘的就是众多思想者的形象，甚至可以说哲学思想史，就是众多思想者们的“思想传记”：中国有孔、孟、老、庄、荀、韩、墨，希腊有泰勒斯、巴门尼德、赫拉克利特、苏格拉底、柏拉图、亚里士多德、德谟克利特，近代欧洲有培根、霍布斯、洛克、斯宾诺莎、笛卡尔、莱布尼茨、巴克莱、休谟，德国有康德、黑格尔、费尔巴哈、马克思、恩格斯，现代有叔本华、尼采、柏格森、弗洛伊德、胡塞尔、罗素、维特根斯坦、萨特、海德格尔，“后现代”还有拉康、福柯、德里达、利奥塔尔、杰姆逊、罗蒂……

哲学史上思想者大体可分为几种类型：

一是苏格拉底式的“殉道者”。

二是亚里士多德和黑格尔式的“大师”。

三是孔子和康德式的“教师”。

四是老子和庄子式的“隐士”。

五是斯宾诺莎和海德格尔式的“孤独者”。

六是罗素和波普尔式的“科学家”。

七是马克思和萨特式的“革命者”。

八是尼采和弗洛伊德式的“疯子”。

苏格拉底是西方哲学史上第一个“殉道者”，以死亡来实践他的哲学。而马

■ 图 10-2　斯宾诺莎靠磨镜片为生

克思虽没如此，但他以社会批判的精神和实践力行的方式比任何哲学家都更深切地用一生的实践证明了自己的哲学思想。

亚里士多德和黑格尔是哲学思想的“大师”（前者甚至是很多其他学科的大师），他们分别达到了他们所处的那个时代的思想顶峰，其思想的全面系统无人企及，但也因此，代表了一种思想体系和时代的终结。

孔子和康德是中国和西方的“教师”，无论是周游列国，还是在大学讲台上，他们像一个温文尔雅的长者，向学生们传播着、交流着他们的智慧和思想，更传播着他们平和而伟大的人格。

老子和庄子是中国特有的“隐士”，小隐隐于野，大隐隐于市，他们的思想通俗到成为寓言故事，玄妙到难以理解。

斯宾诺莎和海德格尔是西方的“孤独者”。前者一生默默无闻，靠磨镜片为生（图10–2），后者的思想长期不被人理解。

罗素和波普尔是“科学家”。他们是现代理性主义、科学主义思潮的代表。他们像研究科学一样研究哲学。

马克思和萨特是“革命者”。他们提出自己的哲学思想的目的不在于理论本身，而在于指导实践，他们本人也积极投身于革命斗争和政治社会生活，不仅“解释世界”，更要“改变世界”。

尼采和弗洛伊德是哲学史上的“疯子”和“另类”。弗洛伊德本人就是一个精神分析医生，尼采甚至患上了精神疾病，但他们看似疯癫痴狂的话语中却曲折地表达了人类灵魂深处的悸动，掀开了长期隐藏的“冰山”一角。

“路漫漫其修远兮，吾将上下而求索”——正是古往今来所有真正伟大哲人的心灵写照。

要讲思想者和哲学家们的故事，一千零一夜也讲不完，限于篇幅，我只谈谈苏格拉底之死。

苏格拉底（Socrates，前469—前399，图10–3）是哲学的殉道者。至今，还没有哪位哲学家像他那样痴迷于过一种正义的生活。据说他向德尔斐神庙求神谕，问是否有比他更聪明的人，答案是没有。苏格拉底理解为：那是因为只有他知道自己无知。他第一次提出“助产术”（辩证法），他提出美德即知识，最重要的是他所开创和实践的为追求真理而独立思考和自由讨论的精神。他的这种精神对后世的哲学家和其他文化、科学影响很大，在他之后有一位古希腊的大哲学家就说过：“我爱我的老师，可是我更爱真理。”可以说，如果没有秉承苏格拉底的这种精神，哲学将不成其为哲学，人类思想也将不成其为人类思想。

苏格拉底是怎样表现这种精神的？除了终其一生都在进行自由辩论以外，他更用自己的死为这种精神做出了见证。他是被当时的雅典城邦开庭审判处死的。法庭加给他的罪名是：“苏格拉底是一个作恶者，是一个怪异的人。他窥探天上地下的事物，他把坏的说成好的，并以这些去诱导青年。”他的罪名就在于他坚持并教导别人要独立思考和自由讨论“天上地下”的任何问题。在法庭上，他为自己做了辩护，然后坚定不移地选择了“去死”。为什么说“去死”是他自己的选择？因为按照当时雅典城邦的法律，他本来可以自己提出一种法庭认为适宜的处罚代替死刑，但他并不愿以承认自己有罪的让步来避免死刑。他在辩护词中说，探讨自己和探讨别人是他的天职，如果以不再继续他以往所做的那种思考为条件而允许他活命，他就宁愿选择死。他说：“只要我还有生命和力量，我就决不停止实践哲学和教导哲学，并劝勉我所遇到的每一个人……”当法庭宣判了他的死刑之后，他又做了最后一次讲话，表明了他对死亡的安详态度。他说：“死亡的时辰已经到了，我们各走各的路吧——我去死，你们去活。哪一个更好，唯有神才知道了。”

■ 图 10—3　苏格拉底雕像

接下来是死刑执行，法庭决定让苏格拉底饮鸩（毒酒）而死。苏格拉底的朋友们来到牢房，给他带来了一条易如反掌的脱身之计，但被他拒绝了。“振作起来，”他对陷于悲痛中的朋友们说，“告诉人们，你们掩埋的只是我的尸体。”说完这句话后——还是让我们来听苏格拉底的学生柏拉图把这个故事讲完吧。

> 他站起身来，叫我们稍候，就和克里同一块儿走进浴室去了。我们一边等候，一边说着话，大家都沉浸在巨大的悲痛之中。他就像一位我们正在失去的父亲，而我们就会作为孤儿去度过自己的余生了……太阳落山的时刻临近了。他在里面已经待了很长时间。终于，他出来了，又和我们坐在一起……大家只是相对无言。很快，狱卒走了过来，站在他的身边，说道：“苏格拉底，在所有来过这里的人当中，您要算最高

尚、最温和、最善良的一个了。我每次服从当局的命令，吩咐其他犯人服毒，他们就像发了疯似的把我骂个狗血淋头，您是不会和他们一般见识的。其实我明白您不会生我的气，因为您知道错在他人，不在我。我这就向您告别，死生有命，请您尽量想开点。我这份差事，您是知道的。”说罢，只见他眼泪夺眶而出，转身出去了。

苏格拉底望着他说：“您的好意我心领了，我听您的吩咐。”然后他转过身来对我们说：“这个人多可爱呀，这些天来，他没少来看我。看看刚才他向我表示遗憾时是多么慷慨吧。我们必须按照他的吩咐行事。克里同，看看鸩酒准备好了没有，如果准备就绪，就叫人端来。”

“可太阳还在山头上呢。”克里同说，“许多人都是一拖再拖。就是宣布叫他们就死之后，他们也要大吃大喝，寻欢作乐一通才肯罢休。您又何必这么忙，还有的是时间哩。”

苏格拉底回答说：“是的，克里同，你说的那些人这样做是对的，因为他们认为通过拖延可以有所得。不过我不这样做，也是对的，因为我不认为晚死一会儿自己就能得到什么。我吝惜和挽救的生命已经奄奄一息了，要是那么做，我只能感到自己可笑。请按照我的话去做吧，不要拒绝我。”

听见这话，克里同朝仆人做了个手势。仆人走进内室，过了一会儿，他和端着一杯毒鸩的狱卒出来了。苏格拉底说：“您，我的好朋友，是有经验的，就请教教我这事儿该怎么进行吧。”狱卒回答说：“您只要来回走动，等到走不动了，再躺下来，那时毒性就发作了。”说着，他把杯子递给苏格拉底。苏格拉底轻松自如、温文尔雅地接过杯子，毫无惧色地说：“您说我可以用这杯酒来祭奠神灵吗？能还是不能？”狱卒回答说：“我们就准备了这么多，苏格拉底，再也没有了。”“我明白了。”他说，“不过我可以而且必须祈求众神保佑我在去另一个世界的旅途中一路平安——但愿我的祈求能得到满足。”说完，他把杯子举到唇边，高高兴兴地将毒鸩一饮而尽。

至此，我们尚能节制自己的悲哀。然而，当我们眼见他一口气把鸩酒喝完时，都禁不住潸然泪下了。我用双手捂住脸，泪水却像泉水般从指缝间涌流出来，我是在为我自己哭泣。因为我确实不是在为他而哭泣，而是一想到自己就会失去这样一位良师益友，一种大难临头的感觉便使我悲恸不已。不独我是这样，克里同也止不住泪如雨下，忙起身躲到一边去了。这时，一直在一旁悄然啜泣的阿波罗多罗斯突然失声痛哭起来，于是大家顿时都失去了勇气。只有苏格拉底泰然自若。“这么哭哭啼啼是干什么？”他说，“我不让女人待在这里，就是怕她们来这一手。你们也许知道人应该在平静中死去这个道理吧。那就安静耐心一点儿吧。”听见这话，我们都感到

图 10–4　达维特《苏格拉底之死》

羞愧，于是便忍住了眼泪。他在房间里来来回回地踱起步来，直到走不动了，才遵照指示，躺下身来。给他送来毒鸩的狱卒不时地查看着他的双脚和双腿。少顷，他使劲在苏格拉底脚上捏了一把，问他有没有感觉。苏格拉底回答说："没有。"就这样，狱卒顺着脚踝一路捏上来，向我们表明苏格拉底已经僵硬冰凉了。苏格拉底自己也感到了，他说："毒鸩一到达心脏，一切就结束了。"他的下腹周围开始变凉了，这时他撩开盖在身上的被单，露出脸来说——这成了他的临终遗言——"克里同，我还欠阿斯克勒庇俄斯一只公鸡，你能记着替我还清这笔债吗？""我一定替您还清。"克里同说，"您还有其他吩咐吗？"没有回音，一切又复寂静。过了一会儿，我们听见他动弹了一下，狱卒掀开被单，只见他目光已经凝滞了。克里同替他合上了双眼和嘴巴。(图10-4)

感谢柏拉图，他用最优美的文字为后人记录了哲学史上最感人的故事。

11 精英与大众：知识分子的使命

在古代，爱智慧、探求真理是需要勇气的，需要突破常识和偏见，超越日常生活，需要反思和批判，甚至要有为真理为理想而献身的精神。这些当然不是多数人能做到的。思想因此总是自由而孤独的，思想者总是特立独行的。思想者与大众之间有分离和差距，主要是在于思想本身。这些思想者就是所谓的知识分子，在西方称为“社会的良心”，在中国称为“士”，“士不可以不弘毅，任重而道远，仁以为己任，不亦重乎？死而后已，不亦远乎？”（《论语·泰伯》）。

然而，工业化时代，特别是市场经济时代，这一状况发生了很大变化。由于分工和越来越细的专门化，一切都职业化了，一切都成为可以叫卖的商品。思想成为少数人的专业、职业，成为少数人的“特权”。当思想只是“为稻粱谋”，成为谋取饭碗和名声的工具时，它就不再是自由而孤独的，不再是反省和批判的。思想者也不再是特立独行的，而往往成为某些利益集团的工具。然而，思想的商品化和工具化并没有取消它高高在上的品格，某些“思想者”或学者专家一边拿着某些利益集团的私利，一边为公共利益“代言”。一边干着“私活”，拿着“私房钱”，一边说自己的理论是“为公众利益”，他们与大众之间的隔膜和裂痕越来越深，而这种隔膜和裂痕与古代不同，症结是因为利益，而不是因为思想本身的“高贵”。

随着现代文明的发展，在知识分子内部也发生了日益严重的分化，那就是技术知识分子与人文知识分子的分化和对立。斯诺甚至说，现代文化已经分裂为两种文化：技术文化与人文文化。

于是在精英与大众之间，在技术知识分子与人文知识分子之间，出现了越来越大的裂痕。

到底什么是“知识分子”？从字面上看，“知识分子”就是一切有“知识”的人，其实不然。知识分子有两个基本标准：“术业有专攻”，“铁肩担道义”，二者缺一不可。首先是“术业有专攻”，就是以某种知识技能为专业的人。而更重要的是“铁肩担道义”，就是除了献身专业工作以外，还必须有深切的人文关怀，有良知和道义，有使命感和责任心。这种人就是中国古代的“士”。

■ 图 11—1　李大钊

“铁肩担道义，妙手著文章”，是李大钊（1889—1927，图11—1）撰写的名联，原是明代文化名人杨继盛所作的“铁肩担道义，辣手著文章”。李大钊在原对联上改了一个字，与朋友共勉。

由于学科特点不同，率先承担起对人类社会的深切关怀的主要是人文知识分子。因为自然科学家虽然也可以培养深厚的人文关怀，但在人文领域的哲学、历史、文学、艺术和宗教等，都是直接关系到人类的生存的学问，是人类自我反思的学问。在此意义上，人文知识分子最有可能成为社会和时代精神的“导师”。

然而，中国历史中人文知识分子的尴尬甚至悲惨的处境使他们更热心于象牙塔中的书斋生活，或局限于自己的小圈子内，即使有对人类命运的关切与忧心，也尽量保持低调和冷漠。针对这种情况，上世纪末本世纪初以来，中外许多学者提出呼唤“公共知识分子”，倡导“公共精神”。

什么是“公共知识分子”？

一般认为，雅各比（Russell Jacoby）在1987年出版的《最后的知识分子》（图11–2）一书中，最早提出了公共知识分子的问题。在他看来，他们拥有广博的知识、深刻的思想、广泛的兴趣，不受专业的限制，除了从事理论和创作以外，他们积极介入社会政治生活。知识分子的公共性之所以成为一个问题，与学院化、专业化时代的出现直接有关。当知识分子的主体不再是自由身份的作家、艺术家，而是技术专家和大学教授时，他们的公共性就发生了问题。“专家”的兴起就意味着知识分子的消亡。

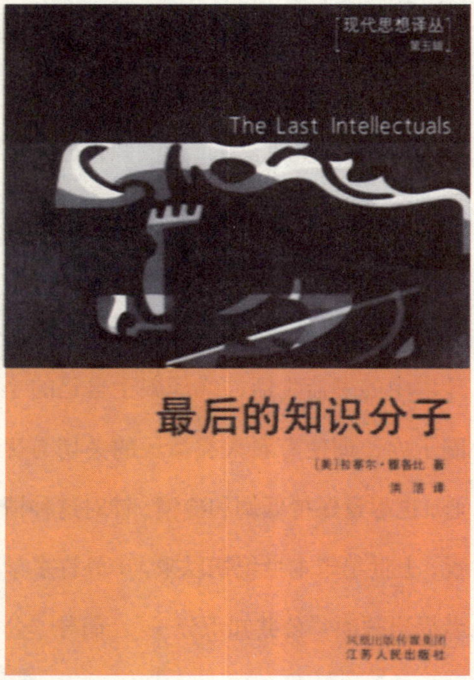

■ 图11–2　雅各比《最后的知识分子》（江苏人民出版社）

许纪霖认为，公共知识分子中的“公共”有三个涵义：第一是面向（to）公众发言的；第二是为了（for）公众而思考的，即从公共立场和公共利益，而非从私人立场、个人利益出发；第三是所涉及的（about）通常是公共社会中的公共事务或重大问题。

所谓公共知识分子就是那些既热心投入社会生活又不丧失非功利精神的知识分子。他们可以在各自领域发挥专业才能的同时保有一种超越个体或小群体利益的人文关怀和价值批判，尽可能约束、抵制人类危害自身危害环境的行为。套用福柯的话，知识分子的工作不是要改变他人，而是要不停地对“不言自明的”公理提出疑问，反思人们的心理习惯和不合理行为方式，审查规则和制度，并提出重建方案。换言之，就是利用自己的专长，从维护人类整体利益、维护社会公正与良性发展的立场出发，对相关问题做出理性分析和价值批判，影响公众，影响决策。人类社会要想良性发展，迫切呼唤着无功利、有远见、富良知、护公正、益公众的声音。

《南方人物周刊》曾经提出了“公共知识分子”的三个标准：

他们是具有学术背景和专业素质的知识者。

他们是进言社会并参与公共事务的行动者。

他们是具有批判精神和道义担当的理想者。

以圣人标准来苛求知识分子显然是不现实的，苏珊·桑塔格这位享誉国际的美国女作家打破了有关知识分子的神话：“如果期望大多数知识分子都以反抗非正义的行为、保护受害者、挑战占统治地位的权威的信仰为己任的话，未免太乐观了。大部分知识分子就像多数其他从事教育职业的人一样因循守旧……”尽管如此，桑塔格却并未降低知识分子的标准，她说，“一个人之所以是知识分子，是因为他在言论中表现出了正直和责任。”

古今中外不乏这样的知识分子。

哲学家罗素和科学家爱因斯坦共同

■ 图 11—3　罗素与其他人在英国国防部外静坐，抗议英国的核政策。

发表呼吁废止战争的宣言，并将其副本分送给美、苏、中、英、法、加六国首脑：“据非常可靠的权威人士说，现在能制造出的核弹，威力要比炸毁广岛的大 2500 倍。我们要向人类呼吁：记住你们的人性而忘掉其余。要是你们不能这样做，那么摆在你们面前的就是普遍死亡的危险。”(图 11—3)

被称为“美国的良心”的苏珊·桑塔格在“9·11”之后，批评美国政府及各大媒体的片面报道和煽动反伊斯兰情绪；

2004年5月23日，她在《纽约时报》发表长文《关于对他人的酷刑》，针对美军在伊拉克的虐囚丑闻进行了言辞激烈的批评，将美国士兵与萨达姆的行刑队，甚至纳粹军队相提并论。

中国也有很多这样的例子。

鲁迅（1881—1936，图11-4）先生有段著名的话：“我们从古以来，就有埋头苦干的人，有拼命硬干的人，有为民请命的人，有舍身求法的人，……虽是等于为帝王将相作家谱的所谓正史，也往往掩不住他们的光辉，这就是中国的脊梁。”“横眉冷对千夫指，俯首甘为孺子牛”更是鲁迅先生自己的写照，他本人就是现代中国的脊梁之一，是中国知识分子的榜样。

经济学家、人口学家马寅初于1957年提出了“新人口论”，认为我国应控制人口增长，节制生育，实行计划生育。这一理论却因为不符合“人多力量大”的主流观念而被戴上“马尔萨斯主义”的帽子，遭到无理批判。我国人口随之严重失控，“批错一人，陡增几亿”。

图11-4　鲁迅

2003年3月17日，湖北青年孙志刚在广州一收容所被殴打致死。这一事件被新闻媒体和网络曝光后，在社会上引起强烈反响。5月16日，许志永、俞江、滕彪三位青年法学博士以普通中国公民名义上书全国人大常委会，要求对《收容遣送办法》进行违宪审查。5月23日，五位著名法学家同样以中国公民的名义，再次联名上书全国人大常委会，就孙志刚案及收容遣送制度实施状况提请启动特别调查程序，加速了中国政府废除旧有的强制收容制度的步伐。

在信息网络时代，精英与大众的关

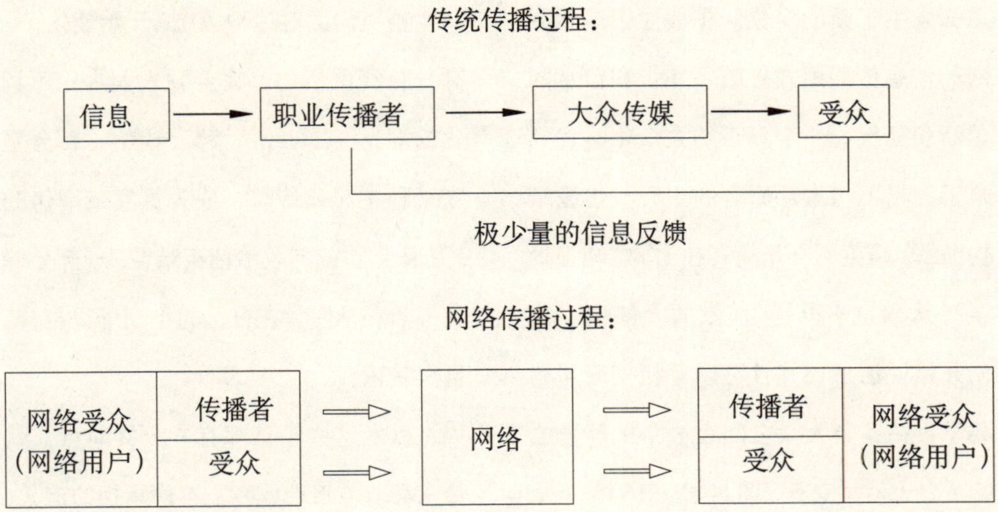

■ 图 11—5　传统传播与网络传播的过程比较[①]

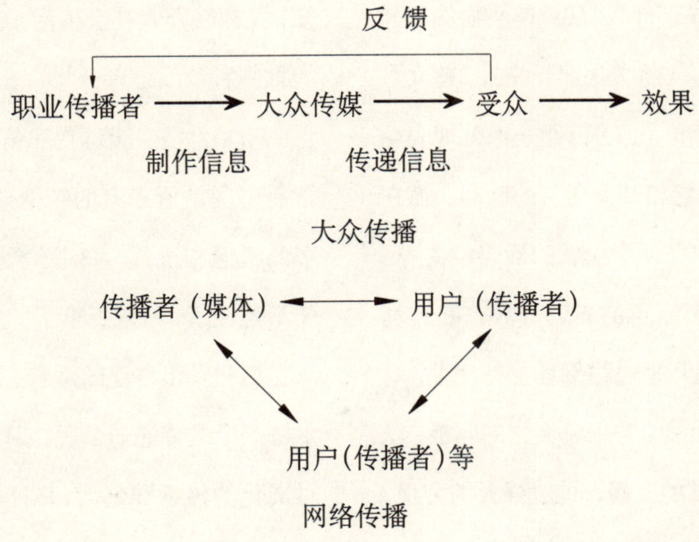

■ 图 11—6　大众传播基本模式与网络传播基本模式[②]

---

① 石艳红：《网络传播中的受众诠释》，《国际新闻界》1999 年第 3 期。

② 刘吉、金吾伦等：《千年警醒：信息化与知识经济》，341、362 页，社会科学文献出版社，1998。

系又发生了新的变化。主要原因是互联网的信息传播模式打破了知识和信息的垄断和霸权，一个真正的大众化时代到来了。精英与大众原有的中心—边缘结构消解，精英不再是高高在上的“知识贵族”，大众也不再是“沉默的大多数”，他们开始说话了，并且可以互相交流互相共享，精英与大众之间在一个平等开放的平台上对话交流。图11–5和图11–6是传统传播模式与网络模式的比较。

从木子美到芙蓉姐姐，从“卖身救母”到“踩猫事件”，从“馒头血案”到“韩白之争”，从前文化部长痛批“超女”，到“章子怡PK孔子”，无一例外地表明“精英”的尴尬和“大众”的胜利。而在“馒头血案”中，一个松软的话语馒头，更是击痛了电影精英的脆弱尊严，在这场论战中，网民几乎一边倒地支持胡戈。对话语霸权的抗衡，对主流文化的叫板，以及对弱势力量的支援，这股强大的力量，让原本的娱乐事件放大了成千上万倍，也让陈凯歌们始料不及。

精英们面对这种尴尬，开始分化。一部分自我世俗化，完全融入大众化市场化的潮流，或与经济精英结盟；一部分坚守某种主流或传统，成为真实或虚伪的“卫道士”，或与政治精英结盟；一部分躲在书斋和学院，在自己的小圈子里打转，自得其乐。

以上这些精英都有一个共同点，就是主动或被迫地放弃了本应承担的道义、良知和责任。只有少数精英秉承知识分子的道义和责任，既坚守自己的学术良知，又理性介入社会生活，成为当代社会的批判者和反思者。

市场经济、全球化和信息网络时代，正是中国前所未有的转型期，面临着更多的机遇和挑战，知识分子的使命和责任不是轻了，而是更重了。更需要知识分子在场和发出自己的声音。知识分子，乃至每一个最普通的公民，对国家的兴衰，对文化的传承和创新，对国民的幸福或疾苦，都有一份不容推卸的责任。

12 世界是什么？

哲学是从仰望天空开始的。(图 12-1)

大多数人在童年时期都会有一个时刻，也许是在某个夏夜，抬头仰望无边无际的星空，这时候，你也许一边唱着儿歌“一闪一闪亮晶晶，满天都是小星星”，一边数着星星。偶尔看到流星划过，还会想是不是世上又有一个人走了。你的心里会油然生出一种神秘的敬畏感，一个朦胧的问题闪现在头脑之中：世界是什么？这就是哲学在心中的萌芽。每个人心中都曾经有过

■ 图 12-1　仰望星空

这样的萌芽，但并非每个人都能够让它成长。随着年龄和阅历的增长，我们日益忙碌于世间的事务，上学、做作业、考试、玩耍、上网，毕业后更要养家糊口、求功名利禄，哪还有闲工夫去仰望天空，去想那些“无用”的问题？所以，“俗人”越来越多，哲人越来越少，世界越来越喧嚣。（图 12–2）

当然，对于大多数“俗人”来说，这是不得已的，也是无可厚非的。然而，如果你真的对哲学感兴趣，那你就最好在闲暇时少看些电视，少上会网，抽出点时间，多到野外走走，静静地看看天，看看云，看看繁星，看看大海，看看小溪，看看高山，看看草原，看看花花草草……肯定会有所感悟的。对于大自然的神秘和美丽无动于衷、麻木不仁的人，是不可能领悟到哲学的魅力的。

有文字记载的古希腊第一位哲学家和天文学家泰勒斯，有一次正在专心致志地仰望和观察天上的星辰，由于太过入迷，一不小心掉进了一个泥坑里。周围的人嘲笑他只顾看天上的事物，却不知道脚下是什么。泰勒斯从坑里爬上来，拍了拍身上的泥土，镇定地回答说：“只有站得高的人，才有从高处跌进坑里去的权利和自由。没有知识的人，好像本来就躺在土坑里从来没有爬出来过一样，又怎么能从上面跌进坑里去呢？”接着，泰勒斯笑了笑说：“明天会下雨。”果然，第二天真的下雨了。

两千年后，黑格尔评论此事时说，庸常的人不知道哲学家也在嘲笑他们不能自由地跌入坑内，因为他们已永远躺在坑里出不来了。

包括泰勒斯在内的好几位古希腊哲学家（阿那克西曼德、阿那克西美尼、阿那克萨哥拉、毕达哥拉斯等）同时都是天文学家，这大概不是偶然的。德国哲学家康德说，世上最使人赞叹和敬畏的两样东西就是头上的星空和心中的道德法则。中国的孔子、墨子、老子、孟子、荀子等也都曾思考和追问过“天”的道理。地上沧海桑田，人间世代更替，苍天却万古如斯，更衬托出人类存在的有限和生命的短暂。人不由自主地震撼于时间的永恒和空间的无限，于是发出了哲学的追问：这无始无终无边无际的世界究竟是什么？

在这变化无常的世界万物背后，究竟有没有一种永恒不变的东西？在多种多样的世间万象背后，究竟有没有一个统一的东西作为现象的“本质”呢？实际上就是要寻找这变中之不变，这杂多中之统一。换句话说，就是要寻找世界之“根”。哲学家们把这种不变的统一的东西叫做“实体”“本体”“本原”“本质”等。

古希腊早期的爱奥尼亚的哲学家们，往往从一种或几种常见的具体物质形态中去寻找世界的这种“本原”或“本体”，比如水、火、气、土等。他们认为，世间万物都是由这些本原单独变来或混合而成的。后来，古希腊哲学家留基伯和德谟克利特提出了一种更深刻的看法：世界是由原子和虚空构成的，原子就是构成

■ 图 12–2　哲学是从仰望天空开始的（王磊绘）

物质的不可分的基本粒子，虚空就是原子运动变化的场所。物理学在相当长的时期内曾经认同这个观点。关于世界统一于物质的这种观点被称为“唯物主义”。

另一些哲学家认为，既然一切物质的东西都是变化无常的，那么，使世界保持连续性和统一性的“本体”就不可能是物质的东西，而只能是某种精神的东西。他们把这种东西称做“理念”“绝对精神”或“上帝”“神”等。世界是由“神”创造并导演的。这种观点在宗教中表现更明显。认为世界统一于精神或意识的这种观点被称为“唯心主义”。

在很长时期里，直到19世纪以前，哲学史的主流就是这两派观点的争论。我们传统的哲学史教科书更是以唯物主义和唯心主义的斗争作为哲学史的主要线索和标准。事实上，这两种观点谁也说服不了谁，是永远分不出胜负的。他们看似针锋相对，其实深层次的基本思维方式是一致的，就是主一客二元对立的思维方式，把世界分为物质和精神、思维和存在、肉体和灵魂、现象和本质等两种因素的对立，并从其中一种因素出发，达到两种因素的统一。现代许多哲学家对唯物主义和唯心主义的争论及争论的问题产生了怀疑，对这种思维方式展开了批判。他们提出，在哲学中能否问“世界是什么”这个问题？

首先，要问一个东西“是什么”，一般有两种意思：一是归于更高层次的类，如“杯子是什么”，“是一种用具”，“马是什么”，“是一种哺乳动物”；二是解释描述其性质特征等，如“杯子是玻璃做的”。可是，就人类的认识而言，“世界”已经是最高层次的东西，它包含了一切，它之外没有别的东西，那我们还能给世界下定义吗？

其次，现象背后一定有一个本质吗？变化背后一定有不变的东西吗？甚至，我们看到的和能够认识的不过是各种自然现象，真有一个永恒不变的“天”在上面看着我们吗？我们应该“是其所是”地按照世界所呈现给我们的样子来认识它，而不是在万物背后非要找什么“本体”，在现存事物之前非要找什么“本原”。这种寻找非但徒劳，还有害于我们对事物的认识。对世界万物的认识和研究应该是物理学的任务，哲学应该从中完全退出来。

在现代西方哲学特别是科学主义流派中，这种反对追问“本体”“本质”的观点已经成为一股强大的思潮，有人甚至宣布，对“本体”的追问和传统哲学的本体论只是对语言的逻辑误用而导致的假问题，应该用“奥卡姆剃刀”把它们从哲学中清除出去。

然而，不论怎样消除语言的逻辑毛病，对世界的“本体”的追问似乎仍是哲学的“不治之症”。不过，那些患有这种“病症”的现代哲学家（例如海德格尔）已经不再像古代哲学家们那样给世界是什么的问题以一个武断的回答，他们倾向于认为，认识世界的“本体”不能靠逻辑思维，而要靠心灵体验和感悟，并且是难以用语言表达的。如果勉为其难，或许可以用诗的语言来隐喻和暗示。这样，他们所说的“本体”非常接近于老子所说的恍兮惚兮不可名状的“道”，也非常接近于古希腊哲学家赫拉克利特用晦涩的语言所暗示的“逻各斯”。中国先哲从来不说“道”“是”什么，而是说“像”什么。如老子说“上善若水”，“上善”就是“不可道”之“道”。庄子说：“天地与我并生，而万物与我为一。既已为一矣，且得有言乎？”（《庄子·齐物论》）

“说”“不可说”的东西，就是哲学的最大尴尬，也是哲学这种学问所能够做且应当做的事情，甚至在一定意义上哲学的合法性正源于此。这就是哲学与物理学对世界的思考方式的区别。

13 先有鸡还是先有蛋？

世界有没有一个开端和边界？这个问题通俗的提法就是：先有鸡，还是先有蛋？这个看上去很简单的问题好像难倒了所有人。

如果你说先有鸡，我会问你这只鸡从哪里来，如果你说先有蛋，我同样会问你这只蛋从哪里来，所以这两个答案都是不可取的。你如果用进化论解释，当某种动物进化成鸡的时候，这种动物的蛋也就变成了鸡的蛋，所以鸡和蛋几乎是同时产生的，不能分出先后。但是，这种问答只是把问题往前推了，因为对于在鸡之前的那种动物（某种鸟）来说，问题仍然存在：先有这种鸟，还是先有这种鸟的蛋？即使一直推到靠细胞分裂来繁殖的单细胞生物，我仍然可以问：先有这种单细胞生物，还是先有它的分裂？在所有这些场合，问题仍是那同一个问题，问题的性质丝毫没有变。（图 13-1）

■ 图 13-1　你先还是我先，这事咱们得搞清楚！（王磊绘）

这个问题的难点在于，我们既不能追溯到第一只不是蛋孵出来的鸡，又不能追溯到第一只不是鸡生出来的蛋。在鸡与蛋的无限循环中，我们不能找到一个开端。然而，没有开端又似乎是荒谬的，我们无法想象在既没有第一只鸡也没有第一只蛋的情况下，怎么会有后来的鸡和蛋?!

世界有没有一个开端的问题在无限大的范围上重复着这个难题。跳出难题本身反思一下我们自己，也许最大的麻烦不在于世界“事实上”有没有一个开端，而是——我们不能接受某个结果没有原因，不能接受某个现存事物没有开端。如果你为世界确定了一个开端，就必定要问这个问题：造成这个开端的原因是什么？无论你把原因归结为世界在这开端之前的某种状态还是上帝，你实际上都已经为这个开端本身指出了一个更早的开端，因而它也就不成其为开端了。如果你否认世界有一个开端，也就是否认世上发生的一切事件有一个初始的原因，那么，没有这个初始的原因，后来的这一切事件又如何能发生呢？我

■ 图13-2　这张有史以来最深处的太空的光学照片是哈勃空间望远镜于1996年1月拍摄的。它显示了早期宇宙的景象。[①]

① 《时间简史》插页。

们的思想在这里陷入了两难的困境，这就是哲学家康德所说的“二律背反”。也有的哲学家跳出这个两难，认为这个困境是由我们思维的错误造成的，比如说，用因果关系的模式去套宇宙过程就是一种错误的思维方式。

从现代科学上讲，所谓“世界”就是指宇宙。现代天文学和宇宙学已经证明，我们的地球、地球所属的太阳系、太阳系所属的银河系都是有一个开端的，并且必将有一个终结。但是，银河系只是宇宙的一个极小部分，整个宇宙有没有一个开端呢？

早期哲学家们往往喜欢给世界寻找一个开端。例如，泰勒斯认为世界的本源和开端是水，赫拉克利特认为世界的开端是火，由水或火形成了世间万物。可是，我们马上可以问：这火是从哪里来的呢？对此只有两种可能的回答。一种回答是，火原来不存在，有一天突然无中生有地产生并且燃烧了起来，于是便有了世界。无中生有显然是荒唐的，为了避免这荒唐，必须设定一个创造者，后来的神学宗教就是这种思路。赫拉克利特采用的是另一种回答：这火是永恒存在着的，并且按照一定周期熄灭和燃烧，由此形成了万物又使万物复归于火。很明显，这个答案实际上意味着世界并没有一个开端，它是一个永恒循环的过程。

最明确地主张世界有一个开端的是基督教，基督教认为，世界以及世间万物都是上帝用七天工夫创造出来的。有人问：上帝在创造世界之前在做什么呢？公元5世纪的神学家奥古斯丁答道：时间是上帝所创造的世界的一个性质，在世界被创造之前并不存在。这个回答只是巧妙地回避了问题，却没有回答问题。他的意思是说，在上帝创造世界之前不存在时间，因而也不存在只有在时间中才能发生的一切。所以，你根本不能问上帝创造世界之前发生了什么。然而，所谓“世界”应是无所不包的，包括一切存在，如果真有上帝，则上帝也包括在内。因此，既然在创世之前就存在着上帝，创世就不能是世界的开端。我们不得不问：上帝从何而来，他有没有一个开端？其实，上帝创世说的真正含义是，我们可以理解的这个世界是必须有一个开端的，在此开端之前是我们所不能理解的永恒，我们不能再去无限追问，“上帝”便是标志这个神秘的永恒的开端的一个名称。

康德在其代表作《纯粹理性批判》中，深入地考察了关于宇宙在时间上是否有开端和空间上是否有限的问题。他称这些问题为纯粹理性的二律背反（矛盾）。因为他感到存在同样令人信服的论据，分别让人们相信宇宙有开端的正命题以及宇宙已经存在无限久的反命题。他对正命题的论证是：如果宇宙没有一个开端，则任何事件之前必有无限的时间。他认为这是荒谬的。他对反命题的论证是：如果宇宙有一开端，在它之前必有无限的时间，为何宇宙必须在某一特定的时刻开始呢？事实上，他对正命题和反命题用了同样的论证。它们都是基于他的隐含的假设，即不管宇宙是否存在了无限久，时间均可无限地倒推回去。

一般来说，科学家都倾向于认为世界没有一个开端，可是，这种情况最近好像有了变化。当代宇宙学家提出了一个关于宇宙开端的大胆的假说，按照这个假说，发生在大约150亿年前的一次“大爆炸”是宇宙的开端。“大爆炸”理论曾经使罗马教会欣喜若狂，用来作为上帝创世的科学证据。其实，当代宇宙学家霍金在著名的《时间简史》中说得很有道理：之所以把“大爆炸”看做宇宙的开始，仅仅是因为“大爆炸”彻底消灭了在它之前可能发生过的一切事件的痕迹，我们永远失去了观测它们的可能，所以，严格地说，“大爆炸”不是宇宙的开端，而只是我们所能观测到的这一段宇宙历史的开端。

现代宇宙学家在爱因斯坦相对论的基础上提出了一个假说：我们这个世界在空间上是有限而无边的。有限怎么会没有边界呢？因为宇宙空间是弯曲而封闭的引力场，这空间既不和虚空也不和别的物体接触。至于在我们的宇宙之外还有没有别的宇宙，我们永远不会知道，因此不必去考虑。可惜的是，哲学往往不听科学的规劝，偏要考虑那些不可知的事，我们无法压抑自己的好奇：如果在我们的有限宇宙之外既非虚空，又非别的宇宙，那会是什么东西呢？（图13-3）

既然对世界的开端和边界这个问题，

■ 图 13-3　各种宇宙理论[①]

科学家没有确定的答案，哲学家又陷入困境，那让我们看看艺术家是怎么回答的吧。

图13-4是米开朗基罗的油画《创造亚当》。他没有直接画上帝塑造亚当，而是画出神圣的火花即将触及亚当这一瞬

① 斯蒂芬·霍金：《时间简史》，229页，湖南科学技术出版社，2002。

间：从天上飞来的上帝，将手指伸向亚当，正要像接通电源一样将灵魂传递给亚当。这一戏剧性的瞬间，将人与上帝奇妙地并列起来，触发我们的无限敬畏感。亚当的头，无助中透露着一丝渴望，左臂依在左膝上伸向上帝。上帝飞腾而来，左臂围着几个小天使。他的脸色不再是发号施令时的威严神气，而是又悲哀又和善的情态。他的目光注视着亚当——他的第一个创造物。上帝的手指与亚当的手指相触的瞬间也许就是人的世界的诞生。

或许，对待世界的开端这类难题，只能用这种可意会不可言传的方式回答。

■ 图 13–4　米开朗基罗《创造亚当》

14 阴阳太极八卦

中国古人对世界的看法与西方人不同，如果说西方人把世界看做两种因素的对立统一，思维方式是二元对立的，那么中国人认为组成世界的两种因素不是二元对立的，而是互摄互动的。中国人对世界的看法浓缩在下面这两幅图中：

太极图（图14−1）的起源一般认为是无极图，太极图的正式创立者一般认为是老子。也有传说认为太极图是周文王创造的。图14−3就是相传文王创太极图演周易之处。八卦图（图14−2）的起源，许多人认为是中华人文始祖之一伏羲。《尚书・序》开篇的第一句话是：“古者伏羲氏之王天下也，始画八卦，造书契，以代结绳之政，由是文籍生焉。”《周易・系辞传》更明确记载：“古者包羲氏（伏羲）之王天下也，仰则观象于天，俯则观法于地，观鸟兽之文与地之宜，近取诸身，远取诸物，于是始作八卦，以通神

■ 图14−1　阴阳太极图

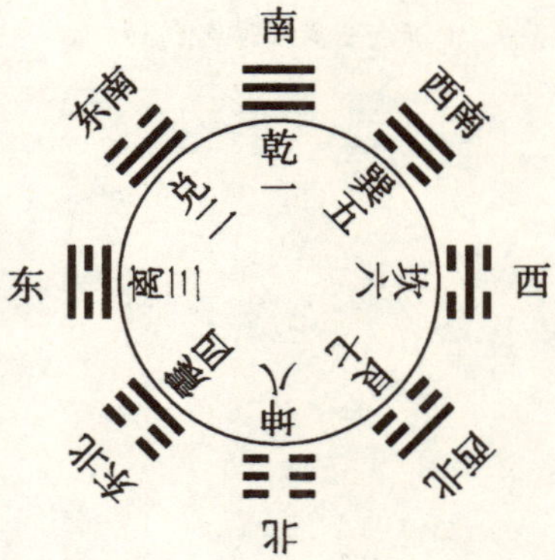

■ 图14−2　伏羲八卦图

明之德，以类万物之情。”孔子在《系辞上传》里说：“是故易有太极，是生两仪，两仪生四象，四象生八卦。”

两者结合起来就是太极八卦图。八卦以“⚊”为阳，以“⚋”为阴，“一阴一阳之谓道”，组成八卦：乾、坤、震、艮、离、坎、兑、巽，以类万物之情。八卦分据八方，中绘太极之图。《易传》认为八卦主要象征天、地、雷、风、水、火、山、泽八种自然现象，其中又以“乾”和“坤”两卦最为重要，是自然界和人类社会一切现象的最初根源。后人曾编出歌诀来帮助记忆这八个符号：乾三连，坤六断，震仰盂，艮覆碗，离中虚，坎中满，兑上缺，巽下断。每一句歌诀中，第一个字都是卦名，后面的两个字则用来形容卦的形状。例如“乾三连”，指乾卦的上中下三画都是连而不断的；又如“震仰盂”，指震卦形如一个仰放着的盂。八卦又演变为六十四卦，古人有一歌诀帮助人们记忆：

乾坤屯蒙需讼师，比小畜兮履泰否；
同人大有谦豫随，蛊临观兮噬嗑贲；
剥复无妄大畜颐，大过坎离三十备。
咸恒遯兮及大壮，晋与明夷家人睽；
蹇解损益夬姤萃，升困井革鼎震继；
艮渐归妹丰旅巽，兑涣节兮中孚至；
小过既济兼未济，是为下经三十四。

八卦及其演变而成的六十四卦最初是上古人们记事的符号，后被用为卜筮符号。阴阳太极八卦图与老子的学说也非常契合。老子的“道生一，一生二，二生三，三生万物”也可以用太极八卦来解释。可以说，这两个图隐含了中国古代哲学以及中国古人思维方式的核心秘密，只可惜后来演变成为算命先生的专用工具，有点走入旁门左道。

太极八卦图在我国民间流传很广。小说《西游记》里，有一段精彩故事叫“八卦炉中逃大圣”：天兵天将抓住大闹天宫的孙大圣后，刀砍斧剁，雷轰火烧，都不能伤他一根毫毛。太上老君把孙悟空推进“八卦炉”中，用文武火煅炼，要将他化为灰烬。后来，孙悟空躲在炉中巽卦的方位，才侥幸逃得性命。在《三国演义》中，诸葛亮用江边巨石布下了一座“八卦石阵”，阵势变幻莫测，隐含无限杀机，吓得东吴的追兵不敢举步向前……

用现代哲学的话解释，阴阳太极表

■ 图 14—3　天然太极图，河南鹤壁淇河

示的是对立面的相互依存、相互转化，每一方只有通过另一方的存在才能存在。阳即非阴，阴即非阳。两个小圆，白色中央的黑色小圆和黑色中央的白色小圆表示的则是每一方内部对立方的存在（阳中有阴，阴中有阳）。扩而言之，我们所面对的世界不是彼此孤立的事物，而是两方面既对立又统一的因素：阴与阳、黑与白、天与地、男与女、生与死、真与假、善与恶、美与丑、光明与黑暗、爱与恨……太极图中两条阴阳鱼互相对立而又圆转和谐的形象，给全世界无数人，无论是学者还是普通人，都留下了神秘的启示。韩国使臣在被逼赴日谈判时因为还没有国旗，于是就把稍稍改变过的太极八卦图作为国旗，并一直沿用至今。20世纪最伟大的物理学家之一、量子论的奠基人玻尔特意借用太极图来阐述他的科学观点“对立即互补”，而且这一图解已被科学界普遍接受。世界上第一个乘坐航天飞机的华人王赣骏博士，还特意携带太极图臂章飞越太空。而普通中国人却似乎忘了老祖宗留下的这一宝贵财富。

八卦图最重要的寓意，一般认为是那两个符号的顺序组合有二进制的内涵。17 世纪时，德国数学家和哲学家莱布尼茨最先提出了二进制的加、减、乘、除运算。但由于在当时没有实用性，一度不敢发表研究成果。后来一位在中国传教的友人，给他寄来了一幅太极八卦图。这幅古老而神奇的图案，引起了莱布尼茨极大的兴趣，触发了他的灵感。他发现，如果把图中“连续的长画”看做是1，把“间断的短画”看做是0，那么，用八卦就可以表示出从0到7的这8个整数。后来，他又做了进一步的研究，终于发明了二进制的记数方法。他说：“我的这种不可思议的新发明，是因为我发现了一位圣人的古代文字的秘密，这位古代圣人，就是三千多年前，中国早期的君王伏羲氏。”

虽然我们不能说阴阳八卦与现代计算机的科学基础——二进制完全相同，但二者确有异曲同工之妙。阴阳八卦也许可以看做中国古人用神秘的方式对世界的“数字化”解释，现代计算机则是用科学的方式对世界的“数字化”解释。

在常用的记数方法中，二进制是最低的一种进位制。由于它只有0和1这两个数字，遇到比1大的数就得进位，因而产生出许多令人不可思议的算式。譬如，1＋1＝10，11＋1＝100，等等。不难想象，如果用二进制来表示2008，不知要啰啰唆唆写上多长的一串！那么，电子计算机为什么偏要采用这种“啰啰唆唆”的

表14—1：八卦与二进制数的关系

八卦符号	卦名	二进制数	十进制数
☷	坤	000	0
☳	震	001	1
☵	坎	010	2
☱	兑	011	3
☶	艮	100	4
☲	离	101	5
☴	巽	110	6
☰	乾	111	7

进位制呢？

原来，在电子计算机内部，是用电子器件的不同稳定状态来表示不同的数字符号。二进制中只有两个不同的数字，对于每一个数字，计算机只要准备一个具有两种不同稳定状态的器件就行了。例如，利用电路的“开”和“关”，电脉冲的“有”和“无”，都可以在机器中表示二进制数。而且，电子计算机并不觉得二进制“啰唆”。因为电脉冲的频率很高，一秒钟里就可产生几百万个甚至上亿个电脉冲。要表示一个10位的二进制数，大约10微秒钟就够了。

其实《易经》中的阴阳太极八卦一点也不神秘，正如我们现在常用的电脑一样熟悉。点点你的鼠标看看电脑上有什么变化，为什么会出现各种各样的图像文字，莫非电脑里实实在在地存在文字图像？你能拆开电脑找到它们吗？当然不能。我们知道，电脑辨认它们的唯一方式是通过二进制的0和1的各种排列组合进行的，这个0和1可以看成是阴和阳，它们可以在电脑里表达万事万物，而且，这种表达又是通过看不见的电流正负（0和1）脉冲实现的。这完全符合《易经》原理，《易经》正是用阴阳两个符号来表达万事万物的，可以说阴阳符号什么都是，也什么都不是，阴阳二气就像电流一样看不见，但却弥漫于宇宙；就像二进制的0和1一样，它并不代表什么，但它什么都可以代表。理解了这一点，你就理解了《易经》为什么用一横（阳），两横（阴）来表述一切事物，也就理解了为什么有八卦和六十四卦的各种排列。不仅如此，《易经》同时揭示了事物的生长消亡过程及其规律，因为事物的变化不过是阴阳消长的变化。

太极八卦图除了这两点比较公认的解释外，还有一些争议较大的解释，比如量子力学中波粒二象性的解释，近代物理中的“波包说”、天体轨迹投影说、立竿测影定历法说、脑电图说、生物六十四遗传密码子暗合说（德国学者申伯格首先提出）等等。

现代西方科技居然与古老的中华思想如此完美契合，不能不让人为人类智慧的伟大而称奇！

15 时空之谜

在基本的生活中，时空不是工具，而是“人”及其“世界”的存在方式。①

——叶秀山

时间和空间（Space-Time）问题是人类的永恒之谜，自人类文明诞生那一刻起，它就一直召唤着并将继续召唤无数科学家、思想家、诗人和普通人的永恒追问和思索。这一追问和思索既亲切熟悉，又晦暗不明。之所以说亲切熟悉，是因为时空渗透于我们的一切事物和生活中，为我们所熟知，和我们有不可割舍的亲和性；之所以说晦暗不明，也是由于它渗透于一切之中，我们对其追问和思考都不能超越时空的限制，使人们对其熟知而不真知。奥古斯丁和亚里士多德曾生动地表达过这一困境：

时间究竟是什么？没有人问我，我倒清楚，有人问我，我想说明，便茫然不解了。

空间看来乃是某种很强大又难以把握的东西。

对时空问题的思考主要有三种：第一是经验感知和描述，即人们在日常生活中或在艺术中对时空的外在感知与内在心理体验。第二是科学研究。科学家以设定时空的既定性为前提，以时空现象为对象，研究时空的起源、本质、结构、关系等。第三是哲学思考。大多数哲学家从形而上的角度或反

① 叶秀山：《美的哲学》，68页，东方出版社，1991。

思时空本身，或对各种时空观念进行比较和批判。

《中国大百科全书·哲学》把时空定义为："物质固有的存在形式。空间是物质客体的广延性和并存的秩序；时间是物质客体的连续性和持续的秩序。空间、时间与物质不可分离，空间与时间也不可分离。"这是典型的科学时空观。

中国古代时空观产生于新石器时代的太阳崇拜和土地崇拜。汉字"时"本身与日有关，"空"字从"穴"，《说文解字》释为："冂，土室也"。"宇宙"一词是表空间之"宇"和表时间之"宙"的复合。战国时《尸子》载："四方上下谓之宇，往古来今谓之宙。"《庄子·庚桑楚》曰："有实而无乎处，宇也；有长而无本剽者，宙也。"剽即树梢，认为时间（宙）具有连续性（长），就像无根无梢的树一样。

随着语言文学和科学研究的发展，对时空的测度从原始时空经验中逐步分离出来。所谓时空的测度是对时空的数量化、实体化和标准化，它为人类生存发展提供了必不可少的时空坐标和尺度。宇宙的外在周期节律及生物体内的周期节律直接引发了时间的测度意识。《尚书·尧典》曰："历象日月星辰，敬授人时。"东西南北四方、晨昏午夜四时、春夏秋冬四季都是根据太阳的周期性运行为标尺划分的。对于日、月、年之间的换算以及对于天象和物候之间的差距的调整，构成了不同的历法和节气。历法分为阳历、阴历和阴阳合历。比历法更小的计时装置最初是日晷（图15-1）、日圭、沙漏、水漏、香钟等，到了近代精致化为钟表。

■ 图15-1 日晷

度量衡也是计量时空的基本工具，可以称为文化的经纬。我国许多词典末尾，一般都附有度量衡公制单位和市制单位的换算表。所谓公制，其实是西制，而市制，其实是中制，我们在习惯上和法律上称西制为公，说明我们承认西制的普遍性。事实上，中国传统的度量衡，如长度单位尺、寸，面积单位亩、公顷，容积单位石、斗等都已被西制的米、平方米、立方米等代替，后者成为法定计量单位。而西方的格列高利历已被称为公历，成为我国法定纪元。可见，至少在时空的测度和计量体系上，我们已经西化了。

总之，人类传统时间观以循环论为主，多强调时间的周期性和节律性；传统空间观以本位论为主，以自我空间为中心扩展自己对文化的认识和把握，具有封闭性、确定性、圈层性和稳固性等特点。后来，基督教文化以其线性时间观取代希腊的循环时间观，形成了西方文明新的走向。历史、进步和发展的观念这些启蒙运动高扬的旗帜，只有在线性时间观中才有可能。

近代工业革命和文艺复兴以降，宗教基础的动摇和科学技术的变革使线性时间观大大加强，英国物理学家爱丁顿形象地称之为“时间之箭”。这种单向线性时间与时间的可计算化，使时间与人的生活经验相脱离，丧失了内在的意义，成为外在的、强大的客体，被称为“时间的暴政”。时间的不可逆和流速加快、密度加大一起，折磨着人们的心灵。在“时间就是金钱、效率就是生命”的口号下，时间被精心分配和计算，被赋予商品价值，而本真的时间缺席了。一方面人得到异己的、可计算的、有限的自由，一方面却被抛入无边的焦虑和虚无。与此同时，资本主义在全球的殖民扩张把东方国家强行纳入“全球化进程”中，导致一种“空间的暴政”。

反抗时间的暴政，成为艾略特、普鲁斯特、博尔赫斯等现代主义文学艺术家的主题之一。博尔赫斯用语言反抗线性时间观。他所频繁使用的原型意象，如镜子、迷宫、地图、巴别塔图书馆、同名人物反复、交叉的小径等等，都可以看做是对“直线”的扭曲，使之成为循环和圆形。循环时间的观念再现。

命定的原子将会重组那喷薄而出 / 黄金的美神、底比斯人、古希腊广场……每一个不眠之夜都会毫发不爽地重现 / 写下这诗的手将从同一个子宫里再生。

——《循环的夜》

20世纪中期以来的新科技革命更为迅速、彻底地改变了传统的时空秩序。运输革命和通讯革命带来了运动、速度、光和声音的新变化，导致了人们时空感受的错乱和失衡。难怪摇滚歌手崔健唱出："不是我不明白，这世界变化快。"人们前所未有地忙碌起来，甚至闲暇时间的支配也成为不可思议的沉重负担，在忙、累、烦中忘了时间本身就是生命。时间由丰富、整体、混沌、永恒的形态被挤压、收缩成一条直线，最终被越来越强的压力压缩以至断裂，成了一个个瞬间——零散化的时间。空间形态则碎片化、平面化，表现为距离的消蚀与断裂，界限的消解和次序的错乱；人本身则零散化、空心化，远离了大地和天空，丧失了"根基持存性"（海德格尔语）。

后现代主义艺术家萨尔瓦多·达利（Salvador Dali，1904—1989）的一系列作品深刻反映了时空观的变化。达利是西班牙超现实主义画派的巨匠。图15–2和15–3中"柔软的、变形的钟表"形象已经成为西方超现实主义艺术的代名词，深刻反映了现代人的时间观念。

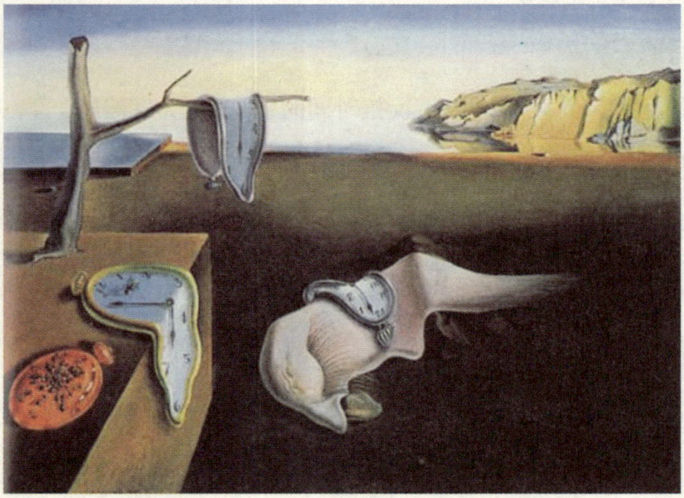

■ 图15–2　萨尔瓦多·达利《记忆的永恒》

现代西方哲学，特别是唯意志主义、生命哲学、现象学、存在主义、文化哲学为代表的人本主义哲学思潮，开创了西方传统时空观的重大转向。他们反对传统哲学的空间化思维方式，否定物理（科学）时空对时间的空间化，高举“生命”“存在”“自由”的旗帜。柏格森在西方思想史上第一次明确批判了空间化思维方式，强调时间——纯粹绵延才是生命的本质，为人的自由意志，为生命的进化和创造力提供了依据。怀特海的过程哲学强调从生成变化和过程考察存在。马丁·布伯把世界分为“我—你之世界”和“他之世界”，前者自由地处于生命时间里，后者则滞留于物理学时间中，而“你”则是西方传统所缺乏的，拯救现代文化危机不是创造一个“他之世界”，而是祈求“你”之莅临。胡塞尔区分了“现象学时间”和“宇宙论时间”，研究了时间意识连续性的根源与客观时间的现象学来源。萨特认为应从本体的存在中理解时间，时间是最典型意义下的自身虚无化的存在，人是一种超越的存在，是存在于将来而不是过去的，时间也不是由过去向将来的自在之流，而是从将来出发对现在的永恒的否定。海德格尔将时间引入存在，将时间作为存在的问题得以澄明的境域，对西方自柏拉图以来的形而上学传统发起猛烈批判，引发了西方哲学划时代的变革。

■ 图 15-3　萨尔瓦多·达利《时间的轮廓》，青铜雕塑

科学时空观是从经验时空观中逐渐分离独立出来的。战国时后期墨家提出“宇，弥异所也”，“宇，蒙东西南北”，“久，弥异时也”，“久，合古今旦莫（暮）”，可以说是科学时空观的萌芽。古希腊德谟克利特最早提出有独立意义的空间概念

——虚空，是一种把空间视为物质的容器的实体论时空观。亚里士多德反对虚空说，认为不存在无物质的虚空，只有充满物质的充实空间，时空是有限的，可以计数，这是近代物理时空观的雏形。近代物理学强调时空与运动的量的特性，将其数学化和机械化，以牛顿绝对时空观为典型代表。莱布尼茨反对绝对时空观，认为时空都是事物间的相对关系，而非自立存在的实体，与其说事物在时空中，不如说时空在事物中。康德把时空范畴主体化，认为时空是我们感知自在之物的“先天直观形式”，空间是“外经验”形式，时间是“内经验”形式。黑格尔认为时空是事物自身的规定性，运动、时间和空间是直接统一的，但时空不过是“外在化观念的抽象规定”，绝对精神是超时空的。爱因斯坦（1879—1955，图15-4）的相对论打破了牛顿绝对时空观，揭示了时空的量度与物体的相对运动的依赖关系：时空的曲率与实物的分布和引力场成正比。热力学第二定律和大爆炸理论重新引入不可逆的时间之矢，揭示了物理时空的方向性和过程性。混沌学说，引入了随机性、无秩序、无定性，对机械论世界图景提出了最严峻的挑战。总之，现代科学已经开始反省近代时空观的机械化、客体化倾向，重建人与时空的亲和关系，使时间从外部参考系转化成为物质世界演化的内在尺度，预示了与柏格森、海德格尔等哲学家的结论殊路同归。①

在对三种时空观做了历时性考察之后，有必要对中西传统时空观作一共时性比较，因为中西传统文化在时空特性上有明显的分野。概言之，**中国传统文化时空具有时间特性，而西方传统文化时空具有空间特性**。与英语Space-Time不同，汉语习惯把时间放在空间之前。当然时空是密切联系不可分割的，说中国传统文化时空具有时间特性，并不是说中国人不重视空间，而是认为时间高于空间，将空间时间化；说西方传统文化具有空间特性，也不是说西方人没有时间意识，而是将时间空间化。

① 史蒂芬·霍金：《时间简史》，44页，湖南科学技术出版社，2002。

■ 图 15—4　阿尔伯特·爱因斯坦

“顺天应时”是中国古代时空观的基石，天、地不仅是空间意象，更具时的意义，庄子曰“时为帝”（《庄子·徐无鬼》）。在古汉语中，“时”“空”没有“间”，都具有连续性、无限性。《周易》以时统摄空来解释世界，是中国古代时空观的典型。世界的本源为“太极”，“太极生两仪，两仪生四象，四象生八卦”（《系辞上》），一直推演至六十四卦。而“阴阳”则是对变化的最基本规定，阴阳的消长组合成六十四卦，阴阳的转化和卦的位序并不仅是空间上的排列，更是时间性的过程。另一种说法是把卦与四时、五行、节气、干支联系起来，五行不仅是五种物质元素，而且是时的位序的一种象征。王弼曾解之曰：**“夫卦者时也，爻者适时之变者也。……**是故用无常道，事无孰度，动静屈伸，唯变所适。”（《周易略例·明卦适变通爻》）宗白华认为，“易”也“非空间中地位之移动，乃性质一‘刚柔相推而生变化’之发展绵延于时间。”[①]《周易》的“易”就是时间性非常强的概念。在庄子思想中，可分的空间被无穷变化的时间所超越，甚至导致量、质差别的消失。惠施“历物之意”的十命题（详见本书28节）以直观的形式揭示了宇宙时空的相对性和统一性，虽与常识相违，若从时空宏观视野看，都不难理解。王夫之说得好：

> 天地之可大，天地之可久也。久以持大，大以成久。若其让天地之大，则终不及天地之久。（《周易外传》）

① 《宗白华全集》，第1卷，624页，安徽教育出版社，1994。

天地之“久”(时间)高于天地之“大”(空间)，这就是中国古代时空观的结论。

和中国古代不同，整个希腊思想，几乎都是建立在空间意识上的，具有分离和分立的特点。原子论是其典型代表。原子是物质的最小不可测的组成部分，它唯一的性质就是占据空间。而各种可感知的事物，其质的差别在于原子在空间中的不同形状、运动和排列。毕达哥拉斯学派把“数”当做万物的本质，其实是更抽象的原子。耐人寻味的是，毕达哥拉斯定理是用来证明空间关系，而中国早于它六百年的勾股定理则是用来测量日影以计算时间。古希腊时空观的另一典型是欧氏几何学。欧氏几何空间的点、线、面是平直的、静止的、刚性的，即无时间的、超时间的。19世纪高斯、罗巴切夫斯基、黎曼的非欧几何彻底打破了这种空间观，设想空间是可以弯曲的，引发了西方数学史上的变革。当然，古希腊不乏朴素辩证法思想，赫拉克利特就认为“人不能两次踏进同一条河流”。但他认为这种永恒的流动只是一种感官的假象，是不真实的。于是巴门尼德走向另一极端，认为世界的本源在于不变、不动、不灭、充实、圆满的“存在”，他的弟子芝诺则基于空间的可分割性来否定运动，提出了著名的悖论（详见本书29节）。

保罗·利科和雅克·德里达认为，西方文化有“视觉中心论”和“逻辑中心论”的传统。古希腊文“理念”（eidos）由ideō（看）变化而来，本有形状、形式之意，而另一字idea也与视觉形象有关。这种空间型思维方式，将世界统一于空间形态，即将世界空间化：将现实世界分割为主体性的“我”和对象性的“世界”

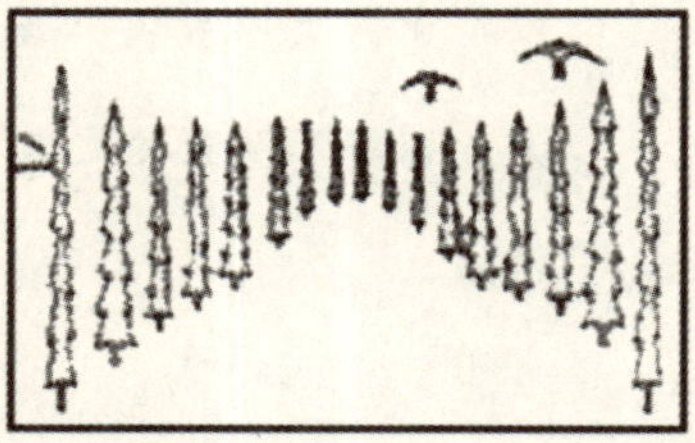

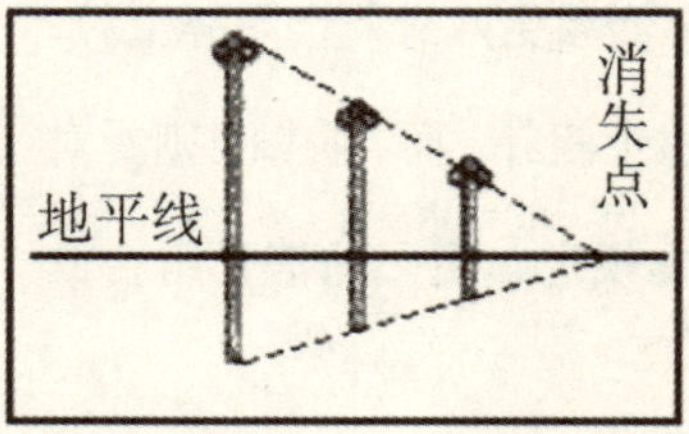

■ 图15—5　焦点透视法

(物)，而客体对主体是“表象”(Representation)，“站在面前”的意思。主体与客体的对立就形成理性逻辑的思维方式，具有明显的空间性、结构性、方位性。西方传统自然科学有拒斥时间的因素，先设定一个个分立的自足的事件，然后寻求其因果联系，这种因果链条不可能无限，必须有一个“第一因”。难怪牛顿在发现万有引力定律之后，还是百思不得其解：如果没有第一推动力，宇宙怎么会运动起来呢？于是他只好请出了“上帝”。

■ 图 15-6 霍贝玛《林间小道》

中西两种不同的时空观念在艺术中也有充分体现。焦点透视法（图15-5）是西方近现代绘画的基本方法，认为现实就是一只盒子或一间房间，只有一个观察者，所有的视线都朝某一个（或几个）确定的点聚合，最后汇集在消失点上，近大远小，呈放射状；画面背后的消失点和前面的观察者的眼睛是相对应的，而画面中的一切都围绕消失点而组织安排。显然这是欧氏几何学在艺术上的应用。17 世纪荷兰画家霍贝玛的《林间小道》（又名《并木林道》）是运用焦点透视法的典范（图15-6）。而中国古代绘画却是多角度观看事物的，没有这样一个消失点及透视法。透视其实不是人类自然的观察方法，人类的视角从来就是移动的，可以说透视在现实生活中是不存在的。如果说中国画有透视的话，那也与西洋画的透视方法有很大的不同，西洋画讲究焦点透视法，传统的中国画讲究散点透视法。散点透视法不拘泥于一个视点，它是多视点的，在表现景物时，它可以将焦点透视表现的近大远小的景物，用多视点处理成平列的同等大小的景物。散点透视法可以比较充分地表现空间跨度比较大的景物。

例如宋代张择端的《清明上河图》（局部）（图15–7）长卷，它用散点透视的多视点原理，把古代汴京东郊以虹桥为中心的风景、人物、城郭、街道、桥梁、船只等等丰富内容的场面散点，在一个画面给予了充分详尽的表现。中国画家多喜欢表现空间跨度大的山川江河，甚至想把整条长江都画到一幅画中，他们不满足于用一个焦点来束缚自己的视野，因此，中国画家多采用移动式、减距式、以大观小的散点透视法来表现无限丰富的景象。这种手法给画家带来了空间处理上的极大自由度。

宋代沈括的“以大观小之法”，认为画山水不能如常人站在平地上一固定地点，而应用心灵的眼摄取全景，从全体来看部分，把全景组织成一幅气韵生动、有节奏、和谐的艺术画面。宋代画家郭熙在《林泉高致·山川训》中提出三远法：“山有三远：自山下而仰山巅，谓之高远。自山前而窥山后，谓之深远。自近山而望远

■ 图15–7　张择端《清明上河图》（局部）

山，谓之平远。”在“三远”法中，画家的视线是流动转折的，形成节奏化音乐化的空间，这种空间不是几何学的透视空间，而是诗意的时间化的艺术空间，即在动静、虚实、明暗的流动节奏中表现的有机的生命境界。中国古代诗和书法艺术也以表现节奏化、音乐化的自然为最高境界。宋代批评家严羽在《沧浪诗话》中评唐诗境界：“如空中之音，相中之色，水中之月，镜中之像，言有尽而意无穷。”超以象外，得其环中，是中国古典艺术的意境所在。

诚如宗白华所言：

> 西洋人站在固定地点，由固定角度透视深空，他的视线失落于无穷，驰于无极。他对这无穷空间的态度是追寻的、控制的、冒险的、探索的。……中国人对于这无尽空间的态度却是如古诗所说的：“高山仰止，景行行止，虽不能至，而心向往之。”……我们向往无穷的心，须能有所安顿，归返自我，成一回旋的节奏。……我们宇宙是时间率领着空间，因而成就了节奏化、音乐化了的“时空合一体”。①

另一位学者也说得好：

> 如果说，西方艺术在思维上体现了空间化倾向，其作品是立体的、静止的、可分析的，那么，中国艺术则体现了时间化倾向，其作品是线状的、动态的、连续的；注重空间，注重意义，则自然诉诸理性，诉诸分析，追求真实；而注重时间和生命，则自然是整体直觉的，是全身心的协调合作，自然着眼生命的气势、活力、节奏和脉动。②

推而言之，中西传统文化在政治、经济、社会、文化、价值观等方面都有明显差别，这不能不说与不同的时空观念有关。如中国文化空间占有意识向来不强烈，多倾向于“万世太平”与“长治久安”之道，中国历史呈现惊人的连贯性，政治

---

① 《宗白华全集》，第2卷，439～440页，安徽教育出版社，1994。

② 刘承华：《中国艺术之“韵”的时间表现状态》，《文艺研究》1997年第6期。

上强调大一统，民族向心力较强；而欧洲各民族则具有顽强而持久的分立意识，倡个性独立，重文化差别，有不断在空间上拓展征服的"浮士德精神"。汉字主要是表意文字，动词无性、格、时态变化，恰表明其灵活性、流动性、音乐性、韵律性；西方拼音文字则是更为抽象的一种符号，动词时态变化严格复杂。在人格理想上，中国认为圣人应该"与天地合其德，与日月合其明，与四时合其序，与鬼神合其吉凶，先天而天弗违，后天而奉天时"。(《易经》)，西方人则认为"人是万物的尺度"（普罗泰戈拉语），充分肯定个人的发展欲望和理性自由。如此等等，不一而足。

中西传统文化为何会在时空观上形成如此显著的差异呢？原因固然很复杂，但有一点不可忽视，那就是中西古代时空（自然地理）环境的差异。西方文化的滥觞——古希腊文明属于海洋文明，她是围绕着爱琴海而诞生的。在碧波万顷的大海上，有星罗棋布的半岛和岛屿。古希腊近海的特点非常有利于海上贸易和商业的发展。由于商品经济对人的血缘宗法关系的消解，希腊民族逐渐形成具有空间特性的独立、自由、分化的文化性格，而且强调对大自然的支配和利用，对异族文明的奴役和控制，成为后来"欧洲中心主义"的萌芽。

中国文化的发源地——黄河中下游和长江中下游地区，属大陆性季风气候，四季变化非常分明，日出而作、日落而息的生存方式使人们生活稳定化和有序化，产生周期性的"时"观念。季风气候非常显著，形成了寒暖、干湿的季节性变化，对农业生产和社会秩序至关重要。于是"顺天应时""阴阳和谐"，成为古人追求的理想境界。可见，阴阳四时五行八卦等时空观的起源丝毫不神秘，而是古人的生存智慧的结晶。

在哲学意义上，时间和空间不是什么神秘的、外在的东西，时间就是人的生存和发展的纵坐标，空间就是人的生存和发展的横坐标。时间和空间共同构成了人的生存和发展的坐标。离开了时间和空间，无法理解人的生存和发展；离开了人的生存和发展，无法理解时空之谜。

16 我是什么？

古希腊德尔斐的阿波罗（太阳神）神庙（图16-1）有一个著名的神谕："人啊，认识你自己。"苏格拉底用它来解说哲学的使命。"认识你自己"就是认识你的灵魂，因为"你自己"并不是你的肉体，而是你的灵魂，那才是你身上的神圣的东西，是使你成为你自己的东西。灵魂之所以是神圣的，因为它是善和一切美德的居住地。因此，认识自己也就是要认识自己的德性（道德本性）。所以，未经省察的人生没有价值，只有把自己的道德本性实现出来，过正直的生活，人才成其为人。

■ 图16-1 德尔斐太阳神庙遗址

中国古人也说，人贵有自知之明。知人则哲，自知则明。

人自觉地追问“我是什么”“我从哪里来，到哪里去”“我应该成为什么人”，这就形成了“自我意识”，这就是“认识你自己”的开始。“认识你自己”，不仅是内省、反思自身的一切，还要在与他人和世界之间广泛的交流和对话中反观自己，提升自己，发展自己。关起门来认识自己，是不可能真正认识自己、完善自己的。

“我是什么”这个问题追问到底，就形成所谓“人的本质”问题。关于这个问题，古往今来的哲学家、思想家有无数个答案。如说人的本质是理性、道德、制造工具、会说话、劳动、符号等等。恐怕永远也争论不清。不过，马克思有关人的本质的理论可能更合理一些：“人的本质，在其现实性上，是一切社会关系的总和。”因为人是社会性的存在，孤立的、离群索居的个人是无法生存的，要认识和了解一个人，必须从他的“社会关系”入手。所谓社会关系就是一个人在特定社会中的角色和身份。比如，一个人张三，他虽然名字叫张三，但“张三”只是一个符号，并不能完全代表他本人，必须从他的多种社会角色才能了解他。他是男人、中国人、北京人、中年人、已婚者、父亲、丈夫、儿子、外向的人、A型血的人、公司职员、论坛版主、旅游会员……张三在不同的场合不同的关系中有不同的身份，但这并不妨碍他是一个完整的人，正是他的不同身份共同构成一个完整的社会化的“张三”，离开了种种社会身份和关系，“张三”这个人就只是一具肉体，“张三”就只是一个符号。

庄子曾讲过一个脍炙人口的“庄周梦蝶”的故事（图16-2）：

> 昔者庄周梦为蝴蝶，栩栩然蝴蝶也，自喻适志与，不知周也。俄然觉，则蘧蘧然周也。不知周之梦为蝴蝶与？蝴蝶之梦为周与？周与蝴蝶，则必有分矣。此之谓物化。
>
> （《庄子·齐物论》）

意思是说：以前庄子做了一个梦，梦到自己是一只快乐的蝴蝶，自由自在地飞舞着，只知道自己是蝴蝶，根本不知道庄周是谁。忽然醒来了，才发觉自己是叫

■ 图 16-2　范曾《庄周梦蝶图》

庄周的人。到底是庄周做梦变成蝴蝶，还是蝴蝶做梦变成庄周呢？庄周和蝴蝶不一样，一定是有分别的。这就叫做“物化”。

“庄周梦蝶”其实不只是一个简单的梦境，它触及哲学的一个古老而难解的问题：“我是谁？”现代人由于越来越大的生活压力，由于越来越复杂的社会分工和社会角色需要扮演，常常找不到真正的自我，产生了所谓“自我认同危机”或“身份危机”。于是到处去寻找真正的“自我”，成了心灵王国中的漂流者。

事实上，古往今来的文化先驱和宗教僧侣大多是精神的漂流者和“无家可归者”(寻找不到自我的人)。譬如佛教僧尼自称为“出家人”。永远的前行，永世的流浪成了一切精神探索者的生存方式。鲁迅也与绝大多数现代人一样存在着“身份危机”，存在着“庄周梦蝶”式的探求真我的精神欲求。他在散文诗剧《过客》中创造的“过客”形象深刻地揭示了一切精神探索者的悲剧境遇。“人生如过客”是中国古典文学中常见的主题。李白在《春夜宴诸从弟桃李园序》中感叹道：“夫天地者，万物之逆旅；光阴者，百代之过客。而浮生若梦，为欢几何？”从生命的短暂中，李白得出了“及时行乐”、珍惜生命的结论。鲁迅笔下的“过客”超越了李白对这一主题的表现，他更像是唐代的朝圣者玄奘。

“过客”有着这样的外表：“约三四十岁，状态困顿倔强，眼光阴沉，黑须，乱发，黑色短衣裤皆破碎，赤足著破鞋，胁下挂一个口袋，支着等身的竹杖。”从外观上看，他很容易被人当作乞丐。当他迎面走来时，人们或许要问：他是谁？他叫什么？他从什么地方来，又要到什么地方去？请听诗剧中的老翁与“过客”的对话：

> 翁——客官，你请坐。你是怎么称呼的？
>
> 客——称呼？——我不知道。从我还能记得的时候起，我就只一个人，我不知道我本来叫什么。……
>
> 翁——阿阿。那么，你是从那里来的呢？
>
> 客——（略略迟疑，）我不知道。从我还能记得的时候起，我就在这么走。
>
> 翁——对了。那么，我可以问你到那里去么？
>
> 客——自然可以。——但是，我不知道。从我还能记得的时候起，我就在这么走，要走到一个地方，这地方就在前面。

“过客”从小就孤身一人在小路上走着。他没有姓名，没有籍贯，不知自己从何处来，也不清楚自己将走向何方，他知道自己要走的目的地就在前方。不管前方是阴森荒凉的墓地，还是百合花、蔷薇花盛开的乐园，他只听从“前面的声音”召唤，昂首向着荒原深处走去。鲁迅笔下的这位没有名号、没有故乡的“过客”是真正现代哲学意义上的无家可归的“出家人”。

我们每个人都是生命中的“过客”，都是“流浪者”，从生到死，一直在路上走着。所不同的只是，有的人以此为乐，有的人以此为苦，有的人走得长，有的人走得短，有的人设定目标，有的人漫无目的，有的人自己走，有的人被别人牵着或强迫着走……（图 16–3）

佛教里有一个著名的故事。

古时候，有一个和尚，无故被官府逮捕了，官府派了一个公差，押送他发配到边境去充军。和尚一路上不断盘算着如何伺机溜走，后来发现押送他的公差似乎脑筋有点笨，于是计上心来。

■ 图 16–3　摄影作品《过客》（阿非摄）

原来押送和尚的公差，因为出远门，总得带把雨伞和一些换洗的衣服，还有日常所用的东西，打成了一个包袱随身携带。一路上，他记性不好，老怕丢了，就不停地念叨："雨伞、包袱、和尚、我。"念"雨伞"时，就摸摸手中的雨伞，雨伞在；"包袱"呢？包袱也在手中；"和尚"？和尚也在身旁；"我"？自己摸摸头，也在呀！四样都不少，他才放心了。

有一天晚上，他们在一家客栈过夜，和尚请公差喝酒，把他灌醉。和尚把自己的衣服换到公差身上，并把他头发剃光，然后扬长而去。

第二天，公差一早起来，赶紧检点一番："雨伞？"雨伞在身边；"包袱？"包袱跟雨伞在一起；"和尚？"摸摸自己的光头，再看看自己身上穿着圆领方袍，和尚也在；"我"呢？我在哪儿？找来找去，竟找不到了！

看了这个故事，可能很多人都会嘲笑这个傻公差，其实较起真来，我们并不比他聪明多少，傻公差的傻话里倒是表达了深刻的哲学问题——我是什么？这个问题看似简单，实则非常复杂。不信吗？我来试着回答看看。

最简单的回答是：“我是***。”不过大家都知道，这只是代表“我”的一个符号，并不是实体，和“我”本身没有任何直接必然的联系。

要实体？好吧！“我是组成我身体的（物质）原子和分子的总和——至少我的肉体是这样。”这个“唯物主义”的回答似乎有道理，但却经不起推敲。由于新陈代谢，人体中原有的原子、分子不断被新的所取代。在一年内，人体中百分之八十以上的原子、分子都更新了。那么，和“人不能两次踏进同一条河里”一样，我是不是不能两天都是同一个人？可见，原子、分子虽然代表“我”的肉体，却并不代表“我”的本质。

有人说，原子分子在变化，那“我”的遗传基因总不变吧，而且是独一无二的。在人体的新陈代谢过程中，分子流变而基因常存。由双亲传来的遗传基因确实代表个体所具有的生理特征，这似乎可以代表“我”。但仔细想想仍有问题：同卵双胞胎具有完全相同的遗传基因，但是他们好像也不完全相同，更不能说孪生兄弟两人共同拥有同一个“我”。更进一步，如果“我”在遗传基因里就已经完全被决定了，那岂不是否定了此后一生的“我”存在和发展的意义？所以遗传基因好像也不能完全决定“我”的本质，特别是后天形成的人格和心灵。

还可以用马克思的理论来说：“我是我的一切社会关系的总和。”这话很有道理，说出了“我”的本质属性之一——社会性，要认识我，必须认识我的各种社会关系：我在家里对父母是儿子，对妻子是丈夫；在学校对学生是教师，对教师是同事，对领导是下属，对下属是领导；购物时是顾客；在居民小区里是业主；对政府是民众，对民众是“知识分子”；写这本书时我对读者是作者，对我的思想和言论是主体，对我的“文字”是打字员……这都没错，但了解了所有这些，就能了解“我”本人吗？恐怕还不能。

那么“我”到底是什么呢？从“我”的成长经历看，“我”刚诞生时除了与生俱来的本能以外，大脑中还没有“我”这个概念。随着婴儿的成长，与外界的接触的增多，“我”这个概念逐渐建立起来：婴儿有需要时会哭，高兴时会笑，这说明已有了模糊的主观意识；牙牙学语，认识父母和亲人，开始与别人交流，已知道你我有别；慢慢地会和弟妹争夺玩具，懂得趋利避害以保护自己，再长大些就有了爱憎、善恶之别……朦胧中代表“我”的“自我意识”逐步形成，而且随着知识增长和大脑发育越来越完备。自我意识代表一个人的心灵，决定了我之所以为我。每个人的自我意识都是独一无二的，正如世界上没有两片相同的树叶，世界上也没有两个人具有相同的自我意识。

至此，我们已经看到“我”具有不同层次的内涵：名字是符号的“我”；原子、分子是物质的“我”；遗传基因是生理的“我”；而自我意识则是心灵的“我”，它最能代表“我”的本质。以上各层次的顺序是由浅入深的，在所有这些层次之上，还有一个社会的“我”。作为社会之一分子，“我”是错综复杂的社会关系网络的一个结点。读者看到这，可能会说，哲学就是把简单问题复杂化，一个简单的“我”会产生这么多问题？其实这还不算复杂，我们还可以追问下去。

“自我意识的机制是什么？”这是现代科学所面临的最基本的问题之一。自我意识存在于大脑中，大脑有许多不同的功能：记忆、感知、计算及逻辑推理，但自我意识不可能用大脑中之单个或部分功能来解释，而是与其整体的系统功能有关。对自我意识机制的研究刚刚开始，目前科学家甚至对研究的方向也有不同的意见。英国数学家彭罗斯认为自我意识是人类大脑所特有的，其机制应在亚原子微观世界尚未发现的规律中去找。他倾向于物质的硬件——虽然他是数学家。美国物理学家盖尔曼则认为大脑是一个极为复杂的大系统，自我意识的机制应该从系统的组织结构规律中去找。盖尔曼倾向于系统的软件——虽然他是物理学家。反正硬件也好，软件也好，软件硬件兼而有之也好，自我意识仍然是一个难解之谜。“我是什么？”这个问题至今无论在科学上还是哲学上仍无确切的答案，所以我们还不够资格取笑傻公差。[①]

自我意识的奥秘不仅是科学家和哲学家研究的对象，也是我们每一个人思考的问题，而且这一思考无论对个人还是人类，都是永恒的。而哲学思考的目的，就是"使人作为人能够成为人，而不是成为某种人"。(冯友兰《中国哲学简史》)使人懂得并实践人性、人的本质、人的尊严、人的价值、人的使命，而不是像其他知识那样只教人成为某种特殊的、职业的人。

① 参考沈致远：《雨伞—包袱—我》，http://www.beelink.com/20020531/1120242.shtml.

17 生活世界：诗意地栖居

■ 图 17–1　陶渊明采菊图

充满劳绩，然而人诗意地栖居在这片大地上。

——荷尔德林

结庐在人境，而无车马喧。
问君何能尔，心远地自偏。
采菊东篱下，悠然见南山。
山气日夕佳，飞鸟相与还。
此中有真意，欲辨已忘言。

——陶渊明《饮酒》（图 17–1）

人总是生活在世界中的，世界由时间和空间两个维度构成。在哲学视野中，“空间”并非指作为物质客体的广延性和并存的秩序的物理空间，而是指文化空间。汉字的“空”起源于“土室”，海德格尔也曾考证空间一词“意味着为定居和宿营而空出的场地”。可见，栖居、位置和处所对可测量的三维物理空间具有优先性，用海德格尔的话说，“人和空间的关系无非是从根本上得到思考的栖居。”[①]文化空间在其现实性上表现为人的文化世界，而文化世界是人类存在于四维时空中的表现与展开。

所谓世界，其原意并不只是空间意义上的某一范围或领域，而是时空一体的。《说文解字》释曰：“世（丗），三十年为一世，从卅而曳长之。”“界（畍），境也。”佛教经典《楞严经》载：“世为迁流，界为方位，汝今当知，东西南北、东南、西南、东北、西北、上下为界，过去、未来、现在为世。”显然，中国古人是从时空统一角度界说“世界”的。英文中对应的World一词有地球、现世、世界等含义，严格说来，只相当于中文的“界”（空间），而没有“世”（时间）的含义。我们现在受西方文化影响，一般只从空间意义上讲“世界”，应该说是不全面的。

“世界”不是铁板一块。当代科学哲学家波普尔曾提出世界包括三个不同而又相互作用的“亚世界”：“第一个是物理世界或物理状态的世界；第二个是精神世界或精神状态的世界；第三个是可理解物即客观意义的观念的世界——这是可能的思想客体的世界。”[②]其中世界Ⅰ相当于自然世界，世界Ⅱ相当于主观的文

① 《海德格尔选集》，1200 页，上海三联书店，1996。

② 波普尔：《科学知识进化论》，364 页，生活·读书·新知三联书店，1987。

化世界，世界Ⅲ相当于客观的文化世界。

康德所说的“头上的星空”和“内心的道德法则”，可以看做是自然世界和文化世界的典型代表。星空就是“天”，哲学意义上的天主要指实体之天，包括目前所能观测到的整个宇宙，又以太阳系为主，太阳系又以太阳为中心（事实上，日常语言中“天”与“日”基本同义），它是我们地球上所有生命之光、热、力的总源泉。自然世界中的另一部分是“地”，即地球。地球是太阳系一行星，也是天的一部分，只因它是人类安身立命之处，才有了与天相区别的意义。

天、地构成文化世界的直接背景和时空环境。无论是古代神话传说，还是近代生物学进化论，都说明人类文化的发生和发展与天、地的密切关系。文化世界的中心当然是人，而人在时间上的发展，在空间上的处所，在逻辑上的前提及人本身的肉体和精神存在，从终极意义上讲，都来自于天地自然。自然界既是人类生存价值的最终体现，也是对人类追求的根本性限制，甚至可以说，文化世界是自然世界的一个特殊部分，二者的同一是绝对的，对立是相对的。二者的关系并不主要是对象性主客二分关系，而是共生共在关系。中国古代的“天人之辩”其实正反映了对这种二重化关系的不同理解。以《易经》、孟子、董仲舒、张载、二程为代表的主张“天人合一”一方抓住了天人关系的绝对同一性，而忽视了相对对立性；而以荀子、刘禹锡等为代表的主张“天人相分”一方则抓住了天人关系中的相对对立性，忽视了同一性。如何协调二者关系，达到辩证的整合一致，是现代哲学和文化的重要课题。

自然世界对文化世界的本原性和终极制约性并不否定文化的超越性和创造性，恰恰相反，文化世界的产生是人“向文而化”的实践活动的结果。人在实践活动中，既按自己的目的和需要改造自然，也改造自身，自然界经过人的改造具有了新的形象、结构和功能，成为“人化自然”或“人工自然”，成为文化世界的一部分，人本身也从自然物种之一逐渐变为“文化人”。自然世界与文化世界的统一不是要倒退到“无文化”的自在自然，而是建立在文化世界高度发展基础上的可能前景，尽管这一前景在目前看来不容乐观。

狭义的文化世界是人的文化活动处于其中且由人的文化活动创建的世界，是人的生活世界。用马克思的话说，是“一本打开了的关于人的本质力量的书，是感性地摆在我们面前的人的心理学”。[①]它包括人的所有实践活动和结果，即语言、文字、交往、组织、科学、艺术、宗教及其相关的物质载体，它们共同组成了一个意义的、符号的文化体系。生活世界也是我们每个人都在经历并为大家所共有的世界，更是我们每个人必须接受，同时又时刻在更新的世界。它是我们每个人真正的家园。

老子曰：“故道大，天大，地大，人亦大，域中有四大，而人居其一焉。”(《老子·二十五章》)（详见本书21节）无独有偶，海德格尔也认为：“从一种原始的统一性而来，天、地、神、人‘四方’归于一体。”[②]在这里，天、地、神、人分别是“天空”“大地”“诸神”和“终有一死者”的简译。老子的“道”和海氏的“神”含义不尽相同，不过都有法则、规律的意思，可以简单理解为自然法则和人文法则，也可以说是前文提到的文化符号体系，是天、地、人之间沟通的中介。天、地、人、神（道）四者之间不仅有现象层面的对象性关系，而且有本体层面的共生共在关系。人以自我为中心，文化为载体，站在大地上，头顶天空，聆听着道或神。作为追求生命存在与价值的主体，人是其所是的世界的中心，并自然而然地领受着在世界之中的中心地位，这一点并不必然导致唯我论或人类中心主义。因为在生存论意义上，任何个体都是它位于其中的世界的中心，无机物也不例外，而每一个体的相对中心地位恰恰确证了宇宙中没有绝对中心。人在文化世界中的中心地位并没有取消其他存在物的中心地位，恰恰相反，在天—地—人系统中，天地包含着人，人对自然不仅有权

① 《马克思恩格斯全集》，第42卷，121页，人民出版社，1979。
② 《海德格尔选集》，1192页，上海三联书店，1996。

■ 图 17–2　吴宪生《杞人忧天图》

利，更有义务和责任，“保护四重整体——拯救大地，接受天空，期待诸神，护送终有一死者——这四重保护乃是栖居的素朴本质。”[①]人既不是自然的主人，也不是自然的奴隶，而是天、地、人存在意义的追问者和守护者，在追问和守护中小心翼翼地建设自己的家园，安身立命，劳作生息。栖居使人成为人，使大地成为大地，栖居使人的生活具有意义，这样的栖居本身具有诗意。陶渊明的田园诗及《桃花源记》所描绘的就是这样一种理想境界。

然而，近代工业化以来，尤其是20世纪以来，一浪高过一浪的科技革命和

① 《海德格尔选集》，1201页，上海三联书店，1996。

经济革命在把世界联为一体，创造愈加丰富的物质财富的同时，不但破坏了人类生存环境——大地、天空、水，而且无情地割裂了人与天地世界的亲和性，世界与人越来越疏远和陌生。人类不但无法“诗意”地栖居，就连世俗地栖居都成了问题。如果说，两千年前《列子·天瑞》中的“杞人”因“忧天”（图 17–2）而被聪明人和自以为聪明的人嘲笑至今的话，那么，20 世纪爱因斯坦对原子弹爆炸表示的震惊和愤慨，海德格尔看到从月球向地球拍摄的照片而产生的惊惶失措，人们对“克隆”技术的深深忧虑，就不再是庸人自扰。因为杞人身后的天的确一天一天坏下去，地也一天一天离我们远去，人本身空心化、零散化，面对灰色的天空我们失去了仰望的勇气，生活在“钢筋水泥的丛林里”，我们被“连根拔起”，丧失了“根基持存性”。如果说在田园牧歌的时代，对自然和世界的屈从意味着人的文化的弱小和无力，那么在众声喧嚣的时代，对自然和世界的僭越则导致了人无奈地承受着“生命中不能承受之轻”（捷克作家米兰·昆德拉语）。（图 17–3）

■ 图17–3 美国宇航局公布的中国东部卫星照片之一

人不能因为外面的世界很精彩就永远在路上流浪而忘却家园，也不能因为外面的世界很无奈就永远留在家中，人既要有对在场状态的世俗关怀，又渴望超越在场的东西。面对未来，人类必须调整自己的文化方向，调整自己对世界的态度，这种态度应该是：**敬畏生命、崇尚自然**。只有物质世界的建设与精神世界的完善并重，创造文化正值与消除文化负值并重，文化远征与文化回归并重，人类才有希望重新获得诗意的文化生存空间。

18 存在先于本质

“存在先于本质”是法国现代哲学家、文学家、社会活动家、存在主义代表人物萨特(Sartre.Jean-Paul，1905—1980，图18-1)的著名哲学思想。

萨特最有影响的哲学著作有两部：《存在与虚无》(1943)（图18-2）和《存在主义是一种人道主义》(1948)。在这两部著作中，萨特发展了胡塞尔和海德格尔的存在主义哲学。“人”的问题是萨特哲学思想的核心。他认为，以往的哲学，无论是唯物主义还是唯心主义，都有一个共同的缺陷，那就是有意无意地遗忘了或掩盖了人的存在与本质，而把人作为某种物或神的附属品。所以，应该抛弃这样的哲学，用存在主义哲学取而代之。而存在主义哲学的第一要义就是“存在先于本质”。

■ 图 18—1　萨特

“存在”与“本质”是西方哲学史上的两个重要概念。“存在”主要有两层意思，一是相对于思维而言，与物质基本同义，指人们意识之外的一切具体客观实在；二是相对于非存在或无而言，指世界上所有事物和现象的概括，包括一切物质现象和精神现象。“本质”主要指事物的普遍性和必然性，是事物、过程的内在的、必然的、一般的、稳定的规定性的总和。它一般与

"现象"概念相对而言。现象指事物和过程的外部特征的总和，是通过感觉、直观可以直接把握到的，而本质不能直接认识，只有通过理性透过现象才能把握到。传统西方哲学一般把存在分为现象层面和本质层面，现象是存在的可见的、可感的、变动的、虚假的、非真的特性，本质则是存在的不可见的、不可感的、稳定的、真实的、永恒的特性。哲学就是运用理性透过现象揭示本质。

古希腊早期的自然哲学家们最早探索世界万物的本原。他们把水或火或气等具体物质形象作为本原，实质上是想以它们作为一切现象统一的本质。毕达哥拉斯学派首先在哲学上使用了"本质"概念，并把数作为一切事物的本质。爱利亚学派把现象与本质完全对立起来。柏拉图的理念论认为物质世界的彼岸存在着一个理念世界，理念世界构成了物质世界的本质，物质只是对理念的不完善的模仿。亚里士多德批判了这种观点，认为本质不可能脱离个别现象而独立存在，事物的本质与现象是同一的。近代西方哲学，无论是唯物主义哲学还是唯心主义哲学，都以探讨认识现象的本质和规律为己任，他们对本质的追求是相同的，区别只在于有的认为本质是可以用理性认识的（可知论），有的认为本质是不能用理性认识的（如康德的不可知论），有的认为本质是上帝（宗教哲学），有的认为本质就是感觉（巴克莱），有的认为本质是绝对精神（黑格尔），有的认为本质就是物质。可以说把统一的世界（存在）分割为现象与本质、具象与抽象、个别与一般、物质与精神、主体与客体等二元因素的对立，再寻求其统一，这一思维方式是传统西方哲学的主流。其实不仅传统西方哲学是如此，传统中国哲学也有一种追求事物之本、追根溯源的倾向，尽管其方法和内容不同。如周易的"阴阳"、老子的"道"、孔子的"仁"等等。

根据"存在先于本质"的基本原则，萨特提出了关于主体性、选择、自由的一系列精彩思想。

人首先存在着，首先碰到各种际遇，首先活动于这世界，然后，开始设定自己。人在开始的时候还没有成为什么，他赤裸裸地存在着，只是到了后来，他才成

■ 图 18-2 萨特《存在与虚无》(生活·读书·新知三联书店)

了某种东西，他才把自己创造成他所要成为的东西。因此，就无所谓人的天性。人除了自我塑造之外，什么也不是。这是存在主义的第一个原则，也就是所谓的主体性(Subjectivity)。人确实是一种具有主体生命的设计者，人只有在他计划成为什么时才能获得存在，只是希望还不够，还要有行动。“我想要”还不够，还要“我去做”。因而，假如存在先于本质是真实的话，人就要对他自己和自己的行为负责。因此，存在主义就是要每一个人主宰他自己，把他存在的责任全然放在自己的肩上。

萨特认为，人与物是不同的，物的本质是先天决定的，而人则是先有自身的存在，人的本质完全是由自己的行动造成的，是自己自由选择设计的结果。“人命定是自由的”，包括三层意思：(1) 人是被无缘无故抛到世界上来的，也就是说人来到这个世界是非自愿的。(2) 人一旦进入尘世，他就享有绝对的自由，就要对所做的一切负责，就是自己行动的主人，只有在自由选择的行动中，人才能变成自己所要成为的，才能够显示出自己的存在、自己的本质。(3) 人可以自由选择，但自由本身不是人可以选择或不选择的，它是注定的，人想不自由都不行，而自由并不是为所欲为的自由，而是肩负重任的自由。所以自由其实是很痛苦的事，如何自由地选择更加痛苦。的确，选择是一个重大的问题，人的一生会遇到无数次作出选择的时刻。但很多时候，即使在选择过后出现了两种截然不同的情况，别人仍旧不能说你到底是作出正确的选择还是错误的。萨特曾经举过一个著名的例子："一战"的时候，有一个法国士兵被征调去前线，为了他的祖国而战。可同时，他的老母亲病危。到底他是应该留守病榻前尽最后一份孝心，还是去前线为国效力呢？萨特说，问题的关键不在于哪种选择是对的，而在于这个士兵只要作出了选择，那他就是正确的，他就是自由的。

其实按笔者的理解，实物（生物和非生物）也是首先存在，然后才有所谓本质的，只不过，它们并不会自觉意识到自己的存在，没有设计、创造自我的意愿，更没有选择的自由。所以，从根本上说，**人和物的区别不在于存在是否先于本质，而在于存在是否自由**。

更重要的是，我们在选择自己的时候，也要为所有的人作选择。因为世上不是只有我一个人，每一个人的自由选择必然关涉到他人的自由选择和全人类的利益，因此，我们的责任比我们想象得更为重大，人的存在比我们想象得更为复杂。于是就有了游戏规则，有了社会规范的压力，有了社会认同。人的可能性受到了社会性和现代性的压抑，所以，自由的困境不仅仅在于我不得不自由，不得不为自己负责，还要为他人和全人类负责。正因为每一个人都是自由的，所以不同的个人的不同自由选择和行动必然产生矛盾和冲突，于是就会有斗争、妥协、退让、忍耐，就有丑恶和罪行，就有个人的相对不自由。

总之，萨特提出了存在主义哲学的三个基本原则：其一是"存在先于本质"，认为人的存在在先，本质在后。其二是"世界是荒谬的，人生是痛苦的"。在这个"主观性林立"的社会里，人与人之间必然是冲突、抗争与残酷，充满了丑恶和罪行，一切都是荒谬的。其三是"自由选择"。这是存在主义的精髓。存在主义的核心是自由，即人在选择自己的行动时是绝对自由的。人在这个世界上，每个人都有各自的自由，面对各种环境，采取何种行动，如何采取行动，都可以作出"自由选择"。"如果存在确实先于本质，人就永远不能参照一个已知的或特定的人性来解释自己的行动，换言之，决定论是没有的——人是自由的。人即自由。"人在事物面前，如果不能按照个人意志作出“自由选择”，这种人就等于丢掉了个性，失去“自我”，不能算是真正的存在。

萨特的文学作品也体现着他的哲学思想。小说《恶心》描写了主人公安托尼·洛根丁的心路历程，在世人看来安托尼·洛根丁是一个病态的人，这里的“病态”，强调的正是他与整个世界的不和谐：他太清醒了，他以无比犀利的眼睛看穿了这世界的一切幻象，以及生活在这幻象里的人们，并对这一切感到“恶心”。这是一种举世皆醉我独醒的痛苦。他不但清醒地审视着这个荒诞的世界，甚至清醒地认识到自杀的荒诞而不能用自杀来逃避这生之无聊。

萨特说，自由是抛给个体的，“人不得不自由”，是自由的宣告，也是一声无奈的叹息。人抛弃了上帝，成为“一种欲为上帝的存在”。人，靠自身去实现自由，但这样的自由只是一次流浪，迷惘的人群依然在四处游走，在神性光芒隐去的无尽黑夜里，在一个个十字路口，四处观望，无路可走。人，不知道该如何选择自己的未来，于是只有消极地逃避，或是麻木地沉沦。自由，是如此的艰难，竟成为重负。没有一个先在的上帝为我们设计好人生，我们必须在如此多的路中自由选择，这也许并不只是一种幸福，而更多的是艰难。就像离开父母的孩子，失去束缚的喜悦，很快会被自我选择、自我决定的艰难所掩盖。外面的世界很精彩，外面的世界也很无奈。选择的艰难，竟消解了自由的喜悦。这就是存在主义自由的困境。

自由的困境还不仅如此。在当代社会，旧有的奴役（政治的、经济的、文化的、人伦的）并没有真正解脱。人对自然的“自由”开发，导致自然无情的报复，气候变暖、空气污染等严重困扰着人类。这个商品化数字化的时代，又以它独特的方式，更沉重地奴役着每一个人，人，已不再是一个人，而已被重新命名，命名为一个符号、一个代码，按照严格的时间表和程序生活劳作。网络的出现，虽然极大地方便了人与人之间的交流，创造了一个虚拟的自由王国，但网络的奴役之影已经开始侵蚀现实世界和人类的心灵。网民，已经无法离开本是虚拟的网络世界了，成为一个个网中的猎物。奴役，正

■ 图 18–3　网络与自由？

越加深入广泛地渗透到人们的生活中，原本追求自由的工具再一次成为自由的枷锁。(图 18–3)

自由之路何在？存在主义者并没有提供答案，萨特的戏剧《无出路》(NO EXIT) 便预示着这样的结局。生活被自由折磨着，被虚无包围着，痛苦和挣扎在每一个心底驻留。

个体自由的行动之旅，难道竟是一条悲剧之途？

因此，在笔者看来，存在主义者虽然犀利地批判了传统哲学的误区，很深刻地把握到了人的生存境遇和困境，然而他们更多地关注于个体人的存在，而没有认真思考社会人的存在，没有认真思考人与人的关系，或者说，只注意到人与人关系的消极性，没有注意人与人关系的积极性。用哲学的术语说，就是过多关注于“主体性”，而忽视了“主体间性”，因此存在主义有消极的悲观主义色彩。如果把存在主义对个体人的存在的深刻把握和马克思主义对社会人的深刻把握结合起来，也许是对人的存在的更全面合理的理解。

19 向死而生

人生在世，最重要的问题莫过于“生”“死”“活”，因此人生哲学最重要的问题也就是对“生”“死”“活”的思考。从哲学和文化诞生的那一天起直到今天，这些问题就始终是“斯芬克斯之谜”[①]，引发人们永恒的思索。

生命现象是地球上最伟大、最神奇的现象。从单细胞生物到人类，各种丰富多彩的生命构成了生机盎然的世界。何谓生命？《说文解字》释为：“生者（㞢），进也，象艸木生出土上。”“命者（命），使也，从口从令。”现代学者熊十力在《新唯识论》中认为：“恒创恒新之谓生，自本自根之谓命。”

■ 图 19-1　米开朗基罗《逐出伊甸园》

① 这是一个希腊神话。狮身人面怪物斯芬克斯向每一个行人提出同一个谜语：何物早上走路四条腿，中午走路两条腿，晚上走路三条腿。凡是猜不到的就被他吃掉。后来一个勇敢聪明的青年俄狄浦斯猜到了，怪物羞愧自杀。谜底是人，因为人幼时四脚爬，长大时两脚走，老年时拄着拐杖走。

仅从二字的字源看，这一词汇就具有耐人寻味的意义：它不仅是，或不主要是科学意义上的细胞有机体的分裂、生殖、生长、发展和死亡的过程，而是一种文化现象，这一现象与时间和空间密切相关。卡西尔说得好：

> 即使时间，最初也不是被看做人类生活的一个特殊形式，而是被看做有机生命的一个一般条件。有机生命只是就其在时间中逐渐形成而言才存在着。它不是一个物而是一个过程——一个永不停歇的连续的事件之流。[①]

《旧约·创世纪》中有这样一个美丽动人的故事：人类的始祖亚当和夏娃最初居住在伊甸乐园里快乐地生活。园中央有两棵树，一棵是生命之树，一棵是分别善恶之树（一说智慧之树）。造物主上帝告诫亚当和夏娃，乐园中各树上的果子都可以吃，唯独分别善恶树上的果子不可吃，一旦吃了必定要死。然而狡猾的蛇引诱夏娃说，吃了分别善恶树上的果子不但不会死，而且会同上帝一样知道善恶、具有智慧。夏娃于是偷摘了分别善恶树上的果子给自己和亚当吃了，结果，他们知道了善恶和廉耻，却因违反了上帝的诫令而受到严厉惩罚：上帝令女人增加怀孕的苦楚，并受男人的管辖，令男人一生日日劳苦才能得食，“你必汗流满面，才得糊口，直到你归了土，因为你是由土而出的”。上帝看到人已知道了善恶，就不再让他们摘吃生命树上的果子而得到永生，遂将他们逐出伊甸园，又派“革鲁宾”和火剑防守路口。（图 19–1）

这一则看似荒诞不经的宗教神话，曲折地折射出人类生命起源和发展的秘密。在无忧无虑、无知无识的“伊甸乐园”里，人还不成其为人，只是一种依本能生活的动物。只有知道了善恶（即有了道德意识），并且辛勤劳作，从事物质资料生产和人自身的生产，即具备了认识和改造外部世界及自身的能力和活动时，人才真正成为人，人的文化生命才真正开始。用海德格尔的话说，人才从一个普通

① 恩斯特·卡西尔：《人论》，63 页，上海译文出版社，1985 年。

的Sein（存在）变为一个Dasein（此在），这个Da意谓“这里、那里”，加在Sein之前给予限定，即具体的、有限的存在。与《圣经》故事不同的是，生命之树的果实并不能使人永生，恰恰相反，生命的意义在于“要死”“会死”（Mortal），①在于生和死的统一。正是由于人知道了善恶，才认识到生命存在的有限性和过程性恰恰是其本质所在。那种快乐的、永生的伊甸园生活只是人类追求的理想状态，在现实世界永远不可能实现。人类始祖“偷吃禁果”，走出伊甸园，并不是犯了“原罪”，也不是上帝的惩罚，而是人类存在、人类文化存在与发展的必要基础和条件。生命树与分别善恶树（智慧树）的对立不仅表明有了道德，智慧便失去了永生，不再有生死未分、混沌的生命观，而且喻示着为了人类的生存，便必须以生命的辛劳乃至死亡为代价。正是在此意义上，《圣经》恰恰是借上帝之口说出了人自身生命存在的秘密。无独有偶，无论是古代阿卡德人的阿达帕神话、古埃及的奥西里

■ 图 19-2　邮票《女娲造人》

斯铭文，还是古希腊冥后珀耳塞福涅与阿多尼斯的传说、中国远古女娲造人（图19-2）的传说，都异曲同工地表达了人类生命与天地、自然、时空的内在统一。这是指人的肉体生命，即物质性的“生”。另一方面，“命”指的是人的精神、意识、灵魂、意志、认识、情感等。物质性的“生”与精神性的“命”相结合才构成完整的人的文化生命。

个体的人都是有限的、时间性的此在，他的生命是一个从生到死的短暂历程。与整个人类乃至宇宙自然相比，个人的生命简直是沧海一粟，并且这一生命历程的两端——生与死对个人而言都是

① 英文中mortal与immortal（不朽，永生）相对，主要有两层含义：（1）必死的、会死的；（2）人生的、人类的。可见这两层含义的内在必然联系。

不自由的。我们的肉体生命及一部分精神生命都是他人（父母、祖先）赋予的，我们无法自由选择我们生的时间、地点、环境和方式，每个人生来都是“不平等”的，具有不完全相同的先天禀赋。每一赤条条呱呱坠地的婴儿身上，不但积淀了父母和祖先的物质遗传基因，而且积淀了父母和祖先的文化遗传基因。按西方存在主义哲学的说法，人是身不由己地“被抛入”这个世界中的，因而整个世界对人而言都是荒诞的、不自由的。但这只看到事情的一方面，而从另一方面看，正是前人对我们的制约性构成了我们由以出发的起点，正是出生的不自由带来了生存的自由，个人生命作为人类文化生命一部分的意义非但不会取消个人生命的独特性和自由性，恰恰相反，人类文化生命保证了个体生命的独特性和自由性，即任何个体生命都是不可替代和不可重复的。

人可以自由选择学业、职业、爱人、朋友，甚至性别。人唯独不能自由选择的是自己的出生。

悲观主义者哀叹：这是不是注定了人一生的悲剧？

乐观主义者赞叹：他人赋予了我生命，我要加倍珍惜，而且要感恩。

人的生命的两端是“不自由”的，我们只能在生命的路上寻找自由。

生对于个人而言无法自由选择，但由于那时人还没有意识，无所谓恐惧或希望，而死却不同，它虽然也是不自由的，不是我们任意选择的（自杀只是貌似自由实则极不自由的行为，因为它是对生命本身的非自然否定），但由于我们每个活着的人必须时刻面对死亡，时刻意识到死亡的必然性，因此大多数人对死亡都有一种深深的恐惧，而对生存则有一种深深的依恋。这种现象还基于一个生存论事实：人虽然知道自己是必死的，却无法知道和选择何时、何地、以何种方式去死，死作为一把达摩克利斯之剑时时刻刻悬在我们头上。正由于死之绝对必然性与相对不确定性，我们才产生了尽可能延长生命、推迟死亡来临的近乎本能的强烈愿望。人类通过社会的医疗、体育、保险乃至全部文化事业来维持生命而抗拒死亡。于是，全部人类文化事业都成了一套实现人类永生神话的工具。然而人均寿命的不断增长和克隆技术的出现带来的却是对死亡恐惧的增长，因为现代社会致死因素越来越具有多样性和偶然性，除自然死亡外，疾病、灾害、事故、暴力、战争等因素大大增加，以至于人们不由得发出“死生有命，富贵在天”的感叹。其实人并不能亲自看到和体验到自己的死，死那一刻，人已经没有感觉和意识，无所谓恐惧或希望。然而人们可以看到和意识到他人的实实在在的死亡，通过他人的必死性来推断自己的必死性，因此对死亡的恐惧与其说来自自己，不如说来自他人。

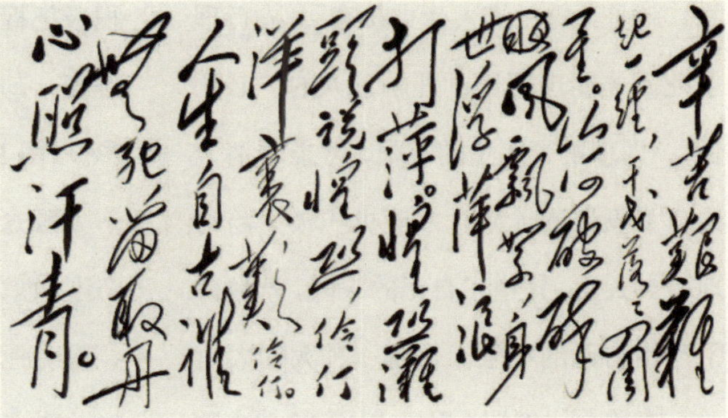

■ 图 19–3　毛泽东书文天祥《过零丁洋》，最后两句是“人生自古谁无死，留取丹心照汗青”

中西文化对待生死问题的态度有所不同。孔子说“未知生，焉知死”（《论语·先进》），代表了乐感文化的重生避死态度。在中国古代，虽然有庄子丧妻鼓盆而歌的故事，有文天祥的“人生自古谁无死，留取丹心照汗青”（图 19–3）的慷慨悲歌，但是占主导地位的却是重生避死与死亡禁忌。鲁迅先生在《立论》中所讲的一则故事是这一态度的明证：“一家人家生了一个男孩，合家高兴透顶了。满月的时候，抱出来给客人看。——大概自然是想得一点好兆头。一个说：‘这孩子将来要发财的。’他于是得到一番感谢。一个说：‘这孩子将来要做官的。’他于是收回几句恭维。一个说：‘这孩子将来是要死的。’这于是得到一顿大家合力的痛打。说你要死的必然，说富贵的撒谎。但说谎的得好报，说必然的遭打。”

比较而言，西方文化主要是一种超越的重死态度。海德格尔的“向死而生”是其典型代表。所谓“向死而生”，通俗地讲，就是“提前进入死亡状态”，先行理解死，才能理解生；理解了人的“必死性”，即理解了人生的有限，才能看清人生自身发展的无限，才能更积极更豁达地面对人生；知道了自己的大限，就懂得了珍惜自己的小限。这是一种大彻大悟的心态的总体把握，用重“死”的方式激活重“生”的欲望。“向死而生”不是悲观的人生领悟，而是理性的人生把握。通过“倒计时”的方式来审视、定位自己的人生，正是寻求积极的人生价值的合理取向。或许，这种“向死而生”的倒计时方式，给我们的生活蒙上了一层“悲剧”的色彩，但是，它所激发出的对有限生命

■ 图 19–4　《哲人小语：向死而生》（生活·读书·新知三联书店）

积极把握的进取精神，淡泊名利的达观态度，却使有限的人生绽放出无穷的光彩。（图 19–4）

西方哲学有向死而生、直面死亡的态度，西方艺术也有描绘死亡的传统。只要看看他们画中十字架上的耶稣、殉难的圣徒、医学解剖课就知道了。与直接描绘死亡场面的作品不同，法国画家普桑的《阿卡迪亚的牧人》（图 19–5）别有韵味。阿卡迪亚是古希腊传说中的幸福乐园。画面上有三个青年牧人与一名少女，在田野中发现了一块墓碑，一位身着蓝色长袍的牧人辨认着上面的文字：“Et in Akcadia ego”（我曾住在阿卡迪亚）。另一牧人在低头沉思，似乎领悟到这句话蕴含的哲理：即使在最幸福的理想之国，人生也是短暂的，死亡不可避免。在普桑的这件作品中，“死亡”已不再恐怖和哀伤，而是富有了诗意。

人生不过百年，应当珍惜每一天。“倒计时”使生命的分分秒秒真正包含了生命的品质。通过“倒计时”来珍惜分分秒秒，提高分分秒秒的生存质量，就是在提高整个人生的生存质量，延长整个人

生的生存长度。

■ 图 19-5　普桑《阿卡迪亚的牧人》

在生死之间就是生存（存活、生活），相对于生、死的不自由，生存和活着是自由的。每个生命从呱呱坠地那一刻起到停止呼吸那一刻止，都是一个有完整独立人格和个性的人，对自然和社会有一种责任、权利和义务。个人的生存虽受制于整个社会文化系统，但归根结底是自为的、生成的而非自在的、预成的。人活着无论多么短暂，都要活出一定意义来，要有一种“活法”。一般人的“活法”最大目标是健康和幸福（包括身心两方面）。健康之所以如此重要，乃因为它是生命的“正常”状态，而疾病又是不可避免的，社会的发展和医疗技术的进步并没有取消疾病的存在，相反疾病与医疗技术在某种程度上成正比例同步发展。疾病给人带来痛苦，甚至直接导致死亡，但只有它才真正使我们体会到健康的可贵，才使我们通过种种途径提高生活质量。幸福比健康高一层次，包括物质精神两方面的相对满足和愉悦，包括利益、荣誉、爱情、成就、精神升华等。只有在不幸中人们才会更顽强地追求幸福，对幸福的追求因此也就成为人生的理想目标之一。

个人的生命是有限的、不可重复的，然而个人可以通过生物遗传基因和文化遗传基因，把自己的肉体和精神传下去，惟其如此，人类文化生命才不至于因为个人生命的有限性而发生断裂。而个人生命也就在“继往开来”的历史过程中保持了人类生命的延续，实现了自己真正的文化价值。

珍爱生命，人的生命是最宝贵的。

20 中庸与修、齐、治、平

“中庸”和“修、齐、治、平”是中国古代儒家哲学两个核心理念。儒家是中国春秋末期孔子创立的学派。从汉武帝采纳董仲舒的建议，罢黜百家，独尊儒术以后，直到五四运动之前的两千多年间，儒家思想一直在中国文化和哲学中占主导地位。（图 20-1）儒家哲学的历史可分为先秦儒家、秦汉儒家、魏晋玄学、宋明理学四个主要时期。先秦儒家的主要代表人物有孔子、孟子、荀子，秦汉儒家的主要代表人物有董仲舒、王充等，魏晋玄学的主要代表人物有王弼、何晏、嵇康等，宋明理学的主要代表人物

■ 图 20-1 唐刻儒家经典石碑

有周敦颐、张载、程颢、程颐、朱熹、陆九渊、王阳明等。

《中庸》原是《礼记》中的一篇。司马迁认为是孔子的孙子、孟子的老师子思所作，也有学者考证认为是秦汉时儒家的作品。《中庸》共33章，主要阐述了先秦儒家人生哲学和修养问题，提出了“中庸之道”。北宋程颢、程颐极力尊崇《中庸》。南宋朱熹（1130—1200，图20-2）又作《中庸集注》，并把《中庸》和《大学》《论语》《孟子》并列称为“四书”，作《四书章句集注》（图20-3）。宋、元以后，《中庸》成为官方的学校教科书和科举考试的必读书，对后世中国知识分子和一般民众的个人修养、精神生活和为人处世之道，均有深远影响。

《中庸》开篇写道：

子程子曰：“不偏之谓中，不易之谓庸。中者，天下之正道。庸者，天下之定理。”不偏就是中，不变就是庸。中是天下的正道，庸是天下的定理。

中庸既是世界观，又是方法论，也是一种道德修养，是为人处世的准则与方法。

■ 图20-2 朱熹画像

中庸来源于“天命”和“人性”。“天命之谓性；率性之谓道；修道之谓教。”就是说人性是由天赋予的，循着这种善的天性而行就合于道，教育的作用就在于治儒家之道。

在处理人际关系上，中庸就是“忠恕之道”，“忠恕违道不远，施诸己而不愿，亦勿施于人”，正是孔子“己所不欲，勿施于人”思想的发挥。

在个人道德修养上，人必须好“三达德”，实行“五达道”，才能达到“中庸”的境界。所谓“五达道”即处理君臣、父子、夫妇、兄弟、朋友这五方面关系的准则：“君惠臣忠”“父慈子孝”“夫义妇顺”“兄友弟恭”“朋友有信”。“五达道”的实行，要靠“三达德”：智、仁、勇。而要做好“三达德”，达到中庸的境界，核心要“诚”。“唯天下至诚，为能尽其性；能尽其性，则能尽人之性；能尽人之性，则能尽物之性；能尽物之性，则可以赞天地之化育；可以赞天地之化育，则可以与天地参矣。”

中庸也是学习的方法，要“择善而固执之”，学习的过程是“博学之，审问之，慎思之，明辨之，笃行之”。

中庸就是“中和”。“喜怒哀乐之未发，谓之中。发而皆中节，谓之和。中也者，天下之大本也。和也者，天下之达道也。”“致中和，天地位焉，万物育焉。”何谓“中”？“中”即乾，元也，万物之资始也；“中”为本体，其性为“诚”，“诚者，天之道也。诚之者，人之道也。”

何谓“和”？“和”即坤，亨也，万物之资生也，和而不流（失），和而达道。“和”即方法论，衡量以“度”；“中和”为目标，其最佳境界为“天地位焉，万物育焉”。因此，“中庸”是“万物育”的生命力量之源，此力量源源不断，生生不息。也就是说中庸的最高境界就像天地万物那样有位有序有度有和，从而达致“天人合一”。正所谓“君子尊德性而道问学，致广大而尽精微，极高明而道中庸”。

普通人常常把“中庸”理解为“不偏不倚”“折中”“庸俗”，认为中庸就是在为人处世中奉行“折中主义”，做“好好先生”，甚至丧失原则，见风使舵，投机取巧。这实在是对中庸思想的极大误解。

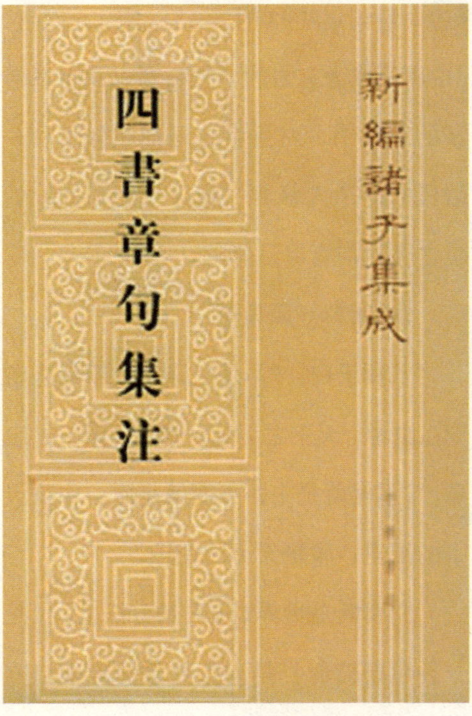

■ 图 20-3 《四书章句集注》（中华书局）

“中庸”表面上是不偏不倚，无过无不及，不走极端，其实质是要“诚”，把握好“度”，通过各种修养和践行功夫，合乎人性和天性地处理好天、地、人三者的关系，实现儒家的人格理想和社会理想。

用现代哲学的语言表示就是，“中庸”说明的是人和事物以“庸”（度）为标准和界限，和谐、合理、均衡地运行演变；从量变到质变产生新的形态，又在新的形态下继续进一步和谐、合理、均衡地运行演变，生生不息，永无止歇。这里没有西方哲学中的主体—客体的对立，没有非此即彼，对立统一，而是一种圆融中和的世界观和方法论。难怪连中国的国家和民族都以“中”命名了。中庸、中和、中道、和谐……无论是正解还是误解，这些文化元素已经深入中国人的骨髓。

“修、齐、治、平”出自另一部儒家经典《大学》。《大学》原为《礼记》第四十二篇。程颢、程颐兄弟把它从《礼记》中抽出，编次章句。朱熹将《大学》作为《四书》的一部，从此《大学》成为儒家经典。至于《大学》的作者，程颢、程颐认为是“孔氏之遗言也”。朱熹把《大学》重新编排整理，分为“经”一章，“传”十章。认为“经”是孔子的话，曾子记录下来；“传”是曾子解释“经”的话，由曾子的学生记录下来。这就是今天通行的《大学》版本。

《大学》开篇写道：

> 大学之道，在明明德，在亲民，在止于至善。
>
> 古之欲明明德于天下者，先治其国。欲治其国者，先齐其家。欲齐其家者，先修其身。欲修其身者，先正其心。欲正其心者，先诚其意。欲诚其意者，先致其知。致知在格物。物格而后知至，知至而后意诚，意诚而后心正，心正而后身修，身修而后家齐，家齐而后国治，国治而后天下平。

“大学”是相对“小学”而言的，即它不是讲“训诂句读”的“小学问”，而是讲治国安邦的“大学问”。

《大学》为“初学入德之门也”。“经”一章提出了明明德、亲民、止于至善三条纲领，又提出了格物、致知、诚意、正心、修身、齐家、治国、平天下八个条目。八

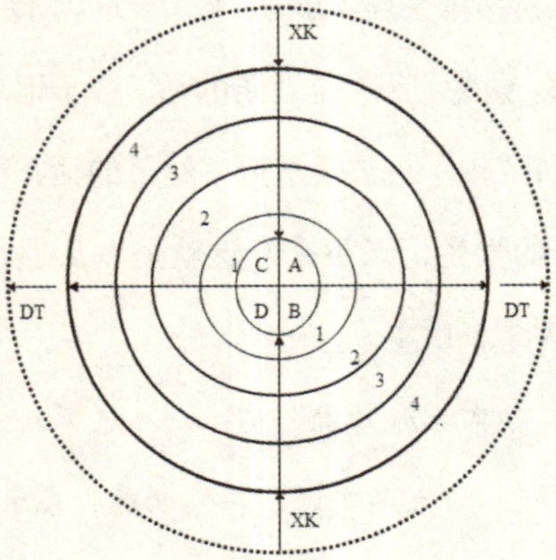

■ 图 20-4 王忠文《大同宏观图》①

代号说明

A = 正心　　1 = 修身
B = 诚意　　2 = 齐家
C = 致知　　3 = 治国
D = 格物　　4 = 平天下
DT = 大同　　XK = 小康
←→ = 以内圣开外王
→← = 以外王达内圣

个条目是实现三条纲领的途径。在八个条目中，修身是根本的一条，“自天子以至于庶人，壹是皆以修身为本”。十章分别解释明明德、亲民、止于至善、本末、格物致知、诚意、正心、修身、齐家、治国平天下。明明德是指弘扬光明善良的品德。亲（新）民是指让人革故鼎新。止于至善是指要达到最好的境界。本末是指做事要分清主次，抓住根本。格物致知是指穷究事物的原理来获得知识。诚意就是“勿自欺”“慎独”。正心就是端正自己的心灵。修身就是加强自身修养，提高自身素质。齐家就是管理好自己的家庭、家族。治国平天下就是治理好国家。怎样治理好国家呢？要自我表率，要得众、慎得、生财、举贤。“得众则得国，失众则失国”；“有德此有人，有人此有土，有土此有财”；见贤能举，举而能先。这三条纲领和八个条目可以说既是儒家学说的要义，更是古代读书人一辈子要实践的事。（图 20-4）

在八目中，前五者是向内修养，是为“内圣”，后三者是向外立功，是为“外王”。先通过格物致知、诚意正心的修身功夫提升自己的道德文化水平，特别是继承发扬儒家的精神，做一个“顶天立地”的大丈夫，然后用所学知识和所秉道德向外立功立德立言，治理家庭国家，建立大功大业。“内圣”（修身）是“外王”的基础，必须先把自己的身心修养到至

① 载王忠文等编：《〈大学〉〈中庸〉要义研读》，http://www.zhuxi.org.my/Essenc08.html。

善境界，才能向外治理家庭国家；“外王”是“内圣”的目的，修养身心的目的不是为了修养身心本身——像某些宗教徒一样——而是为了治国安邦，以天下为己任。用北宋哲学家张载的话说就是：

为天地立心，为生民立命，为往圣继绝学，为万世开太平。

这是怎样的一种浩然之气！可以看出，儒家哲学是一种既出世又入世的思想，它既不像道家哲学那样只讲出世而过于理想化，也不像法家那样只讲入世而过于世俗化，而是把自我修养与治国平天下有机结合起来，并把这一理想作为教育年轻人的宗旨。“穷则独善其身，达则兼济天下”，入则饱读诗书，修身养性，做好学问，出则经世济民，为国栋梁。这正是儒家哲学能够成为中国几千年封建社会的主流意识形态和文化核心的重要原因。

对于儒家哲学，梁启超先生有过精确的概括：“儒家哲学，范围广博，概括起来，其功用所在，可以《论语》‘修己安人’一语括之，其学问最高目的，可以《庄子》‘内圣外王’一语括之。做修己的功夫做到极处，就是内圣。做安人的功夫做到极处，就是外王。至于条理次第，以《大学》上说得最简明；所谓‘格物、致知、诚意、正心、修身’，就是修己及内圣的功夫；所谓‘齐家、治国、平天下’，就是安人及外王的功夫。”

综观《大学》一书，寥寥几百个字，却以简练而内涵丰富的语言涵盖了早期儒家人文思想的精神内涵，揭示了儒家理想人格修炼的一般过程。以“仁”为核心，用“中庸”的方法，通过“三纲”“八目”的途径，把“仁”的理想贯彻到“内圣外王”的身体力行中去，实现正心诚意的人格理想，修齐治平的政治理想，天人合一的宇宙理想。这就是儒家哲学一以贯之之道。

去除儒家思想的历史局限性和糟粕，它作为一种哲学思想和文化传统已经深深印入每一个中国人的文化血脉中，与道、佛、法等诸子百家思想一起，成为中国传统文化的精髓流传至今，成为我们今天建设先进文化必须继承发展的思想源流之一。

21 道天地人

道、天、地、人是中国古代哲学的四个主要范畴。诸子百家从不同角度不同侧面论述了四者的内涵及相互关系。其中，道家更是把道、天、地、人作为其哲学的核心范畴，提出了独特的天道（宇宙）观和人生观。道家哲学的创始人是春秋时的老子，其他主要代表人物有庄子、管子等。道家不仅是先秦哲学中的一个重要学派，而且影响到整个中国古代哲学的发展。有时为官方儒学所吸取，如宋明理学，也曾一度成为当时的统治思潮，如汉初的黄老学和魏晋玄学。此外，还深深影响到中国的道教与佛教两大宗教思想的发展。近代以来许多学者认为，中国古代哲学乃至主流意识形态是以“儒释道互补”为核心的。

■ 图 21-1 《老子》英译本

老子说：“故道大，天大，地大，人亦大，域中有四大，而人居其一焉。人法地，地法天，天法道，道法自然。”（《老子·二十五章》）意思是说，世界上有四大：道、天、地、人。人遵循地（的规律），地遵循天（的规律），天遵循道（的规律），道遵循自然（的规律）。（图 21-1）

在这四大中，“道”是最大的，道家哲学乃至后来的道教就是因其得名。《老子》开篇就说得玄玄乎乎：“道可道，非常道。”那么，道是什么？它和天、地、人是什么关系？它在道家哲学中处于什么样的地位？要全面回答这些问题，恐怕几本书都不够。这里只是谈一下笔者的通俗化理解。

望文生义，道的本义就是道路的道，后来逐渐引申为路线、方向、准则、规律、道理。老子最早把道看做是宇宙的本原和普遍规律。在老子以前，人们对生成万物的根源只推论到天，至于天有没有根源，并没有触及。老子认为，天地万物都由道而生。他说：“有物混成，先天地生，寂兮寥兮，独立而不改，周行而不殆，可以为天下母，吾不知其名，字之曰道，强为之名曰大。”“道之为物，惟恍惟惚；惚兮恍兮，其中有象；恍兮惚兮，其中有物。窈兮冥兮，其中有精，其精甚真，其中有信。”道生成万物的过程是“道生一，一生二，二生三，三生万物。万物负阴而抱阳，充气以为和”，“天下万物生于有，有生于无”，“无”就是“道”。万物生长的过程可以表示为：“道”（“无”）—“一”（“有”）—“二”（“阴阳”）—“三”（阴阳合和）—“万物”。

这四大并不是平列的，“道”超于天地人之上，至于“道法自然”，并不是说“道”之上还有一个更高的主宰“自然”，而是说“道”所遵循的是一种自然而然、无为而又无不为的法则。或者毋宁说，道就是自然。

道生成万物之后，又作为天地万物存在的根据而蕴涵于天地万物之中。道虽普遍存在于天地万物之中，但它不同于可感觉的具体事物，它是视之不见、听之不闻、博之不得的，不能靠感觉去体认，也难以用普通语言去表达（“道可道，非常道，名可名，非常名”），只能用比喻和描述来说明它的存在。用老子自己的话说就是“静观玄览”，“致虚极，守静笃。万物并作，吾以观复。夫物芸芸，各复归其根。归根曰静，是曰复命，复命曰常，知常曰明。”

庄子发挥老子的思想，主张道是宇宙之根本，超于一切之上。“夫道有情有信，无为无形，可传而不可受，可得而不可见，自本自根，未有天地，自古以固存，神鬼神帝，生天生地。”（《庄子·大宗师》）管子则认为“道在天地之间也，其大无外，其小无内”。

与老庄不同，孔子比较少谈天道，主要讲人道，“君子学道则爱人”（《论语·阳货》）。荀子也更强调为人之道，“道者，非天之道，非地之道，人之所以道也”（《荀子·儒效》）。韩非继承发展了老子的朴素辩证法，提出了关于道、德、理三者相互关系的理论。“道者，万物之始，万物之源”，是“万物之所以然”，“万物之所以成”。道是终极范畴，是万物的普遍规律，而万物的特殊本质是“德”，“德者，道之功”，万物的特殊规律是“理”，“万物各异理而道尽稽万物之理”。西汉董仲舒提出“道之大原出于天，天不变，道亦不变”（《举贤良对策三》），这里的道是封建伦理纲常，明显低于“天”。魏晋时王弼以无为道，“道者，无之称也”（《论语释疑》）。在宋代，理学家都认为道是最高的本体。邵雍提出“道为天地之本，天地为万物之本”，“天由道而生，地由道而成，人物由道而成”（《观物内篇》）。朱熹说：“理也者，形而上之道也，生物之本也。”（《答黄道夫》）明代王夫之亦以理为道，“道者，天地人物之通理，即所谓太极也”（《张子正蒙注·太和篇》）。

总之，“道”在老庄哲学中是最高的哲学范畴，而在其他哲学派别中地位则参差不齐。在儒家哲学中，“天”（天地一般并称）与“人”是更重要的两个范畴，“天人之际”的问题是更重要的哲学问题。司马迁说：“亦欲以究天人之际，通古今之变，成一家之言。”（《汉书·司马迁传》）关于“天人之际”（天与人、天道与人道、自然与人为的关系）的辩论就被称为“天人之辩”。

《易·乾卦·文言》最早模糊地提出了“天人合一”的思想：“大人者与天地合其德，与日月合其明，与四时合其序，与鬼神合其吉凶，先天而天弗违，后天而奉天时。”春秋时子产提出“天道远，人道迩，非所及也，何以知之”（《左传·昭公十八年》）。孔子虽然也相信天命，“天何言哉？四时行焉，百物生焉，天何言哉”（《论语·阳货》），但更注重人为，“人能弘道，非道弘人”（《论语·卫灵公》）。

■ 图21-2　黄金制“四鸟绕日”饰件①

孟子崇尚人为更甚于孔子，“尽其心者，知其性也；知其性，则知天矣”（《孟子·尽心上》）。《中庸》也有类似观点：“唯天下至诚，为能尽其性；能尽其性，则能尽人之性；能尽人之性，则能尽物之性；能尽物之性，则可以赞天地之化育；可以赞天地之化育，则可以与天地参矣。”庄子认为“天地与我并生，而万物与我为一”（《庄子·齐物论》）。荀子明确地提出“明于天人之分”，批评庄子“蔽于天而不知人”的消极态度，主张“制天命而用之”（《荀子·天论》）的人定胜天的思想。董仲舒讲天人感应和天人合一，“天人之际，合而为一”（《春秋繁露·深察名号》）。唐代柳宗元用元气解释宇宙的起源和宇宙的无限性。刘禹锡提出天与人“交相胜”的思想，“天之能，人固不能也；人之能，天亦有所不能。”（《天论》）觉察到人的社会特性与天的自然属性的区分，“天之道在生植，其用在强弱。人之道在法制，其用在是非。”（《天论》）在宋明理学中，天是宇宙的本原，已没有作为有意志的主宰之天的意义。张载以天为气，天即太虚，太虚即气。程颐认为“天、地、人只一道也”，“在天为命，在人为性，论其所主为心，其实只是一个道”（《遗书》卷十八）。朱熹认为一切都是“太极”的体现，“在天曰命，在人曰性，在物为理”。明清之际王夫之较多提到“天人合一”，主要指天人交互作用。陆九渊更提出“宇宙便是吾心，吾心即是宇宙”，心便是天。

可以看出，儒家之天是人伦之天，道家之天是自然之天，禅宗之天是心灵之天（见第38节）。在道、天、地、人四元中，道虽然在道家中是最高实体，但主要

① 国家文物局2005年8月16日宣布，采用2001年四川成都金沙遗址出土的3000年前黄金饰品“太阳神鸟”（四鸟绕日）金饰图案为原型的中国文化遗产标志正式启用。

是自然之义，并没有过多的神性色彩。在儒家中更是与自然之天基本同义。与中国哲学不同，西方哲学也有四元：天、地、人、神。而其中最高的范畴是神，在中世纪前神指上帝，在中世纪后被人的理性取代。在处理四元关系上，中国哲学是天人合一，即人与自然的统一；西方哲学是人神同在，即人与自然都统一于神性。这是中西哲学的重要分野之一。中国虽然也有鬼神的观念和信仰，但大多是原始巫术迷信的遗存，它正好被儒道禅等智慧形态所否定。因此西方式的上帝和神性从来没有成为中国哲学文化的主题。西方天人相分并且人神同在，所以天从来不是个体的限制，个体不断与这个自然相分离。同时又不断与自身相分离，正是由于个体的确立，人才能在与他人的交往中建立社会关系，才能把自然作为一个对象来认识和改造，才能发展出丰富的物质世界和精神空间。中国哲学与西方哲学的四元素关系的不同，可用图 21–3 表示。

中国的天人合一思想以及其他哲学思想制造了一个混沌的图像，即人没有从自然中分离，个体没有从社会中独立，精神没有从现实中超越。这种哲学思想影响到中国的政治体制、伦理道德、社会生活各方面，因此中国几千年的历史没有产生严格意义上的科学和宗教，走了一条与西方完全不同的路。

20 世纪中叶以来，以西方哲学思想为核心的近现代西方文明遭遇到前所未有的危机，人类在人与自然、人与人两个维度上面临着重重困境。西方文明的自我反思与所谓后现代主义思潮的兴起，直接引发了中国传统哲学文化的复兴。国学好像又成了显学。在一些人眼里，西方文化的要害在于天人相分乃至对立，由此导致人性异化和生态危机，只有用以“天人合一”为代表的中国哲学文化才能解决当今人类所面临的几乎一切重大难题，重建内心的和外部的和谐。

不过需要注意的是，中国古代的“天人合一”思想是根植于农业社会土壤中的，它契合于日出而作、日落而息的农业生产和生活方式，是古代中国人对世界的朴素看法。它与所谓“后工业社会”“后现代文化”对西方现代文明所产生的危

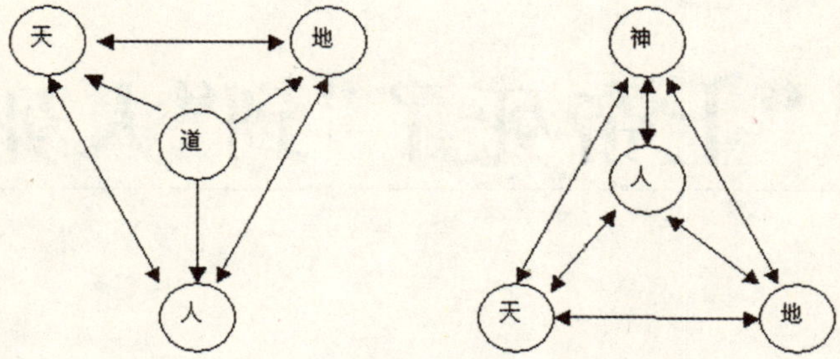

■ 图21-3　中国哲学与西方哲学的四元素关系对比，左为中国哲学，右为西方哲学

机的反思有某种契合之处，也应当作为反思现代工业文明的危机和弊端的思想资源之一。但这并不是说，“天人合一”思想就是解救现代文明危机的灵丹妙药，更不必在抽象的“天人合一”境界中飘飘然自我陶醉。尤其不可取的是脱离具体时空背景，把中西不同文明简单类比，牵强附会，凡是西方文明有的好东西，咱们老祖宗都“古已有之”，人家没有的东西，咱们也有，甚至可以救治他们的病痛。这说好了是一种善良的空愿，说不好是一种自欺欺人。打个不太恰当的比喻，就像大城市的人过久了城市生活，苦于环境污染、生存压力而向往农村的田园生活，并不等于说一个从未离开农村的人能够解救城市生活之病。无论我们情愿不情愿，我们现代中国人都不可能退回到“天人合一”的原初生活状态，只能在现代文明基础上，更开放地汲取中国古代的和谐大同理念的精华，重建天、地、人三者的和谐关系。

22 从“上帝死了”到“人死了”

“上帝死了”是19世纪德国哲学家尼采(Friderich Wilhelm Nietzsche，1844—1900，图22–1）提出的著名口号，主要是反对中世纪以来的宗教神学把人性作为神性的奴婢，以及黑格尔等的德国古典哲学用普遍必然性的“绝对精神”（抽象的人）对具体的人的遮蔽。奴役人的上帝（神）死了，人站起来了。后人曾编了个段子来揶揄尼采：

尼采的墓碑上刻着他的名言：

上帝死了——尼采

后来有人在下面又写了一行字：

尼采死了——上帝

20世纪，后现代主义哲学家福柯（Michel Foucault，1926—1984，图22–2）更进一步提出“人死了”“主体消失了”的口号。他的原话是这样的：“人不过是近期的、暂时的发明物，它不过是人类文化模式之间的变异性产

■ 图 22–1　尼采

■ 图 22–2　福柯

物，‘人’的产生是有条件的，随着这些条件的改变，‘人’也将走向灭亡。”①

■ 图 22—3　爱德华·蒙克《呐喊》

其实早在1893年，挪威画家爱德华·蒙克(Edvard Munch，1863—1944)就曾在油画《呐喊》中惟妙惟肖地表现了19世纪末20世纪初“人的死亡”。在这幅画上，蒙克以极度夸张的笔法，描绘了一个变了形的尖叫的人物形象，把人类极端的孤独和苦闷，以及那种在无垠宇宙面前的恐惧之情，表现得淋漓尽致。(图22—3)

福柯宣告“人死了”，当然不是说现实中某个具体的张三李四死了，更不是说全人类在肉体上死亡了，而是说现代主义哲学意义上的人性、人的主体性、主体死了。

后现代主义者否认某个统一的融贯的主体。“他们认为，主体是虚构的；在极端意义上他只是一个建构。他们批评主体篡权、认定意义、高高在上和专横暴虐。他们把主体看做过去的陈迹，现代性的遗老，自由人道主义的杜撰，不可取的主客二分法的始作俑者。他们认为，诸如

① 赵光武主编：《后现代主义哲学述评》，217页。

此类的个人统合，纵使存在过的话，也只不过是一个幻影，今天，在一个后现代背景下，它已经再也不可能继续存在下去了。”[①]

不过，我们要认识到，后现代主义并不是笼统反对一切主体，反对的不是马克思的“现实的人”，也不是上帝，而是“现代主体”，这个现代主体是启蒙理性的产物，是现代主义哲学的核心。启蒙理性和现代主义哲学的本意是用人性否定神性，用人取代神，但它赋予人以某种先在的优先权和超越力量，以另一种新的形式把人变成“神”，变成奴役自然和现实个体的工具，是“抽象的、大写的人”，而不是真实的具体的人。尼采、弗洛伊德、萨特等哲学家都反对一个先在的、统一的、普遍的主体的存在，否认永恒不变的人性存在。关于“现代主体”的形象，罗斯诺有一段精彩的描述：“现代主体是一个工作勤奋、严以律己，富有责任心的人。他（她）‘勤’字当头，‘尽’心‘尽’力，并有着‘努力工作’的自我形象。他（她）没有个人的怪癖，或至少并不强调这些问题。他（她）总是未雨绸缪，做事有头绪，不满足于现状。现代主体可以献身于政治计划并且为实现具有意识形态特征的各种目标而努力……现代主体愿意使自己的利益服从集体的利益。他（她）尊重理性原则、总体意志、社会传统和看似公正的固定标准。他（她）真诚地追求真理，并希望这种追求最终不会一无所获。这意味着现代主体对理性、合理性和科学充满了信心。”[②]这不就是现代文明（资本主义工业社会）中成功的中产阶级的典型形象吗?

后现代主义反主体的原因主要是：后现代主义总的价值取向就是现代西方文明的反叛者和抵抗者。他们认为消解主体是消解超越现代性的关键，消解主体就消解了与它相联系的所有现代观念。他们尤其反对人道主义。认为主体是人道主义的核心，人道主义假定“人”的形而上学的存在或本质，将自己神化，变成了人类主体奴役自然和自我奴役的工具，

① 波林·罗斯诺：《后现代主义与社会科学》，61、62页，上海译文出版社，1998。

② 同上书62页。

导致人类中心主义，导致人与自然关系的恶化，导致一系列全球性问题，人类自身的生存危机。

不过，后现代主义哲学反对现代主体并不是目的，而是反对和超越现代性的一种策略，最终目的是寻找现代主体的替代者和提出让主体以一种新的形式回归的可能性：后现代的个体替代现代主体。去除一切崇高的、神圣的、总体的、永恒的人格形象，将集体的乌托邦还原为非神圣的个体、凡夫俗子。后现代个体只“成为你自己”，是松散而灵活的自由个体。

■ 图22-4 后现代主义建筑的代表作——法国蓬皮杜艺术中心

与现代主体形象相反，罗斯诺描述了一个典型的后现代个体形象：“他（她）强调选择、自由表达、个别参与、个人自主、人格解放，不需要普遍适用的主张或意识形态上的一致性。后现代个体追求自由（摆脱他人的强制）和解放（摆脱自我抑制）。他（她）取消了所有的常规假定，取消了认为某种价值或道德规范可以被证明为优越于任何另一种价值或道德规范的可能性。后现代个体小心翼翼地提防着思想的一般性准则、综合性规范和指导性体系。”[①]

其实，比后现代主义更早，马克思就已经对现代主体及整个现代主义哲学进行过彻底的批判，它与后现代主义的批判精神相似，路子不同。

在处理人与自然关系上，马克思哲

① 波林·罗斯诺：《后现代主义与社会科学》，81页，上海译文出版社，1998。

学认为人类历史的第一个前提是有生命的个人的存在，自然界是人类生存的前提基础。人作为主体既有能动性又有受动性。警示自然界对人的报复。

后现代主义强调人与自然的内在性、有机整体性、一体化、互动性，主张人与自然的平等和谐关系，自然不是人统治、占有、掠夺的对象，而是人生存的家园。兴起了“生态主义”“绿色运动”。

在哲学主题和思维方式的变革上，马克思实现了哲学主题从对世界本原的关注向人的生活世界的转变。哲学的出发点是现实的人，关注的是现实的人的生存状况和未来命运，宗旨是如何以实践的手段实现人的自由和解放。重要的不是建立理论体系来解释世界，而是要改变现实世界。马克思的批判精神，特别是他对资本主义的批判，是后现代主义的重要思想资源。德里达认为“不能没有马克思”，福柯认为马克思是支配法国乃至当代批判思想的三个基本来源之一，认为马克思哲学真正“颠倒了柏拉图主义”，“完成了对形而上学的终结”。后现代主义思想家对马克思哲学，往往强调其方法而非结论，重视其思路而非体系，赞赏其片段而非整体。

后现代主义宣告“人死了”，实质是宣告现代理性主体的死亡，是要求取消一切客观性异在对现实中的人的束缚，使个人真正享受当下的自由和权利，以达到个人的幸福和自我发展。实质是对资本主义全面异化和生活方式的一种反叛。

两者的不同之处在于，马克思诉诸阶级斗争和政治解放，后现代主义者诉诸个人努力、文化意识形态解放乃至心理解放。

在对待现代性的态度上，后现代主义完全否定现代性，抨击现代性是奴役、压迫和压制的根源，从一个极端走向另一个极端；马克思以辩证思维对待现代性，既有否定又有肯定。

在对资本主义社会的批判上，后现代主义不彻底，停留于对主流文化和意识形态的批判，没有批判制度本身。与其说要否定现代性，否定资本主义制度，不如说是“重写现代性”，挽救资本主义社会。马克思的批判比较彻底，主张推翻资本主义制度，实现人的自由和解放。只有在现实的世界中并使用现实的手段才能实现真正的解放。解放是一种历史活动，而不是思想活动。

现代性到底有没有终结？后现代性是否可能？

正如马克思对资本主义制度的批判反过来使资本主义自我完善自我变革以适应时代，重新获得生命力一样，后现代主义的更大意义并不在于它对现代主义的反对和否定本身，而在于它彻底暴露了现代主义的内在悖论，为人类文明的未来发展提供了另一种可能途径。

与西方国家有所不同，中国面临的困境在于：既要完成现代化，又要吸取后现代主义的合理因素，如多元主义、生态主义，反对一元的简单的思维方式，提倡多元思维方式；反对同一性、绝对性，强调生存方式的多样性；反对纯理论倾向，面向人的现实生活世界。

关键是要摆正主体的位置，处理好人与自然、人与人的关系。党和政府提出的和谐社会和科学发展观正体现了我们对人与自然和人与人关系的认识的进步。

23 交往与全球化

我们说过，传统哲学是实体主义的，其研究对象不外乎物质、自然、精神、上帝等实体。至于实体与实体之间的关系，它们怎样相互作用，怎样交往，这些关系、作用与交往又如何影响实体本身，这些问题基本上不在传统哲学的视野内。近代以来，随着人类实践的不断发展，特别是各国各民族的经济文化交流的不断拓展和深化，交往越来越成为当代哲学的核心主题之一。

交往包括主体与客体（人与自然）的交往，也包括主体与主体的交往，我们这里所说的交往主要是后者，就是指人与人之间在世界中以各种工具系统为中介进行的交互活动，交往的核心是“主体间性”（主体与主体之间的属性）。按照马克思主义哲学的观点，交往与生产是人类实践的两大基本形式，是人类社会生存和发展的基础。人类交往方式的变革是社会发展和进步的重要标志之一。

全球化就是交往的当代形态。交往的范围不断拓展，交往的内容不断丰富，交往的层次不断深化，交往的手段越来越先进。全球化浪潮，无疑是当今世界的“时尚”潮流之一，全球化话语，无疑是当今世界的“主流”话语之一。全球化早已超出西方发达国家的边界，跃出学者的书斋，走向大众，走向日常生活，成为上至政府官员，下至普通民众的口头禅和时尚熟语，成为从国际大都市到非洲部族的每一个“地球村民”必须面对的共同境域。然而，熟知并非真知。在学术研究及日常观念中，我们常常以对象化和客体化的角度描述和讨论全球化，而对于更深刻也更重大的问题却知之甚少，即，在全球化的时尚潮流和主流话语中，我们得到了什么，失去了什么，改变了什么，创造了什么？应当反思什么，批判什么？我们从何处来，向何处去？作为全球化的主体——人的地位、生存、价值、自由在全球化进程中处于什么样的状况，未来会怎样？甚至，我们——作为全球化的主体，在全球化进程和话语中是被彰显弘扬了，还是被有意无意地遮蔽损害了？抑或我们中的哪一部分群体是全球化的宠儿，哪一部分群体是全球化的弃子？我们中的哪一部分因素被全球化的浪潮填满，哪一部分因素被全球化的浪潮抽空？

《纽约时报》(New York Times) 的专栏作家托马斯·弗里德曼(Thomas Friedman) 在一次接受中国记者采访时讲过这样一个故事：

小时候我常听父母说，"儿子，乖乖把饭吃完，因为中国跟印度的小孩没饭吃。"现在我则对女儿说，"女儿啊，乖乖把书念完，因为中国跟印度的小孩正在抢你的饭碗。"

■ 图 23—1 全球化图景

这就是全球化的当代图景。

"全球化"这个概念，是20世纪60年代由"罗马俱乐部"最早提出的，麦克卢汉提出的"地球村"概念成为全球化理论的又一个先驱。80年代后期以来，全球化理论研究成为国际学术界的热点之一。

马克思虽然没有明确提出全球化的概念，但却提出了丰富而深刻的有关全球化的思想。第一，全球化的本质和特征。马克思认为，全球化是指生产力的普遍发展和与此相关的世界交往的普遍发展，使人类活动超越民族和地域的局限和障碍，形成全球范围内各民族之间全面的互相往来和互相依赖的趋势和过程。第二，共产主义是全球化进程即“历史向世界历史转变”进程的最终结果。第三，全球化发展的根本目的在于人的自由全面发展。

综合前人的理论成果，我们认为，有必要从大时空纬度和实质角度重新解读全球化：

第一，从时间维度上看，全球化不是某种特定时期的固定状态，而是一种不断发展变化的进程。随着实践的发展和认识的深化，全球化进程会不断深化，人们对全球化的认识也在不断深化。

第二，从空间维度上看，尽管迄今为止，西方发达国家掌握了全球化的主导权，但全球化并没有一个全球统一的普遍模式和标准，全球化不仅在多领域、多层面上发生，而且全球化的主体也是多元化的。

第三，从主体和实质角度看，全球化并不只是资本、市场、金融、信息等的全球化，也不只是多元文化的全球对话和融合，更是每一个人的自由全面发展以及人类社会的和谐进步。

第四，全球化进程是一个冲突—解决—再冲突—再解决的不断进程。出现矛盾冲突的主要原因是新旧历史进程的矛盾和多种参与主体间的矛盾。主要体现为全球化与本土化的冲突、多元文明对话与国际霸权主义的冲突、民族国家与全球市场的冲突，不同民族和种族间的冲突、不同文化或文明间的冲突，个人与共同体间的冲突、个人自由与国家安全的冲突等。

从词源学和语义学上看，“全球化”(Globalization)的词根global，即全球的、全世界的，而global的词根又是globe，即地球、全球。全球化的“化”(-ization)表示从非全球到全球的一种趋势和过程，可见，“全球化”首先是一个表示关于时间空间变化的概念。这种时间空间上的变化，在表面上体现为经济、文化、政治、技术、交通、通讯等多方面，但更为根本的是，全球化的主体始终是人及其实践活动，人（个体和类）的共生共存与自由全面的发展才是全球化进程的最终目标。

总之，全球化就是这样一种过程和趋势：在生产力（以科学技术为核心）和普遍交往不断发展的基础上，人类实践活动不断地跨越时间、空间、制度、文化的障碍，在全球范围内实现人、物质、信息之间普遍联系、达成共识与共同行动，并最终实现个体与全人类的自由全面发展。

■ 图 23–2　弗里德曼《世界是平的》

全球化经历了不同的发展阶段。1492年，哥伦布开始航海大发现，托马斯·弗里德曼将其称为1.0版全球化时代的开始，一直延续到1800年结束；全球化2.0版则是从1800年工业化开始到2000年网络泡沫破裂为止；从新千年开始，他称之为3.0版全球化时代，这一时代的标志就是“世界是平的”（图23–2）。

也可以用表23–1表示：

表 23–1　全球化的发展阶段

	第一阶段（萌芽）	第二阶段（发展）	第三阶段（形成）
时间起止	15世纪末—19世纪末	19世纪末—20世纪中后期	20世纪中后期—
空间特征	单一中心对多中心的侵蚀和单一中心确立	单一中心的维持与更迭（西欧中心向美国中心转变）	单一中心的衰落和多中心的复兴
核心特征	工业化、资本市场的世界性扩张以及西方对东方的殖民	经济（以资本主义市场经济为主导）的全球化	多元化的全球化
生产力标志	第一次工业革命	第二次工业革命	信息网络革命
代表性技术	蒸汽机的发明和应用	电的发明和应用	计算机、信息网络技术的推广和普及
主体状况	群体本位	个体本位	类本位

简要地说，全球化又可分为两个主要阶段：旧全球化时代和新全球化时代。旧全球化对应于现代主义。以资本主义国家为基础构建全球化图景，全球化的目的是资本主义国家的全球扩张，瓜分世界；以启蒙哲学为基础，将全球化等同于以西方模式为标准的全球一体化；线性决定论思维方法，全球化限定于狭窄的经济全球化，忽视文化、科技、政治等对全球化构成的关键作用；走向西方中心主义。

新全球化对应于后现代主义。强调全球化趋势的多样化与差异化，主张多元文化而反对单一文明，强调差异而否认单一价值，消解等级和中心性而主张平面化，解构西方中心主义而推崇全球话语和文明对话；全球化的产业轴心由工业向后工业（信息知识）转变；文明结

■ 图 23–3　天涯共此时

构由“工业文明—农业文明”向“后工业文明—工业文明”转变，以知识经济和互联网为标志。总之，新全球化是集经济全球化、政治全球化、文化全球化与信息全球化为一体的综合过程，是由多元规则、多种向度和多重力量交织的总体。因为新全球化时代的主要交往方式是国际信息网络，因此也可以称之为信息网络时代。信息网络时代的交往方式真正实现了一千多年前人类的梦想：

海内存知己，天涯若比邻——王勃

海上生明月，天涯共此时——张九龄（图23-3）

15世纪初，比哥伦布的航海大发现早近一个世纪，中国人郑和率当时世界上最强大的船队七次下西洋。然而，遗憾的是，中国人并没有抓住历史的机遇，开辟“中国式”全球化的历史。此后，又长期闭关锁国。直到1840年，鸦片战争使中国由闭关锁国的状态被迫进入近代全球化和现代化进程，经过一百多年艰苦卓绝的斗争，辛亥革命和新中国的建立完成了民族独立和政治解放的历史使命，而20世纪70年代末开始的改革开放，才真正开始了中国全球化的进程。市场经济体制的确立，国际互联网的接入和普及，加入世界贸易组织，标志着中国开始真正融入全球化浪潮。这期间，经历了由被动到主动，由外生到内生，由封闭到开放，由自卑到自信，由边缘到中心的历史转变。中国与世界全球化进程的关系也从疏离到日益紧密，在自我封闭、自我中心、极端排外与丧失自我、崇洋媚外、全盘西化的两极之间摇摆，在21世纪初，终于走上了既融入全球化进程，又自力更生、自主创新、自信自强的正途。

全球化对于中国既是机遇又是挑战。从历史起点和进程看，先发与后发并存；从发展动力来看，压力与动力并存；从内容因素来看，不利影响与可利用因素并存；从全球文化发展来说，冲突与交流双向互动；从前景看，和平发展与冲突危机并存。能否抓住全球化的机遇，迎接全球化的挑战，就成为中国未来发展的一个至关重要的问题。我们应当以马克思主义的全球化思想为指导，面向世界，确立我国应对全球化浪潮的基本战略。一是积极应对战略。面对全球化趋势，首先要全面开放，积极应对，主动学习和借鉴西方国家一切有利我们发展的成果和因素，为我所用，切不可置身于全球化发展之外。二是选择原则。要择善避害，既充分利用有利于自身生存和发展的方面，又力求避免或限制对于自身生存和发展不利的因素的影响。三是自主创新原则。中国有责任也有能力自主创新（包括体制创新、技术创新、理论创新等），积极参与推动建立国际新秩序，为消除一切不合理秩序的根源，缩小发展差距，消除两极分化，使各个国家和民族及每个人都能够平等地参与全球化的进程，并公正合理地解决全球性问题，为实现各国、各民族的共同发展和普遍繁荣作出自己应有的贡献。

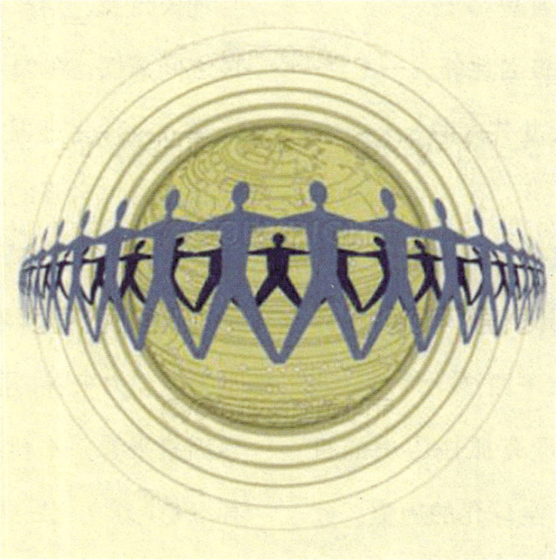

■ 图 23—4　全球交往

24 从“实体”到“关系”

考察西方哲学史，我们发现，哲学核心范畴是不断发展变化的，不同时代不同地域的哲学有不同的核心范畴。总体来说，西方哲学核心范畴的发展呈现出从简单到复杂、从实体到关系、从个体到整体、从静态到动态、从分析到综合的趋势。这一方面是哲学自身逻辑发展的必然趋势，也与现代科技革命和社会经济文化的发展密切相关。

“实体”是西方哲学史上非常重要的一个范畴。一般指独立存在的，作为事物的一切形态、现象和属性的基础的东西。“实体”一词是古希腊哲学家亚里士多德在《范畴篇》（图24−1）中首次提出的。他概括了古代关于本原和存在的思想，把存在分为实体和属性。尽管古希腊哲学家德谟克利特曾提出“原子”和“虚空”学说，但从总体上说，西方传统哲学具有深厚的实体论传统，“物质”“存在”“实体”等范畴以及主体—客体二元对立的思

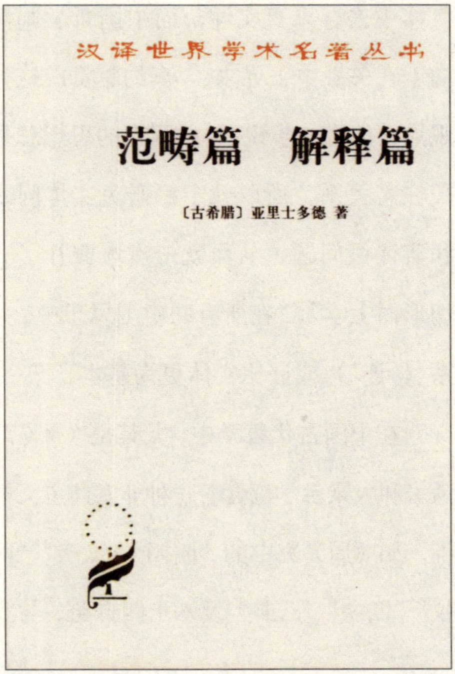

■ 图24−1　亚里士多德《范畴篇 解释篇》（商务印书馆）

维方式乃是西方传统哲学的根基。在近代哲学中，实体问题成为哲学争论的主题之一。唯物主义者把物质或自然作为唯一实体，唯心主义者把精神实体或知觉的存在当作唯一实体。实际上，近代哲学的两大派别——唯物主义与唯心主义都是一种实体主义，区别只在于把物质和精神哪一种实体作为唯一真正的实体。

与此不同，东方特别是中国古代哲学具有以关系为核心的思维方式。近代哲学家张东荪指出：“欧洲哲学倾向于在实体中去寻求真实性，而中国哲学则倾向于在关系中去寻求。”李约瑟赞成这种观点，他进一步说：“中国人的思想总是关注着关系，所以就宁愿避免实体问题和实体假问题，从而就一贯地避开了一切形而上学”，“在所有的中国思想中，关系（‘连’）或许比实体更为基本。”[①]

在中国古代哲学中，尤其是《周易》、道家和大乘佛学蕴含着一种非实体主义精神。如《周易》中的“阴阳”“太极”“两仪”“四象”“八卦”及六十四卦象，与其说是对物质实体的描述，不如说是对事物之间的不同形态的关系（相对相关性）的描述和把握。《老子》中“无”或“虚”以生动的开放性、生成性为“有无相生、动静相成、阴阳相和”提供了生生不息的世界。

在西方哲学史上，法国哲学家狄德罗曾经用网络（réseau）一词描述物质和机体，目的是避免笛卡尔式的物质精神二元论，但是仍然建立在机械唯物主义基础上。后来，德国古典哲学特别是黑格尔引入了“联系”“运动”“历史”等范畴，突破了传统哲学的物质实体说的局限。马克思恩格斯在辩证唯物主义哲学中把普遍联系作为物质运动的基本形式，在唯物史观中运用普遍联系的、辩证的、历史的、发展的观点研究人及其社会历史，提出“人的本质在其现实性上是社会关系的总和”等，大大促进了哲学核心范畴和社会历史观核心范畴的变革。

19 世纪末以来的新科技革命，不但带来剧烈的社会文化变革，也带来科学

① 李约瑟：《中国科学技术史》，第 2 卷《科学思想史》，221 页，科学出版社，1990。

■ 图 24—2 《场与有——中外哲学的比较与融通（六）》

和哲学核心范畴的转变。在自然科学中，爱因斯坦的相对论和普朗克的量子力学打破了建立在实体论基础上的牛顿力学体系，后来又出现了"老三论"（信息论、系统论和控制论）和"新三论"（耗散结构论、突变论和协同学），以及复杂理论、混沌学说、分形理论等，提出了"整体大于部分之和""系统大于要素之和"等重要观点。当代西方哲学则出现了明显的"非实体主义"（从实体到关系）转向。如怀特海的"过程哲学"和"有机体论"，柏格森的"创造进化论"和"生命哲学"，胡塞尔的"生活世界"；海德格尔从"在者"提升出"存在"和"此在"，批判了西方哲学传统中的"存在的遗忘"；萨特提出"存在先于本质"；结构主义从结构和系统的角度去解释现象；文化哲学强调人是文化的存在、社会的存在、历史的存在；语言哲学、分析哲学、符号哲学所带来的"语言学转向"批判传统形而上学，把哲学研究重心转向语言、符号、中介等；哈贝马斯把主体之间的"交往"看做"主体性"形成的前提，把"交往"（主体间性）范畴作为社会存在和进化的基础；后现代主义者德里达看到了"在场者的形而上学"中的"在场者"的毛病，提出"文本间性"，强调任何在场者都受到关系结构的制约，将"在场者"转变为"关系者"。

当代一些中国学者也试图以非实体主义来改造传统哲学。如以唐力权为代表的"场有哲学"提出："由于一切事物都是相对相关的，因而一切场有者的开显都是互为界面的；由于一切场有者的开显都是界面性的，因此也就没有稳固不变的在场者。场有型哲学对传统形而上学的批判是从对实体的解构出发的。它以'活动'代替'实体'，以'作用'代替'属性'。认为事物都存在于一定活动状态之中，活动者即活动本身，无活动之外的活动者。事物之间存有某种体性，即相对相关性的总和。'场有'就是所有相对相关性的总和以及相对相关性网络的存有、蓄积与权能。”[①]（图24-2）

用通俗的话说，在现代哲学看来，要真正认识和把握世界，不能像传统哲学和科学那样，孤立静止地从把握一个个实体——不论是物质还是精神——出发，而应从实体与实体之间的关系和作用出发。需要强调的是，现代哲学的非实体主义转向，强调实体之间、人与人之间的相互联系、相互作用，并不是要忽略（更不用说否定）实体和人本身的现实存在，而是说对于实体和人，实体之间的联系和网络系统比实体本身更有价值，认识实体本身必须通过实体之间、实体与环境之间的联系网络。套用马克思的一句话，世界的实质，是一切实体间关系的总和。

现代西方哲学对传统哲学实体主义的批判和对二元对立思维方式的反思，与对中国古代思维方式的重新认识相结合，为超越二者，达到一种理想的“网络化”“关系化”的新型思维方式提供了契机和可能途径。

信息网络时代的哲学思维方式，更是非实体主义转向的最新表现。网络的结构与本质都充分体现了非实体性。美国著名的《在线》杂志主编凯文·凯利（Kevin·Kelly）认为：“20世纪科学的象征是原子。原子独自运转，是单一的缩影。下一世纪科学的象征则是充满动力的网络。从其中成长出来的是群体生物——分散式生物——将自身散布在网络之上，因此没有一个参与者可以说，'我就是我'。而不可避免的是群体的、众人意志集合体。”[②]

简言之，网络不过是事物之间、信息之间、人之间联系的基本形式。从最简单的物体（“网络”一词的词源就是打鱼用的网和丝织物）到自然界乃至宇宙的天体，从人的大脑结构到人类社会的生存

① 参见毛怡红等编：《场与有——中外哲学的比较与融通（三）》，2～3页。

② 凯文·凯利在《失控》（Out of Control）中将互联网比做蜂巢，将蜂巢式思考（Hive Mind）和群体行为（Swarm Behavior）作为数字文化的核心。参见易文安编：《网络时尚词典》，55页。

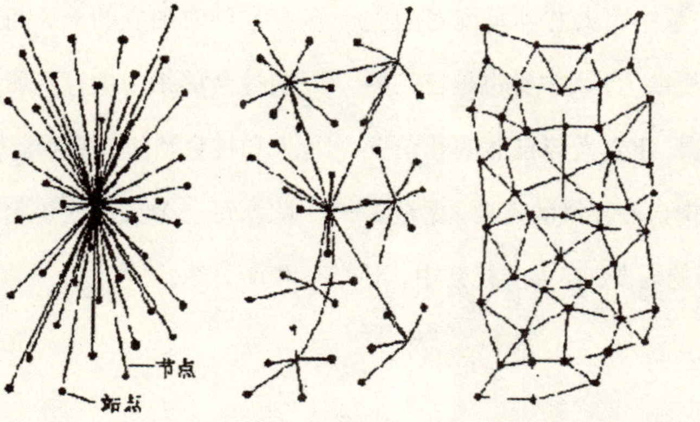

集中式网络系统 (A)　非集中式网络系统 (B)　分布式网络系统 (C)

■ 图 24—3　分布式网络与非分布式网络比较

和发展，从信息网络到各种文化形态之间的互相联系，无不体现为网络的形态。(图 24—3)

综上所述，我们可以概括出网络概念的三个层面：(1) 技术层面，是信息的普遍联系与交流，具有作为技术工具的意义；(2) 社会文化层面，是人的普遍联系与交往，人的关系通过网的关系来体现，具有本体论和人学的意义；(3) 哲学层面，核心理念是开放、多元、自由、创造、共享等，具有精神价值的意义。因此，本书所使用的网络概念是广义上的，它不仅包括信息技术上的网络，还包括经济、社会、文化含义上的网络。网络技术、网络社会、网络文化、网络价值四者综合起来，才是完整意义上的网络。一句话，网络就是物质、信息和人的普遍联系的基本形式，是存在于一切相互联系、相互作用的事物或系统中的关系的实质，体现了开放、多元、自由、创造、共享的精神价值。或者接续《易经》中的一句话："形而上者谓之道，形而下者谓之器"，形而中者谓之网。网络是连接道（精神）与器（物质）、人与世界的中介。

哲学范畴和思维方式的这种转变，不仅具有理论意义，而且对于其他科学的发展以及指导我们的具体实践也具有深远意义。例如，现代哲学告诉我们，在人与自然的关系中，人并不是绝对的主体，并不能为所欲为，人本身也是自然界的产物。因此，建立人与自然的和谐关系，不只是保护自然环境的需要，更是人类可持续发展的需要。在人类社会中，不存在绝对独立的人，每个人都是在复杂的社会关系中生存和发展的，离开了他人和社会整体，任何个人都不能生存，因此，每一个人都应该努力建立与他人的和谐关系。

25 善恶之门

接下来的几节我们谈谈哲学的几个分支学科中的问题。

很多人可能还记得1993年在新加坡举行的首届国际大专辩论赛。那场辩论赛使辩论、一本书（《狮城舌战》）、四位辩手和复旦大学名扬四海。给人印象深刻的还有决赛的辩题“人性本善还是人性本恶”，正方是台湾大学队，观点是“人性本善”，反方是复旦大学队，观点是“人性本恶”。双方唇枪舌剑，引经据典，结果是反方胜。这一辩题正是伦理学的核心问题之一。

伦理学，简单地说是关于道德的理论，道德的核心就是善与恶的问题，所以伦理学的主要研究对象就是“善恶之门”。具体说来包括这些问题：什么是善？什么是恶？人的什么行为才是善的？评价人的行为的道德标准是什么？人与人之间的道德关系应该是怎样的？不同时代的伦理道德规范是怎样的？人生的意义是什么？等等。

中国古代哲学始终把自然观、认识论、人生观和伦理观融为一体，因而未能形成独立的伦理学。先秦时期的《论语》《孟子》和稍后的《大学》《中庸》《孝经》等，在一定意义上可以看做是中国特色的伦理学著作。但“伦理学”这个名称是19世纪以后才开始在中国广泛使用的。在西方，“伦理学（Ethics）”一词出于希腊文，意为风俗、习惯、气质和性格等。亚里士多德第一次创造了这个词，并写了第一部以伦理学命名的书《尼各马可伦理学》。

从历史上看，伦理学主要有三种不同的发展形式：一是中国古代的儒

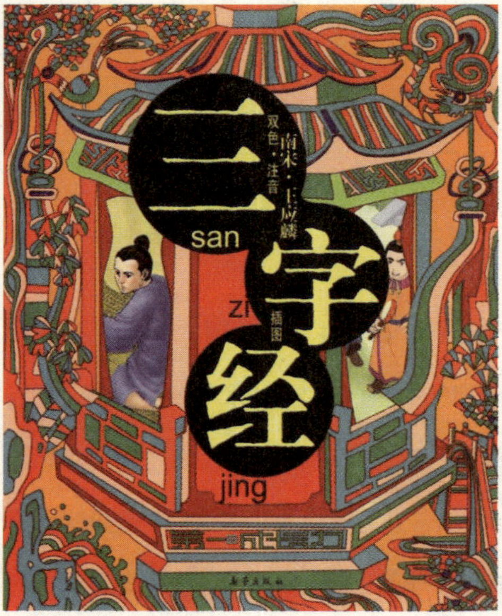

■ 图25-1 《三字经》

家伦理思想传统，以仁为核心，以孝为主要内容，重视个人品德修养，把修身与齐家、治国、平天下联系起来，也就是把伦理道德与政治、哲学思想紧密结合在一起；二是从古希腊罗马到现代西方的伦理思想，以强调个人幸福和自由与社会公正为特点；三是古代埃及和印度的伦理思想，它以探讨人生意义和人的精神生活为主要内容，并往往与宗教相结合。

下面就介绍一下古今中外的“人性善恶之辩”。

“人之初，性本善，性相近，习相远。”这是中国古代儿童启蒙读物《三字经》(图25-1)的首句，在中国家喻户晓。这形象地说明，“性善论”是中国古代“善恶之辩”的主流。

《三字经》的第三、四句是孔子的原话：“性相近也，习相远也。”(《论语·阳货》)孔子没有明确地论述人性是善还是恶，只是说人性先天是相近的，后天(习)就相差较远。

孟子(约前372—前289，图25-2)非常明确地提出“性善论”的重要论断，并将其作为他的仁政学说的哲学基础。

《孟子》一书记载，当时有个学者告子主张“性无善恶论”。他认为人性不是生来就有“善”或“不善”的区别。他说：“性犹湍水也，决诸东方则东流，决诸西方则西流。人性之无分于善与不善也，犹水之无分于东西也。”(《孟子·告子上》)

而孟子不同意这种观点，他也用水性来比喻人性，“人性之善也，犹水之就下也。人无有不善，水无有不下。”(《孟子·告子上》)人性之所以是善的，是因为人生来就具有“善端”，即在人的意识中，有一种先验的超功利的善的萌芽，这是人之异于禽兽的本质特征。例如一个人在看见小孩即将落井的危险时刻，会立刻去挽救小孩的生命。在这一瞬间，他行为的动机不是因为和这孩子的父母有交情，也不是为了沽名钓誉，而只是出于一种天然的、纯粹的“不忍人之心”，即对别人痛苦和危难的同情心。孟子把这种“善端”分为四类，即“恻隐之心”（“不忍人之心”）、“羞恶之心”、“恭敬之心”（或“辞让之心”）、“是非之心”。这“四心”是仁、义、礼、智这“四德”的萌芽。“恻隐之心，仁之端也；羞恶之心，义之端也；辞让之心，礼之端也；是非之心，智之端也。”（《孟子·公孙丑上》）“四心”是天生的，由“四心”所产生的“四德”

■ 图 25—2　孟子画像

也便是天生的，而不是后天所形成的。而且，人同此心，心同此理，天下人都是如此。

既然人的本性是善的，那么现实中那么多的恶是怎么来的呢？孟子把人的不善归结为“不能尽其才”。人的本性虽然是善良的，但并不是每一个人都能充分发挥其善性，“善端”是天生于人心的，就好比吃饭睡觉等生理需要一样，所以大部分人从未关注、反省过这些需要，于是“四端”很容易被遗失了。正如水向下流是水的本性，但如用手拍水，可使水跳过额角；激水倒流，可以使水上山。这不是水的本性，而是外力的影响。“四端”只是一种向善的潜在可能性，要真正达到善还必须通过后天的努力。主要有两个方面的修养：一是主观方面，要有向善的主观愿望，要以圣人的一言一行作为行动准则，靠个人的不断努力，经过不断的反思，“寡欲”“求放心”养“浩然之气”，把遗失的“善端”找回来。二是环境的影响，仁与不仁是后天职业不同和环境不同所造成的。只有“大人”才能懂得怎样通过修身养性而存善性，而“小人”只求

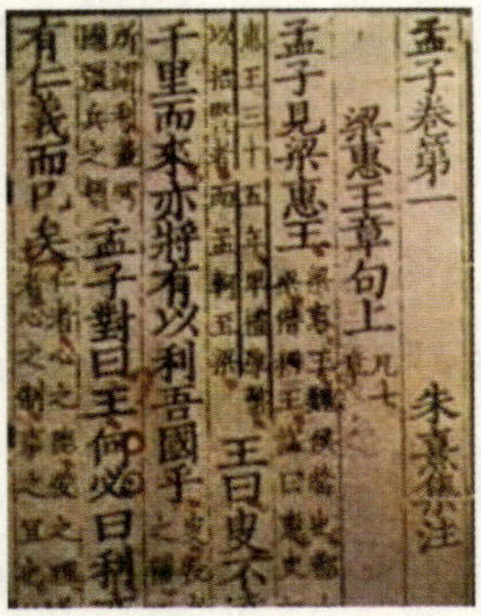

■ 图 25-3　《孟子》书影

感官的物欲，难以存善性。

儒家的另一位代表人物荀子（约前313—前238，图25-4）与孟子针锋相对，主张“性恶论”。

他认为：“人之性恶，其善者伪也。”（《荀子·性恶》）伪就是人为的意思。人性不是先天就具有的，而是由于后天环境影响，经过长期的教化和学习而形成的一种品格。善与恶是对立统一的，“性”与“伪”也是对立统一的。“无性，则伪之无所加；无伪，则性不能自美”（《荀子·礼论》），只有“性伪合”，才能使天下得到治理。尧舜与桀跖、君子与小人的人性都是先天恶的，都有“好利”“疾恶”“好声色”等自然性情，后来之所以出现贤愚不肖的区别，原因在于后天的环境和经验对人性的改造。要“化性起伪”，通过人的主观努力，“起礼义，制法度”，转化人的恶的本性，使之符合道德规范。从改变自然本性开始，不断地努力进行伦理道德的实践，就会从先天之恶变为后天之善。（图25-5）

虽然荀子的性恶论仍然是一种抽象人性论，但比起孟子的性善论，无疑更为深刻。他第一次运用“性”和“伪”的范畴来说明人的自然本性和社会道德的关系，更接近于我们今天的道德观。

■ 图 25-4　荀子画像

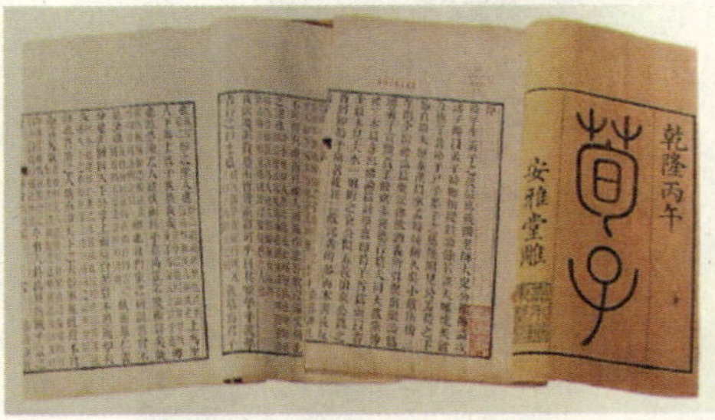

■ 图 25-5　《荀子》古本书影

在中国古代伦理学中，儒家的性善论始终占据主流地位。与此相似，在古希腊罗马时期，苏格拉底和柏拉图也把至善（最高的善）作为伦理学的主要内容，强调四主德（正义、智慧、勇敢和节制）。大多数伦理学家都承认伦理学研究的目的是寻找和建立一种调整人与人之间的关系、维护社会秩序和培养有道德的人的理论。

后来兴起的基督教伦理观改变了古希腊的传统，主张性恶论，并成为西方传统人性论的主流。其教义认为，人类的始祖亚当和夏娃偷食了生命之树和知善恶之树的果实，被上帝逐出伊甸园，从此开始了艰辛的人间生活。也就是说，人类的始祖犯了“原罪”，他们劳碌一生，就是为了向上帝赎罪。人只有全心全意信神，依靠神恩帮助，才能恢复善性，死后才能上天堂，否则只能下地狱。实质上是把人的精神属性定为善，把人的物质属性定为恶，然后把人的善性归于上帝来膜拜，把人的恶性归于自身。

中国以性善论为主流的伦理思想与西方以性恶论为主流的伦理思想迥然不同，不仅反映了两者思维方式的不同，更影响了中国人和西方人的日常生活方式。性善论虽然愿望良好，但其直接后果是道德标准过高，由于相信人性本善，“人人皆可以为尧舜”，造就了道德主体的两极分化：极善者（“圣贤”）和极恶者都是少数，而中间大多数人，他们主观上难以达到过高的道德标准却又不耻于做“小人”，客观上缺乏强制性的标准制约，因此，他们只能是“伪善”。再看西方，无论是好人坏人，都是有原罪的，所以不管他们情不情愿，不管是否真诚，每个人都要不断行善赎罪。这种宗教形式的道德律令的约束力并不亚于法律。而且这个道德标准并不高，人人只要努力都可做到。哪怕你是个恶贯满盈的罪人，只要你做一件善事，也是向上帝靠拢了一步。

性善论者抱着良好愿望，希望人人为善，却可能适得其反；性恶论者反其道而行之，倒不无效果。其实，在我看来，人的存在先于本质，没有什么固定不变的本性，更何谈善恶？善恶不过是有了人类社会以后，人们用来调节人际关系、促进社会和谐的道德标准。若非要谈人的本性，或许勉为其难地说人之初性本私（自然本能），只是有了人类社会，私与私之间必然发生冲突，必须用一些社会道德或法律规范来限制私德（自然本能），发展公德（社会属性），以建立更加和谐有序的社会生活。如果认为人性本来就大公无私，至善至美，结果难免会掩盖矛盾，导致伪善；如果认为人性就是私欲，不求公德，那只能是不求进取，自甘堕落。也许只有这样，人类才能不断去恶扬善，跨越善恶之门，迈向更完善的未来社会。

26 我、你、他

从第一个思考人类社会的思想家起，我、你、他的关系就是人们所必然要面对的首要问题。这也是伦理学、政治学乃至一切社会科学的出发点之一。人类社会是由亿万个人组成的复杂群体，而这亿万个个体首先结成“我、你、他”“我们、你们、他们”的关系，进而结成夫妻、父子、君臣、兄弟、朋友等不同关系，以血缘、地缘、政治、经济、文化等标准组成各种各样的群体。

“我、你、他”不仅是人类社会的基本构成元素，也是每一个人进行认识和实践的基本模式。认识到“我”是一个独立的个体，认识到“我”与“你”“他”的区别，并与“你”和“他”交往，是一个人的健全意识成熟的标志。所以，每一个人一开始都是“自我中心”的，然而这并不等于说他必然“自私自利”，甚至“人不为己，天诛地灭”，并不必然导致“唯我论”。当一个人仅仅具有自我意识时，他只是走出了意识成熟的第一步，只有进一步生长出“对象意识”或“关系意识”，他才完全成长为一个社会人。也就是说，他不仅意识到“我”和他人的区别、我的独立性和个性，而且意识到“我”和他人的联系，“我”是社会整体的一份子，“我”只有在各种各样的社会关系中，只有在与“你”“他”的关系中才能实现出来，孤立的、绝对的“我”不仅在现实中不存在，甚至在思想中也不能存在，因为“我”一旦设想“我”这个东西，就必须把“我”和其他人区分开来，必须有至少一个“非我”做参照物。

“我、你、他”的关系有三层含义：

第一是“我”和“你、他”，即“我”与“非我（他人）”的关系。

第二是“我”与“你”的关系。在与“我”相对的意义上，“你”也是广义的“他”，但“你”是特殊的“他”，是与“我”最亲近的、与“我”直接面对和直接发生关系的“他”。在人类最亲密的关系——爱情关系中，“我”与“你”的关系体现得最为明显，二者甚至可以合而为一、融为一体。

第三是“我”与“他”的关系。相对于“你”与“我”的亲密关系，“他”与“我”的关系要疏远得多。因为“他”不仅在空间上离“我”远，而且在感情和价值上离“我”也远，“他”是一个客观的、冷冰冰的“对象”。“我”虽然也知道“他”是与“我”一样的人，但往往在行为中不把他当人看，“我”对“他”的态度仅仅是比“我”对物的态度高一点而已。“我”对“他”好，也可能只是出于功利目的。

从这一分析中，可以看出，我—他关系是类似于主体—客体（人与物）的工具性、手段性关系。这正是人类有阶级社会特别是工业社会以来，人与人关系的主流。走向极端，就是霍布斯所说的“人对人是狼”，萨特所说的“他人即地狱”。而我—你关系则是一种非功利性的主体间关系。犹太哲学家马丁·布伯在《我与你》（图26-1）和《人与人之间》等著作中，以“我—你”关系为基础建立了一种“相遇”哲学。他认为“我—你”关系应是以“爱”为核心的“相遇”性关系，人应该不断超越“我—他”关系，而达到

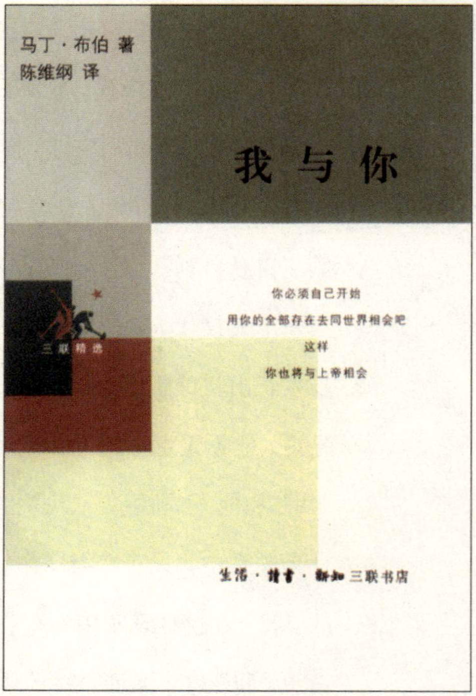

■ 图26-1　马丁·布伯《我与你》（生活·读书·新知三联书店）

"我—你"关系的境界。这一学说虽然有基督教神学意味，但对于建设当代人与人的和谐关系、建设和谐社会有一定的启示意义。

对个人来说，正确认识和处理"我、你、他"的关系，是一个人身心健康成熟的关键。许多个人和社会的失误和悲剧，都与不能正确认识和处理这一关系密切相关。

在传统伦理学以及日常生活中，人们往往倾向于两个极端——利己主义与利他主义，要么一切以自我为中心，牺牲他人和群体满足自我，要么一切以群体为中心，牺牲"小我"成全"大我"。其实，前者自然是不可取的，后者在现阶段也仅存在于理想层面，难以实现。

一个人，作为社会的一个成员，不论其地位如何，不论其主观意愿如何，有一些基本的行为准则和规范是必须共同遵循的。否则，社会就可能崩溃。这些所有人应当共同遵循的基本行为规范就是"底线"。孔子的名言"己所不欲，勿施于人"就是这样的底线之一。"己所不欲，勿施于人"常常被人们当做伦理学的第一原则。这固然不错，但依我看，还应加上一句："己之所欲，亦勿施于人。"我自己不想要的，不要强加给他人；我自己想要的，也不要强加给他人。总之是不能"推己及人"，强加于人。这要求我们在维护自我的尊严、人格、个性、价值的同时，认识到他人是与我同等的具有尊严、人格、个性、价值的个体，在追求自我利益和欲望的满足时，不能损害他人的同等权益，不能损害社会整体的利益。每一个人，自己首先成为一个人，同时把他人当人看。如果群体中的大多数人自己既做不了堂堂正正的人，又不把他人当人，那么这种群体中的人与人的关系就不是平等关系，这样的群体就不是一个和谐健康的群体。（图 26–2）

谈到"底线"，有必要谈谈一个热门话题"底线伦理"。传统的伦理学（特别是中国传统的伦理学）设置高尚的道德标准，一般代表社会精神的上线。然而过高的道德要求往往不能落实，导致"伪善"。现在很多学者认为应当有所改变。当代哲人何怀宏先生提出一种新的"底线伦理学"。因为当今世界是一个急剧变

■ 图 26-2 “己所不欲，勿施于人”（王磊绘）

革的时代，物质世界和精神领域的发展变化带来了精神的多元化，精神的多元化同时伴随某种道德失范。在英雄主义与理想主义的精神已经日益淡出之时，如何来保持合理的道德，又如何调整因社会机制的种种失衡导致的心理失衡？雨果在《悲惨世界》中说过一段话：“做一个圣人，那是特殊情形；做一个正直的人，那却是为人的常轨。”何怀宏认为，传统等级社会中，道德属于少数精英的道德，广大社会下层的道德与其说是道德，不如说是一种被动的风俗教化。然而，当社会发生变革，道德从传统的精英等级制形态转变为一种大众多元制的现代形态，道德也就必须而且应当成为所有人的道德，这样它提出的伦理要求的范围就不能不缩小，性质上看起来不能不有所“降低”。

现代社会的伦理设定人们基本的道德义务，这也可以说是社会的基准线。人必须先满足这一底线，然后才能去追求更高的人生价值和道德理想。而如果底线都不能遵守，奢谈雷锋式的过高的道德要求就只能成为空想。举例来说，医生收红包也罢了，你不能收了红包却不认真做手术；企业生产的食品质量差也就罢了，但不能差到让人得肠胃炎；官员没有能力不做事就罢了，你不能贪污腐化、损害人民利益。维护底线伦理，也许是现代社会变迁所带来的不得已而又必需的选择。学者孙立平认为，当前中国所出现的许多社会矛盾和伦理危机，表面上看是制度或文化的原因，其实“许多制度的失败，往往不仅是制度本身的问题，而是制度运行的基础秩序出了问题”①。就是表现为社会生活底线频频被突破。1994年，新疆克拉玛依市教育局为欢迎上级评估验收团，组织“专场文艺演出”，中间发生火灾，市教育局的官员出来对学生们喊：“大家都坐下，不要动！让领导先走！”学生们很听话，都坐在自己的位子上不动，等上级政府与教育局所有在场的官员先走之后，教师才开始组织学生撤离，结果796名师生全部陷入火海之中，323人死亡，132人烧伤致残，死者中有288人是中小学生。这样的事情已经不是一般的渎职犯罪的问题，在过去叫做天理不容，在今天可以叫“突破底线”。此类事件的频频发生，说明伦理道德的失范和道德教育的失败，必须首先从底线开始修补。

① 孙立平：《社会生活的底线何以频频被突破》，2006-03-28 08:31:13，来源：光明网。

27 生命伦理、生态伦理与全球伦理

自从1997年2月英国罗斯林研究所维尔穆博士科研组公布克隆羊“多莉”培育成功之后，尤其是意大利和美国的三位科学家公布了其克隆人的计划后，克隆技术及克隆人就引起全世界科学界、宗教界、政府和社会公众的强烈关注和激烈争论。为什么这样一种现代生物科学的技术却引起了人文社会科学和普通人的关注和争论呢？

克隆是英文Clone的音译，简单讲就是一种人工诱导的无性繁殖方式。克隆技术如同原子能技术一样，是一把既能造福人类，也可贻害无穷的双刃剑。除了技术上的缺陷外，克隆人的争论主要集中于伦理、社会、法律、哲学、宗教等层面，形成了针锋相对的两派观点。支持者认为科学技术无禁区，无止境，克隆人技术的广泛应用可以造福人类的健康和生活：改变农作物的基因型，提高农作物的产量和质量；培育大量品种优良的家畜家禽；解决不孕症，治疗许多不治之症，改进器官移植技术；保护濒危动物等。克隆人技术带来的问题可以由技术的进一步发展来解决。然而，反对克隆人是各国政府和科学界的主流意见。由于克隆人技术违背了自古以来人类的有性繁殖方式，直接挑战了人的生命的独特性和不可复制性，必然对人类社会伦理、法律、文化体系带来极致挑战：克隆人是不是完全意义上的人？他的社会地位如何确定（亲子关系、婚姻关系等）？如果生命可以像产品一样被人为操纵和复制，生命的权利和尊严如何保证？目前全世界多数国家禁止或不支持生殖性克隆，而支持或默许把克隆技术应用于医学技术领域，然而两者之间的界限很难把握。

伦理学家提出克隆人违背了伦理学的最基本原则。首先，违背了自主原则。比如，某对夫妇在事故中失去了独生子，他们希望孩子重获“新生”，于是便通过克隆技术再造一个孩子，其中绝大部分基因组是先前那个孩子的基因组的复制。这样尽管父母在一定程度上满足了愿望，但这个被复制的孩子完全是父母的一个工具，他本应具有的独特性和自由被剥夺了，而人的生命的本质特性之一就是不可重复的独特性。其次，违背了平等原则。在克隆技术中，存在一个创造者与被创造者的关系，似乎医生、父母或国家拥有一种非常的控制他人生命的权力。这显然不但是荒谬的，而且也是非常危险的。

对克隆人问题的激烈争论反映了人类的两难处境：一方面，人类在对科学技术的好奇心和利益驱动面前收不住脚，另一方面，理智又告诉我们，这很可能是一个可怕的梦魇。克隆人问题正是本节要讨论的主题之一，也是生命伦理学的核心问题之一。

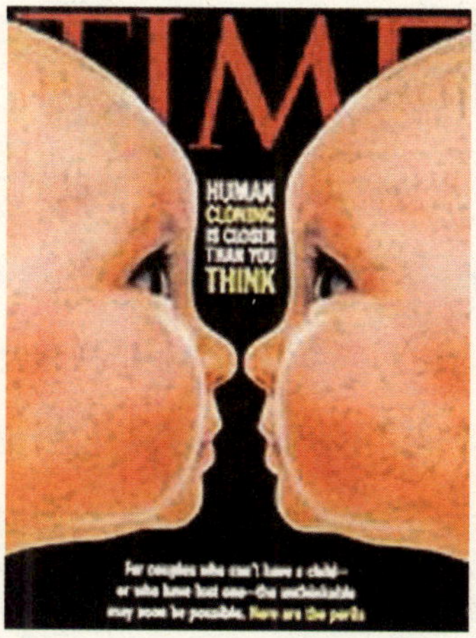

■ 图 27—1 《时代周刊》封面“争论克隆人”

20 世纪以来，人类的物质文明突飞猛进，现代伦理学也呈现出日新月异的面貌，主要趋势是：

第一，伦理学的理论体系在分化和综合、对立和融通中更加成熟化和复杂化。特别是随着全球化进程和全球信息网络的飞速发展，不同地域、民族和文化传统的伦理道德观念在冲突碰撞中寻求融合，全球伦理应运而生。超越时空和文化界限，信息网络伦理也应运而生。

第二，伦理学的研究领域不断扩大，研究内容不断丰富，新的问题不断提出。科学技术在宏观方面的拓展，引发了人和自然环境、地球、宇宙关系中的道德问题，相应地产生了环境伦理学、生态伦理学、宇宙伦理学等；科学技术在微观方面的深入，如克隆技术、基因工程、安乐死等，产生了生命伦理学和医学伦理学。随着新的技术革命引起产业结构和社会分工的变化，不断分化出新的社会伦理学科，如经济伦理、政治伦理、法律伦理、企业伦理等。

第三，伦理学的社会价值不断提高，实用性日益增强。人们不再满足于抽象的伦理学理论，应用伦理学已经成为现代伦理学的主流。

医学伦理是应用伦理学中发展最为迅猛、争议最为激烈的学科之一。众所周知，珍视与保护生命是传统伦理学的一项基本原则，然而这一原则在现实的医疗实践中经常受到堕胎、植物人、安乐死等问题的挑战。这就引发了一系列激烈论争：人类胚胎是否算人？如果不是，胚胎发展到何种阶段才算是人？怎样给死亡下一个定义？经病人同意实施的安乐死算不算犯罪？如何处理病人的知情权、隐私权、自决权与医生的职责之间可能发生的冲突？等等。

生命伦理的范围略大于医学伦理。除了包含医学伦理内容外，还包含生物学和生物技术中的伦理问题。

近代以来，工业文明带来了科技与经济的飞速发展，带来了人类物质生活水平的极大提高，但其与生俱来的缺陷也日趋暴露：它采取控制和掠夺的方式，以惊人的速度消耗全球自然资源，排放大量自然界无法吸纳的废弃物，打破了全球生态系统的自然循环和自我平衡，使人与自然的关系恶化，造成了日益严重的生态危机，威胁着人类的生存发展。人们越来越清醒地认识到，必须反思和改变传统的伦理观念乃至生存方式，伦理应当从调节人与人的关系扩展到调节人与自然的关系，应当以绿色的生态伦理和生态文明取代黑色的工业伦理和工业文明。

生态伦理和生态文明的出现不是自今日始。早在一百多年前，恩格斯就曾警告过我们：“我们不要过分陶醉于我们对自然界的胜利。对于每一次这样的胜利，自然界都报复了我们。每一次胜利，在第一步都确实取得了我们预期的结果，但是在第二步和第三步却有了完全不同的、出乎预料的影响，常常把第一个结果又取消了。”

生态伦理已经超越了“环境保护”所带来的人类中心主义与自然中心主义的两难困境：我们保护动物、环境和大自然，最终是为了人类自己的利益还是这些被保护的对象本身就拥有神圣不可侵犯的权利，因而人类不得予以危害？赞成前一观点者被称为人类中心主义，而赞成后一观点者则被称为自然中心主义。这两种观点看似对立，但其思维模式却并无二致——均坚守了人与自然的对立立场，而现代生态文明是人与自然和谐共生的文明，它揭示人与自然的内在统一性。

生态伦理的核心是生态系统观、整体观和联系观，生态伦理以生态系统的平衡、稳定和整体利益而不是以人类或任何一个物种的利益为出发点和终极标准。生态伦理的目的是建立人与自然的和谐关系。生态伦理是人类伦理道德领域的深刻变革，是对传统工业文明的反思和超越，是在更高层次上对自然法则的尊重与回归。生态伦理也是一种全球伦理。因为今天的人类正处于全球化时代，面对生态危机等全球性问题，没有哪一个民族和个人可以置身事外。所以我们必须站在全人类共生共存的高度，达成共识，共同行动。

■ 27-2 “一个都不能少”（王磊绘）

生态伦理强调，地球是我们和子孙后代唯一的家园，人类只有一个地球！地球上的资源是有限的，人类改造自然的能力也是有限的。把“人定胜天”推向极致，将使人类自毁家园，无家可归，人类所创造的一切文化成果最终也将毫无意义。(图 27-3)

图 27-3 《世界地球日》邮票

人类以文化的方式生存，所有先进文化都是生存于自然中的文化，任何文化都不能反自然。

环境的权利与义务必须统一。对自然资源的开发必须与对环境的修复相平衡。发达国家和高消费人口是全球资源消耗的主体，他们有义务承担起更大的环境责任。

自由是对自然法则的遵从，受自然法则的约束。自由不是贪婪与放纵。人类有享受物质生活、追求自由与幸福的权利，但这权利只能限制在环境承载能力许可的范围之内。

必须彻底改变过去那种只求 GDP 增长的发展观，贯彻全面、协调、可持续的科学发展观，促进人与自然、人与人关系的和谐发展。

生态伦理中最难解决的实践课题有两个：第一，如何处理代际间（当代人利益与未来人利益）的矛盾，即，如何在不违背民主理念的前提下，促使民众对已习惯化了的现实利益做出主动的部分放弃，从而使未来人类的利益得到切实的保障？第二，如何公正地分配与协调发达国家与发展中国家在保护自然环境上的责任与义务？

全球伦理是对全球化进程[1]和全球性问题的伦理反思，又叫普世伦理。全球化进程的深入以及生态危机、资源短缺、人口爆炸、恐怖主义等全球性问题的出现使地球成为一个村落，人类成为一个共同体，不得不面临共同的伦理困境。建构

① 参见本书第 23 节“交往与全球化”。

全球伦理已经成为时代的共同呼声。1993年，世界宗教会议通过了《全球伦理宣言》（图 27–4），这是人类寻求建立全球伦理的开始，在世界范围内产生了重大而持久的影响。《宣言》指出：“若无一种伦理方面的基本共识，任何社会迟早都会受到混乱或专制的威胁。若无一种全球性的伦理，就不可能有更美好的全球性秩序。”[①]所谓全球伦理是指，全人类为应对生存与发展的普遍问题，在行为规范和价值观念上达成最低限度的共识并共同行动。建立全球伦理有助于协调日益普遍和密切的人类全球交往行为，有助于解决日益严重的各种全球性问题，有助于全人类未来的生存与发展，有助于和谐世界的建立。全球伦理有两方面含义：一是不同的伦理理论和观念在全球化进程中的冲突与融合。例如伦理观念的普适性与特殊性，在全球交往中如何应对伦理道德冲突，伦理价值的霸权主义与民族主义的矛盾等。二是面对全球化进程和全球性问题所提出的新的伦理问题。例如有没有可能确立一些所有国家和民族共同遵守的底线伦理规则？面对全球性问题，如何达成全球伦理共识进而共同行动，以解决危机？

■ 图 27–4 孔汉思、库舍尔《全球伦理：世界宗教议会宣言》（四川人民出版社）

全球伦理目前还处在理论探讨阶段，我们只能提出一些基本原则。

1．普适性原则。全球伦理对全球公民“普遍适用”，因此，它必须代表不同

① 孔汉思、库舍尔：《全球伦理：世界宗教议会宣言》，3 页，何光沪译，四川人民出版社，1997。

伦理要求的共同性和共通性。但要特别强调的是，切不可把实际上是特殊的伦理标准普遍化，并以自己的标准来衡量、排斥甚至消灭他者，如同西方文明的全球扩张过程那样。许多我们曾经认为是具有普遍价值的东西事实上往往只具有特殊性，如理性主义、二元对立、征服自然等。我们需要寻求的是真正具有普遍价值的东西。否则，全球伦理或者沦为新的伦理霸权，或者永远无法实现。

2．整体性原则。全球化社会的所有主体都有权利和义务参与全球伦理的建设，主体的行为都必须服从于全球化社会的整体利益。全球伦理应该努力消除现有社会成员间存在的社会、政治、经济和文化差异，为愿意参与其中的每一位成员提供平等参与的机会。全球伦理应该为全体社会成员共同拥有并服务于全体社会成员。整体性原则内在包含民主原则、平等原则和公正原则。

3．底线原则。既然全球伦理维护的是全球整体利益，规范的是全球共同行为，那么它必然是一种底线伦理，而不是中线或高线伦理。如果全球伦理的标准线定得过高，大多数人达不到，势必造成“伪善”，造成伦理道德的虚无化。

4．个体、群体和类统一原则。个体与群体、类的相关性增强是全球化的一个显著特征。全球伦理是个体伦理、群体伦理和类伦理的统一。个体的伦理应当符合群体和类的伦理，而群体和类的伦理也应当保障最大多数个体的伦理。既是“大河有水小河满”，又是“小河无水大河干”。

5．自主性原则。包括自主、自愿、自决和尊重他人同样的自主、自愿、自决。全球化主体有根据自由的意愿选择自己的生活方式的自由，有充分表达自己意见和观点的自由，任何个人和组织不得干涉、压制他人的合法的选择和行动的自由。

6．权利、义务和责任平衡原则。任何一个全球主体必须认识到，当他（她）享有全球化社会的权利和利益时，也必须承担相应的责任和义务。人们既然比以往获得了更多的权利和自由，相应的道德责任也应随之而增加。

7．宽容性原则。全球化的不同主体

之间应当相互开放、相互理解、相互宽容、平等交流。面对现实的道德问题时，人们不再以自身的道德标准作为唯一的判断标准，而是更多地考虑到他人的际遇。特别是对于某些新生事物和大众现象，尤其需要宽容。“让人说话，天塌不下来。”没有价值和文化上的宽容，全球伦理不可能建立起来。

8．无害原则。人们应当尽可能避免给他人造成不必要的肉体上和精神上的伤害。这一原则启发人们，在处理全球化的伦理道德困境时，首先应当探究实际的或潜在的损害或危害。人们可以不必“舍己为人”“大公无私”，可以“利己”，但底线是，无论是“利己”还是“利他”，无论出于什么高尚或卑贱的目的，都不许“损人”。

具体来说，以下内容可能成为全球底线伦理：个人诚实守信、遵纪守法、负责任；对生命的尊重和维护；超越不同文明、种族、个人之间具体差异的基本价值——如公平、正义、自由、民主等的张扬和维护；人与自然、人与人关系的和谐共存。

网络伦理是应信息网络时代的到来而起的新兴伦理学。信息网络对传统伦理道德的冲击与挑战的力量之强、范围之广、影响之深远、变革之彻底是人类历史上前所未有的。网络的多元、开放、分散、共享、交互等特点与传统伦理道德的一元、封闭、集中、独断等特点针锋相对。更重要的是，网络世界是一个数字化的虚拟世界，而传统伦理道德的世界是一个物理世界，虚拟世界与物理世界遵循的是完全不同的游戏规则，新的世界已经到来，旧世界的规范当然迅速失效。问题不在于如何为旧世界的离去而惋惜，而在于如何及时构建一整套适应新世界的新规范。

网络伦理关注的具体问题主要有：网络生活与现实生活的矛盾，自由与规范的不平衡，网络信息资源占有和利用的不平等，信息私有权与信息共享的矛盾，个人自由与社会责任的矛盾，个人隐私与公共安全的矛盾，等等。

28 逻辑与辩证法

逻辑学是哲学的分支学科之一。一般指以推理形式为主要研究对象的科学。逻辑（Logic）一词源于希腊文Logos，有说话、思想、理性、尺度、法则、规律等含义。在中国古代，曾用“形名之学”“名学”“辩学”“名理”“论理学”等表示逻辑，到20世纪才通用“逻辑”这一译名。

逻辑学在不同时代、不同地域有不同的发展形式。主要有三种不同的逻辑传统，即中国逻辑传统、印度逻辑传统和希腊逻辑传统。

中国逻辑传统形成于先秦时期，主要有名家、墨家和儒家。

名家是中国最早出现的逻辑学派。它善于对语言和思想作逻辑分析，提出了许多关于形和名的著名逻辑理论。其代表人物有惠施（约前370—前310，图28–1）和公孙龙（约前320—前250，图28–2）。《庄子·天下》篇记载了惠施的十个命题（“历物十事”），即：

1. 至大无外，谓之大一；至小无内，谓之小一。

2. 无厚不可积也，其大千里。

3. 天与地卑，山与泽平。

4. 日方中方睨，物方生方死。

5. 大同而与小同异，此之谓小同异；万物毕同毕异，此之谓大同异。

6. 南方无穷而有穷。

7. 今日适越而昔来。

8. 连环可解也。

的朴素辩证理解。

■ 图 28—1　庄子与惠施（王磊绘）

名家的另一个代表人物是公孙龙，他的著名逻辑理论是“离坚白”和“白马非马”。

“离坚白”用现代语言解释是，概念是根据感觉形成的，白的概念是根据关于白的感觉形成的，坚的概念是根据关于坚的感觉形成的。我们摸一块石头，只有坚的感觉而没有白的感觉；看一块石头，只有白的感觉而没有坚的感觉。坚的感觉和白的感觉是分离的。因此，坚的概念与白的概念是分离的。

“白马非马”的原文是：“求马，黄黑马皆可致；求白马，黄黑马不可致。故黄黑马一也，而可以应有马，而不可以应有白马，是白马之非马审矣。”“马固有色，故有白马。使马无色，有马如已耳，安取白马？故白者，非马也。白马者，马与白也，白与马也。故曰：白马非马也。”（《白

9.我知天下之中央，燕之北、越之南是也。

10.泛爱万物，天地一体也。

在这十个命题中，1、5、10是带有根本性的命题。1是宇宙观、本体论，5是认识论、方法论，10是最后结论。第1个命题涉及无限与有限的矛盾、宇宙空间的相对性。第5个命题就是著名的“合同异”，认为一切事物的差别都是相对的，进而得出“泛爱万物，天地一体”的结论。这一思想具有两重性，既深刻地揭示了世界的一些基本矛盾，又有陷入相对主义的可能。其他命题主要是对空间、时间

马论》）用现代语言解释是，从概念的外延方面说，马类除了包含白马外，还包含黄马和黑马，但白马类不包含黄马和黑马。从概念的内涵方面说，马只具有形体方面的性质而不具有白这一颜色方面的性质，而白马除了具有形体方面的性质还具有白的性质。白马与马这两个概念在外延和内涵两方面都不相同，所以说“白马非马”。公孙龙这一论证虽然背离了日常语言的意义，但他的论证是严密的，特别是从概念的内涵和外延上来界定概念，对中国古代逻辑学的发展作出了贡献。他的主要错误在于混淆了“是”与“属于”的逻辑概念，混淆了种和属。我们日常语言所说的“白马是马”，用逻辑语言说应该是“白马属于马”，或“白马是马类的一种”，并不是说“白马等于马”。

■ 图 28–2　公孙龙画像

后来，墨子的继承者后期墨家批判了名家的观点。“坚白不相外也。”“坚白域于石，恶乎离？”（《墨经·经说上》）白和坚只是我们的感觉，与石本身无关。坚与白的性质虽然“相离”，但就此石而言，坚白两种性质在石中合为一体。“白马，马也；乘白马，乘马也。”所以白马也是马。

墨家还有一个著名的命题“杀盗非杀人”。原文是：“盗人，人也。多盗，非多人也。无盗，非无人也。……若若是，则虽盗人人也，爱盗非爱人也，不爱盗非不爱人也，杀盗人非杀人也，无难矣。”（《墨经·小取》）

后期墨家的逻辑，以辩为主题，主要是关于名、辞和说的逻辑理论。其可贵之处在于超越日常语言，应用形式化的语言来表述逻辑规律，虽然还不够精确，但表明它已经进入形式逻辑的阶段，对于缺乏逻辑思维的中国古代哲学有特殊意义。

在世界三大逻辑传统中，古希腊逻辑取得了最高的成就。古希腊逻辑是由亚里士多德奠基的。他在其《工具论》和《形而上学》中，系统论述了形式逻辑的基本原理，建立了西方逻辑史上第一个逻辑系统——三段论推理，被公认为形式逻辑的奠基人。

最简单的三段论推理公式是：

所有M是P，　所有人都是会死的，

所有S是M，　张三是人，

所以所有S是P。　所以张三是会死的。

用图28-3表示是：

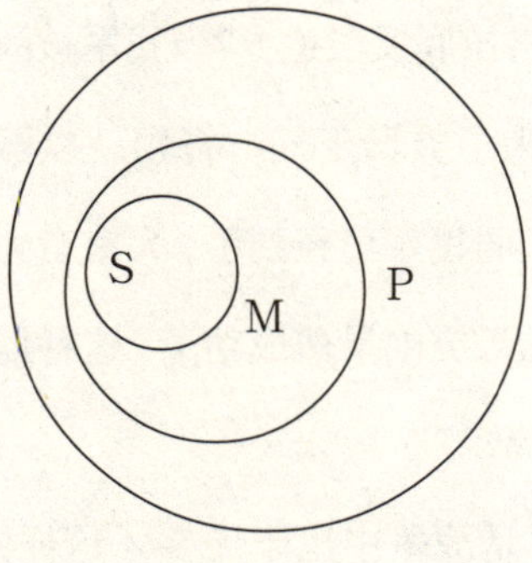

■ 图28-3　三段论图

形式逻辑指撇开思维的具体内容而研究思维的形式结构及其规律的科学。形式逻辑的基本规律有同一律、不矛盾律和排中律。这些规律对人的思维具有强制作用，如果违反了它们，就会破坏思维的确定性、一贯性，引起思维的混乱。

同一律：在同一思维过程中，任何一个思想与其自身是同一的。用逻辑公式表示为：A是A。通俗地讲就是“此就是此，彼就是彼”。同一律的逻辑要求是，在同一思维过程中必须保持思维的确定性。违反同一律就会犯混淆概念或偷换概念、转移论题或偷换论题的逻辑错误。“杀盗非杀人”和“白马非马”就是这类错误。

不矛盾律：在同一思维过程中，一个思想及其否定不可能都是真的，其中必有一个是假的。用逻辑公式表示就是：A不是非A。通俗地讲就是“此不是彼”。如“所有的天鹅都是白的”和“有些天鹅不是白的”是两个具有矛盾关系的判断，它们在同一思维过程中不可能都是真的，其中必有一个是假的。不矛盾律的逻辑要求是：在同一思维过程中，思维必须一贯，不允许自相矛盾。

排中律：在同一思维过程中，两个互相矛盾的思想不可能都是假的，其中必有一个是真的。用逻辑公式表示是：要么A，要么非A。通俗地讲就是“非此即彼”。如“所有的天鹅都是白的”和“有些天鹅不是白的”是两个具有矛盾关系的判断，二者必有一个是真的，一个是假的，不存在第三种可能。违反排中律就会犯“模棱两可”的逻辑错误。

读到这里，聪明的读者可能会问：形式逻辑的三定律好像和我们所熟知的辩证法不太符合吧？辩证法不是讲世界是运动的，运动是矛盾的，矛盾是对立统一的吗？不是讲世界是多样的，不是“非此即彼”吗？

这问到了点子上。我们先来看看什么是辩证法。辩证法似乎是人们最熟悉的思想方法，却也是被误解误用最严重的方法，甚至被戏称为“变戏法”！意思是说，辩证法就是怎么都有理，怎么都行，甚至丧失原则，混淆是非。辩证法最初的意思是在辩论中互相揭露对方的矛盾并克服这些矛盾以求得真理的方法。苏格拉底的“（精神）助产术”最为典型。苏格拉底经常到热闹的雅典市场上去发表演说和与人辩论问题。他声称“自知无知”，只有把问题提出来向别人请教，但是当别人回答时，他又对其种种答案进行反驳、“讥讽”，最后，引导对方纠正错误观念产生新思想。

有一天，苏格拉底来到市场上。他拉住一个过路人问：“对不起，我有一个问题弄不明白，向您请教。人人都说要做一个有道德的人，但道德究竟是什么？”

那人回答说：“忠诚老实，不欺骗别人。”

苏格拉底又问：“但为什么和敌人作战时，我军将领却千方百计地去欺骗敌人呢？”

“欺骗敌人是符合道德的，但欺骗自己人就不道德了。”

苏格拉底反驳道：“当我军被敌军包围时，为了鼓舞士气，将领就欺骗士兵说，我们的援军已经到了，大家奋力突围出去，结果突围果然成功了。这种欺骗也不道德吗？”

“那是战争中出于无奈才这样做的，日常生活中这样做是不道德的。”

苏格拉底又追问道："假如你的儿子生病了，又不肯吃药，作为父亲，你欺骗他说，这不是药，而是一种很好吃的东西，这也不道德吗？"

那人只好承认："这种欺骗也是符合道德的。"

苏格拉底并不满足，又问道："看来道德不能用骗不骗人来说明。究竟用什么来说明它呢？请你告诉我吧！"

那人想了想，说："不知道道德就不能做到道德，知道了道德才能做到道德。"

苏格拉底满意地笑起来，拉着那个人的手说："您真是一个伟大的哲学家，您告诉了我关于道德的知识，使我弄明白一个长期困惑不解的问题，我衷心地感谢您！"

后来，辩证法的意思不断引申变化，现在一般是指关于自然、社会和思维发展的最一般规律的思想和方法。辩证法有时也称为辩证逻辑，它与形式逻辑是什么关系呢？形式逻辑虽然明确了思维形式结构的规律，保证了思维的确定性和规范性，但人们逐渐发现，如果超出思维形式的范围而运用形式逻辑的规律，就会犯保守僵化的错误，就会把本来充满矛盾的丰富多彩的世界看做是僵化、静止的，从而阻碍人们思维的发展和对客观世界的认识。鉴于此，黑格尔建立了不同于形式逻辑的辩证逻辑的体系。不过他把辩证法当做"思想的自我发展"强加于自然界和人类历史。例如他认为事物总是经过三个发展阶段才能完善。在谈到世界文明时，把以中国为代表的东方文明说成是最低阶段，古希腊罗马文明是第二阶段，而德国文明则是最完美的第三阶段，这显然是牵强附会。马克思和恩格斯完善了辩证逻辑，建立了唯物辩证法。唯物辩证法也有三大基本规律：对立统一规律、否定之否定规律和量变质变规律。这些内容大家都耳熟能详，这里就不多说了。

需要指出的是，辩证逻辑与形式逻辑都研究思维，但它们是从不同侧面以不同方式进行研究。形式逻辑撇开内容而只从形式结构上研究思维的规律，辩证逻辑则从形式与内容的有机结合上，并结合人类的认识过程来考察思维的相互联系、运动和发展的规律。因而两者的适用范围不同，作用不同，不能互相代替和互相取消，而是互相配合和互相补充。辩证法不同于逻辑，但不违反逻辑，更不是要混淆是非，颠倒黑白。它讲究灵活地看问题和处理问题的角度——整体的角度、历史的角度和发展的角度。好的辩证法是超越（形式）逻辑，而不是反对（形式）逻辑的。如果一种辩证法与逻辑相矛盾，那么它是坏的辩证法，是诡辩。

什么是诡辩？我们来举中西各一个例子说明。

有学生问他的希腊老师："什么是诡辩？"老师反问道："有甲乙两人，甲很干净，乙很脏。如果请他们洗澡，他们中间谁会洗？"学生有四种可能的回答：一是甲洗，因为他有爱干净的习惯；二是乙洗，因为他需要；三是两人都洗，一个是因为习惯，另一个是因为需要；四是两人都没洗，因为脏人没有习惯，干净人不需要洗。无论学生做出怎样的回答，老师都可以予以反驳，因为他不需要有一个客观的标准，这就是诡辩。

《吕氏春秋》记载了这样一个故事：春秋末年，洧水发了大水，淹死了郑国富户家的一个人。尸体被别人打捞起来，富户的家人要求赎回。然而捞到尸体的人要价太高，富户的家人不愿接受，他们找邓析出主意。邓析说："不用着急，除你之外，他还会卖给谁？"捞到尸体的人等得急了，也去找邓析要主意。邓析却回答："不要着急，他不从你这里买，还能从谁那里买？"邓析就是前面所说的名家的鼻祖，著名的讼师（古代的律师）。同一个事实，邓析却推出了两个相反的结论，每一个听起来都合乎逻辑，但合在一

■ 图 28–4 "邓析之辩"（王磊绘）

起就荒谬了。（图 28–4）

具体来说，同一律只是在思维领域中起作用的规律，而不是客观事物本身的规律，也不是世界观和方法论的基本原则。在现实世界中，并没有绝对的“A就是A”，绝对同一的事物是不存在的。任一事物都在不断的矛盾运动中。“人不能两次踏入同一条河流”，“太阳每天都是新的”。

遵守不矛盾律的逻辑要求并不意味着否认客观事物本身存在的矛盾，也不意味着人们的思想不能反映客观事物的矛盾。不矛盾律所要求排除的只是思维形式中的逻辑矛盾，而不要求也不可能排除客观事物自身存在的矛盾及其在人们思想中的反映。

排中律也不是客观事物本身的规律。在现实世界和人的思维中，中间状态是普遍存在的，“亦此亦彼”，此和彼可以在一定条件下相互转化，“非此即彼”反而是特例。

虽然“辩证法”这个词是西方的，但在思考问题的方法这一意义上，中国也有辩证法，只是两者的路子大相径庭。西方的辩证法重在“讲理”，重在“言”，主要目的是去认识这个世界是如何变化的，而中国辩证法则重在“实用”，重在“行”，主要目的是面对这个变化的世界怎么做。所以西方的辩证法与逻辑学及理性主义哲学一脉相通，中国的辩证法与伦理学及人生哲学一脉相通。孙子的战争辩证法、老子的人生辩证法、韩非的政治辩证法直到今天仍然有用，而亚里士多德和黑格尔的有些辩证法思想已经过时了。

29 悖论

悖论（Paradox），是哲学和逻辑学术语。狭义的悖论是指由肯定它真，就推出它假，由肯定它假，就推出它真的一类命题。可以表述为：由A可以推导出非A，并且由非A可以推导出A。A与自身的否定非A等值。也叫二律背反。广义的悖论指一切自相矛盾的事物。“悖论”的“悖”字，据《辞源》解释：“背理也，乱也，逆也，惑也。”最古老的悖论要算中国先秦时的“自相矛盾”和古希腊的“说谎者悖论”了。

“自相矛盾”出自《韩非子·难一》，“自相矛盾”的成语和“矛盾”一词就是由这个故事演变而来的：

> 楚人有鬻盾与矛盾，誉之曰：“吾盾之坚，莫之能陷也。”又誉其矛曰：“吾矛之利，于物无不陷也。”或曰：“以子之矛陷子之盾，何如？”其人勿能应也。

古时候，矛和盾都是作战用的武器。矛用来刺杀敌人，盾用来保护自己，以免被对方的矛刺中。楚国有个人在市场上卖矛和盾。他先举起盾向人们夸口道：“我的盾是世上最坚固的盾，任何锋利的矛都不能刺穿它。”接着又举起他的矛，向人吹嘘说：“我的矛锋利无比，无坚不摧，无论多么坚硬的盾都挡不住它。”围观的人群中有人问道：“如果用你的矛来刺你的盾，结果会怎么样？”卖兵器的人听了张口结舌，无从回答。

公元前6世纪，古希腊的克里特岛上有个叫埃皮门尼德的哲人。他曾断言：“所有克里特人都是说谎者。”如果这句话是真实的，那么克里特人埃皮门尼德就说了一句真话，但是断言却说：克里特人是不会说真话的。如果这句话是假的，那么克里特人埃皮门尼德说了句谎话，同时断言表明：克里特岛也有人不说谎。那么，他说的话又是真话。所以，无论如何都会自相矛盾。公元前4世纪，麦加拉学派的欧布利德斯提出了更严格的说谎者悖论："我现在正在说的这句话是谎话。"这一句话本身是真的还是假的呢？如果它是真的，即"这句话是谎话"是真的，那么这句话就是谎话；反之，如果它是假的，即"这句话是谎话"是假的，那么这句话就是真的。说它真则推出假，说它假则又推出真。违反了形式逻辑的不矛盾律，这就是悖论。此类悖论又称为"自毁命题"。

在古印度因明学（逻辑学）中也有类似的例子。因明学有一条立论的基本原则，就是不能"自语相违"。例如，"一切语皆妄（虚假）"就是自语相违。有一个叫神泰的因明家评论道：说"一切语皆妄"的人，你这句话是否真实呢？假如说是真的，那么，至少你这句话违反了"一切语皆妄"；如果你这句话是假（妄）的，那么，应该承认一切语皆实。即使你补充一句，说"除我所语，其余一切语皆妄"，也于事无补。因为有个第二者听了你这句补救的话后，指出："你这句补充的话是实话。"那么，第二者的话是实，还是妄？如果第二者的话是妄，那说明你补充的话虚假；如果第二者的话为实，那你又有何理由说"除我所语，其余一切语皆妄"呢？假定你再补充一句："除了我语及这个评论我的第二者的话真实以外，其余所语皆妄。"这时又会有第三人面临同样的悖论，依此类推，以至无穷。可以看出，神泰的这一连串推理，除了从"一切语皆妄"虚假推出"一切语皆实"不合逻辑之外，其余的推论都是正确的。从逻辑上讲，从"一切语皆妄"的否定中，只能推出"有些语为实"。

中国古代还有许多类似的自毁命题和悖论。庄子说"言尽悖"（《庄子·齐物论》）。后期墨家反驳道：如果"言尽悖"，庄子的这句言难道就不悖吗？佛教经典《五灯会元》里有长爪梵志与佛陀的辩论，长爪梵志的立论命题是"什么都不接受"。佛陀就问道："那你接受不接受'什么都不接受’这个观点呢？”长爪梵志无言，只好认输。自毁命题还有很多，如“真理是不可言说的”，“墙上不准写字”，“我现在在睡觉”。

古希腊还有著名的芝诺（约前490—前436）悖论，是四个悖论的总称：“二分法”“阿喀琉斯追龟”“飞矢不动”和“运动场”。

1.二分法。运动不存在，因为一个运动的物体在达到目的地以前必须先达到全路程的一半，达到一半前必须达到一半的一半，依此类推有无限个一半，走完无限个一半是不可能的。用现代科学的话说，空间是无限可分的，任何有限的一段距离都可以无限地划分，因此，物体不能在有限的时间内越过无限的点而达到终点。

无独有偶，这一悖论与惠施提出的“一尺之棰，日取其半，万世不竭”（《庄子·天下》）的含义是相同的，但目的不同。他们的理论基础都是相对主义，但芝诺的目的是要否定运动，惠施的目的是说在有限中包含着无限。亚里士多德在评述芝诺的这个悖论时说，“无限”有两种含义，一种是指它可以无限地延伸，另一种是指它可以被无限地分割，时间和距离都可以无限分割，分为无限数的瞬间和无限数的点，这样这个悖论就解决了。再进一步用现代科学的话说，时间、空间和运动都是间断性和连续性的统一，芝诺的错误根源是只看到了间断性而没有看到连续性。

2.阿喀琉斯追龟。勇士阿喀琉斯是攻打特洛伊城的英雄，是全希腊跑得最快的人。芝诺认为奔跑中的阿喀琉斯永远也无法追上在他前面慢慢爬行的乌龟。因为他必须首先到达乌龟的出发点，而当他到达那一点时，乌龟又向前爬了。因而乌龟必定总是跑在前头。弗里曼用现代数学来解释这个论证：设慢者为快者速度的1/10，快者跑10单位长度，慢者只能跑1单位长度，按1∶10列式为：1/10+1/100+1/1000+……+1/n。这样，只能无限接近，不能赶上。（图29-1）

这一悖论存在的问题与第一个悖论相似，结论都是否定运动。第一个论证用的是二分法。这一个论证是按一定比例无限缩小，永远不能相等。其实如果假定空间可以无穷分割，则时间也应无穷分割，无穷小的时间内通过无穷小的空间是可能的，这样悖论就不难解决。

3. 飞矢不动。某物占据同它自身量度相等的某一空间时，它或者是静止的，或者是在运动中。运动着的物体总是在某一瞬间中占据着同样量度的一个位置，它不可能在它所在的地方运动，也不可能在它所不在的地方运动，因此飞矢不动。这一理论的基础是将时间和空间看做是非连续性的，是由不能再分割的最小的单位组成的。

4. 运动场。运动场上有三排物体，每排由大小相等、数目相同的物体组成。A系列为静止的物体，B系列为从起点到终点运动的物体，C系列为从终点到起点运动的物体，B、C两系列运动速度相同。运动开始时，如图 29−2 所示：

■ 图 29−1　“阿喀琉斯追龟”悖论（王磊绘）

运动开始时，如下图：

起点	A1 A2 A3 A4 B4 B3 B2 B1 → ←C1 C2 C3 C4	终点

运动结束时，如下图：

起点	A1 A2 A3 A4 B4 B3 B2 B1 C1 C2 C3 C4	终点

■ 图 29−2 “运动场”悖论

这样，当C1从A3到达A1位置时，对静止的A系列而言，它仅通过了两个单位的物体；但对于B系列而言，通过了四个单位的物体，就是用一半的时间通过了B系列四个单位的物体，因此，“一半等于一倍”。同样，B1从A2到A4时，越过了A系列的两个单位，可在相同的时间内却越过了C系列的四个单位，也是“一半等于一倍”。

反驳这个悖论比较简单，因为用作比较的两列物体，一列是静止的，另一列却按相反方向作同速运动，参照系不同，当然所需时间也不同。

芝诺悖论的哲学意义在于，他勇于反思人们习以为常的观念，提出连续和间断、无限和有限、整体和部分的矛盾，为推动辩证法和自然科学的发展起了重要作用。

曾经有人认为，这些悖论纯属文字游戏，只是茶余饭后的笑料而已。然而，悖论远非人们想象得那么简单。任何严谨的学者都会认识到悖论所带来问题的严重性，因为在悖论面前，形式逻辑的基本规律同一律、不矛盾律、排中律完全失效。因此，著名数学家哥德尔说，这个问题不解决，形式逻辑就会破产，整个人类思维的大厦就会崩溃。悖论在历史上曾引起三次数学危机，导致了人们对思维层次的深入剖析，促使一些新学科的出现，因此，成为逻辑学家、数学家、语言学家和哲学家们共同关注的热门话题。

悖论不只是出现在哲学和科学中，也经常出现在日常生活中。

几何学的创始人古希腊学者欧几里得认为，一粒谷子形不成谷堆，少一根头发也成不了秃头，即使再加一粒谷子或减少一根头发也成不了谷堆和秃头。如果继续这样一粒一粒增加，一根一根减少，那么何时才能成谷堆或者秃头呢？

世界文学名著《唐·吉诃德》中有这样一个故事：

唐·吉诃德有一次让他的男仆桑丘·潘沙当了总督。桑丘·潘沙在就任总督的第一天遇到了一个案子。有一条大河把一位领主的领地一分为二，河上有一座桥。桥与领地的主人有一条法律：如果有人要经过这座桥过河去，他首先得发誓声明他从哪里来，过桥后要去干什么。如果他说的是真的，就让他过桥；如果他说的是谎话，就要绞死他，绝不宽恕。这条法律虽然有点变态，但一直用得很好。直到有一天，有一个人在桥头宣称：

我发誓我要做的就是要被绞死，没有其他事。

守桥人左右为难。因为如果让他过桥，那么他发誓时就说了谎，按照法律就该把他绞死；可是，如果把他绞死，那么他发的誓言就为真，按照法律，就应该让他过桥。守桥人只得求助桑丘。桑丘思索再三，最后判决把他放了，并且宣布这条法律作废。

■ 图 29–3 罗素

还有一个由著名数学家和哲学家罗素（Bertrand Russell，1872—1970，图29–3）提出的“理发师”悖论：

在某个城市中有一位理发师，他的广告词是这样写的：“我将为本城所有不给自己理发的人理发，我也只给这些人理发。热诚欢迎各位光临！”

来找他理发的人络绎不绝，自然都是那些不给自己理发的人。可是，有一天，这位理发师从镜子里看见自己的头发长了，他本能地抓起了剃刀，你们说他该不该给他自己理发呢？如果他不给自己理发，他就属于“不给自己理发的人”，

他就要给自己理发，而如果他给自己理发，他又属于“给自己理发的人”，他就不该给自己理发。（图 29-4）

罗素的这条悖论使集合理论产生了危机，促进了现代数理逻辑的发展。

悖论的起因，或因语言的误用，或因逻辑的误用，或因语言和逻辑本身的缺陷，或因思想的内在矛盾，或因思想与事实的不符，不一而足。悖论的产生对于日常生活的人们来说也许很麻烦，但对于哲学和科学的发展并不是什么坏事情，相反却是哲学和科学发展的不可或缺的动力之一。正是通过不断发现悖论，又不断解决悖论，哲学和科学才能不断进步，建立起越来越坚固的理论基础，开拓出越来越广阔的理论视野。

■ 图 29-4 “理发师”悖论（王磊绘）

30 “冰山”理论

这里要谈的冰山，不是导致泰坦尼克号沉没的冰山，而是心理学的一个著名比喻性概念。先来简要介绍一下心理学。

《中国大百科全书·哲学卷》解释为：心理学是关于人和动物以感觉、知觉、表象、记忆、思维、感情、意志和其他心理活动形式积极反映客观现实的过程的科学。心理学最初是哲学的一个组成部分。直到19世纪后半期，以冯特为标志，心理学才形成了自己的专门概念和实验方法，正式从哲学中分化出来。后来，西方心理学形成了诸多学派，如行为主义心理学、格式塔心理学、精神分析学、认知心理学、人本主义心理学等。现在心理学和哲学仍然密不可分，被视为广义哲学的分支之一。

精神分析学（Psychoanalysis）是奥地利著名精神病学家、心理学家、哲学家弗洛伊德（Freud Sigmund，1856—1939，图30-1）创立的心理学派。最初是一种精神病理学和治疗精神病的方法。精神分析学对现代心理学乃至西方人文科学的影响，可与达尔文的进化论对自然科学的影响相提并论。有人说19世纪以来改变世界历史的三个最伟大的思想家都是犹太人，他们帮人类打开了三扇窗户：爱因斯坦打开了通向宇宙的窗户，马克思打开了通向理想社会的窗户，而弗洛伊德打开了通向人类心灵的窗户。弗洛伊德的代表作有《梦的解析》（又译《释梦》，1900）、《性欲三论》（1905）、《精神分析引论》（1916）、《自我与本我》（1923）、《文明及其不满》（1929）、《自我和防御机制》（1936）等。他的精神分析学主要包括以下基本理论：

■ 图 30—1　弗洛伊德

一、精神层次理论

弗洛伊德将人的精神活动分成三个层面，由浅入深分别为意识（Conscious）、前意识（Preconscious）和无意识（Unconscious，或译潜意识）。

意识是指能够被人清醒地知觉到的心理活动。无意识是指无法被知觉到或经过努力也不能浮现于意识中的潜伏着的心理活动。主要指本能冲动、被压抑的欲望等，因不符合社会道德规范和本人的理智，所以被压抑或排挤到无意识中去，只有在压抑被克服或解除后才能进入意识，而只有在做梦、催眠或精神失常时，压抑才会解除。前意识介于意识与无意识之间，一些不愉快或痛苦的感觉、意念、回忆常被压在这个层次，一般情况下不会被人所觉察，但当人的控制能力松懈时，比如醉酒、催眠状态或梦境中，偶尔会暂时出现在意识层次里，让个体觉察到。弗洛伊德把人的心理活动比喻为一座海洋中的冰山，对个体而言，意识只不过是海洋上露出水面的冰山之巅，而在水下面还有一个不可测的更广阔的冰山底部——无意识。不可觉察的无意识的领域要远远大于可觉察的意识的领域。三者的关系可以用图30—2非常形象地表

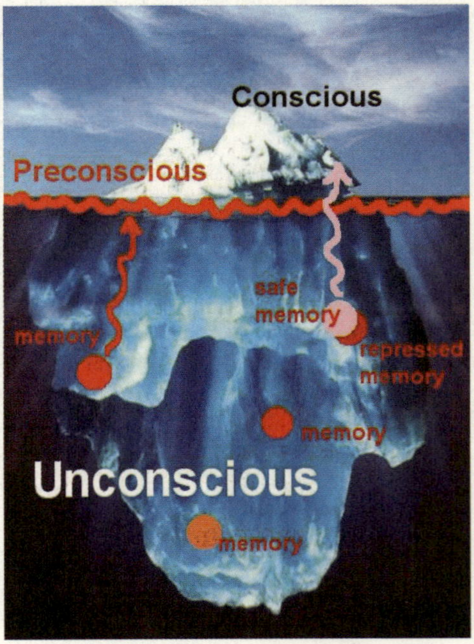

■ 图 30—2　弗洛伊德的无意识冰山图

示出来。

无意识的存在是弗洛伊德在长期诊治精神病的实践中发现并证明了的。一个女病人安娜有一种特殊的症状，就是在长达六星期的时间内，尽管干渴得无法忍受，却不能喝水。开始无论是医生还是安娜都不能确定原因是什么。后来弗洛伊德注意到安娜在昏睡或神志不清时嘴里常喃喃自语，而在清醒时，她却不记得自己说了什么。于是弗洛伊德对她实施催眠，在催眠状态中她回忆自己在童年时，如何走进她不喜欢的女家庭教师的房间，看见女家庭教师的狗正从玻璃杯内喝水，引起了她的厌恶，但由于当时受尊师礼俗的约束，她只好默不作声。在催眠中，她恢复了对此事的回忆，尽量发泄了她的愤怒情绪，然后便要求喝水，而且喝起来一点不感到困难。当她从催眠中醒来时，那水杯还靠在她嘴边。此后她不能喝水的怪病便消失了。弗洛伊德通过对更多类似病例的分析，隐约觉察到在病人的内心深处有一种被压抑的平常意识不到的精神活动和力量在起作用。这种精神活动就是潜意识活动，这种力量就是本能的力量。而且，潜意识不仅存在于精神病人的心理活动中，还存在于正常人的心理活动中。人们在日常生活中所出现的种种口误、笔误、幻想和睡梦等行为，其背后都有一种潜意识起作用。例如，一位著名的政治家做会议主席，当他站起来宣布开会时却说："我宣布闭会！"而且在致词中他数次将开幕说成闭幕。弗洛伊德认为这是由于那位政治家过度疲劳，有闭会休息的潜意识在支配着他。

弗洛伊德关于意识和无意识的上述观点，已得到心理学界的普遍承认和接受。我们知道，在弗洛伊德以前，由于做梦、癫狂、无意识、过失、错误等精神现象不可捉摸，难以理解，心理学家们都把它们排除在心理研究之外。而弗洛伊德却把它们纳入心理研究的领域，开拓了这个奇异领域，取得了极大成就。

二、人格结构理论

在无意识概念的基础上，弗洛伊德提出人格结构由"本我"(ID)、"自我"(Ego)、"超我"(Superego)三部分组成，如图 30-3 所示。

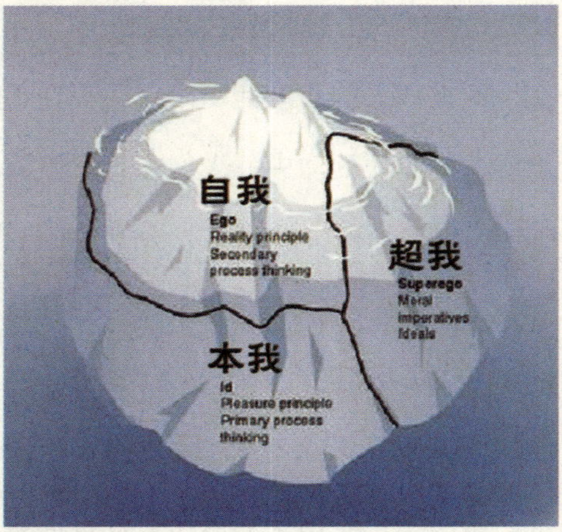

■ 图 30—3　弗洛伊德的冰山模型

1."本我"即原始的自己，这是人格结构的底层。指人的本能，主要指生存本能（"里比多"）。它是生存所需的欲望、冲动和生命力，是一切心理能量之源。它属潜意识范围，不被个体所觉察，不受理性、道德、法律和社会习惯的约束，按照快乐原则行事，即获得快乐，避免痛苦，求得个体的舒适、生存及繁殖。

2."自我"，这是人格结构的表层，是现实化了和理智化了的"本我"。婴儿最初只有"本我"，但在社会环境的影响下，逐渐懂得只有在某种条件下才能顺利地满足"本我"的要求，于是形成了"自我"。自我的机能是寻求本我的冲动得以满足，同时控制本我，以免它肆无忌惮，造成对社会和个人的危害。它遵循的是现实原则，为本我服务。

3."超我"，这是人格结构中代表理想的部分。它是道德化了的"自我"，就是我们通常所说的道德、良心和理想。"超我"所遵循的是道德原则，这是人和动物不同之处。动物有本能，在和环境的接触中，也多少发展了自我，但超我却是人类所特有的。超我是个体在成长过程中受道德规范、社会规范及文化传统的价值观念等影响而形成的，其机能主要在监督、批判及管束自我的行为。超我大部分也是无意识的，要求自我按社会可接受的方式去满足本我。

在正常情况下，本我、自我和超我处于一种相对平衡状态。如果这种平衡关系遭到破坏，无论是本我过于强大挣脱自我和超我的压抑，还是超我过于强大过分压抑自我和本我，都会产生精神病及其他破坏性行为。

三、性本能理论

弗洛伊德认为人的精神活动的能量来源于本能，本能是推动个体行为的内在动力。人类最基本的本能有两类：一类是生存本能，另一类是死亡本能。生存本能包括性欲本能与个体生存本能，其目的是保持种族的繁衍与个体的生存。性欲是指人们一切追求快乐的欲望，性本能冲动是人一切心理活动的内在动力。他将人的性心理发展划分为5个阶段：口欲期、肛门期、性蕾欲期、潜伏期和生殖期。儿童到3岁以后懂得了两性的区别，开始对异性父母眷恋，对同性父母嫉恨，其间充满复杂的矛盾和冲突，这就是著名的俄狄浦斯(Oedipus)情结（子恋母）和厄勒克特拉(Electra)情结(女恋父)。不过这只是心理上的而非生理上的性爱。只有经过潜伏期到达青春期才有成年的性欲。成人人格在前三个发展阶段已基本形成，所以儿童的早年环境和经历对其成年后的人格形成起着重要的作用，许多成人的变态心理、心理冲突都可追溯到童年期创伤性经历和压抑的情结。

弗洛伊德在后期提出了死亡本能，它是促使人类返回非生命状态的力量。死亡是生命的终结，生命只有在这时才不再需要为满足生理欲望而斗争。死亡本能不是表现为一种求死的欲望，而是表现为一种求杀的欲望。它派生出攻击、破坏、战争等一切毁灭行为。当它转向主体内部时，导致个体的自责、自伤和自杀，当它转向外部世界时，导致对他人的攻击、仇恨、征服、谋杀等。死亡本能的提出对于解释现代社会人的心理问题有很强的启发意义。

四、释梦理论

弗洛伊德是一个心理决定论者，他

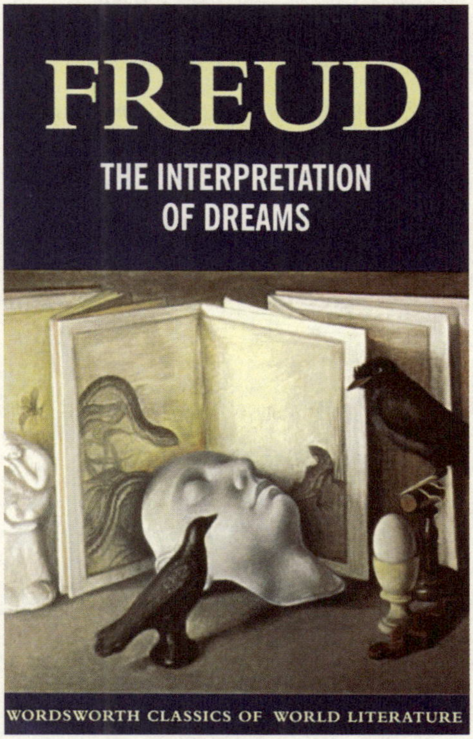

■ 图 30-4 弗洛伊德《梦的解析》(《释梦》)

认为人类的心理活动有着严格的因果关系，没有一件事是偶然的，梦也不例外。在睡眠时，超我的检查松懈，潜意识中的本能欲望绕过抵抗，以伪装的方式，乘机闯入意识而形成梦。可见梦绝不是偶然形成的联想，而是对清醒时被压抑到潜意识中的欲望的一种委婉表达和满足。通过对梦的分析可以窥见人的内部心理，可以治疗心理疾病。弗洛伊德后来还发挥说，很多文学艺术作品乃至人的理想都与梦类似，是本能欲望的曲折表达和满足。（图 30–4）中国俗话说“日有所思，夜有所梦”，看来不无道理，只是所思并不是原原本本反映在梦中，而采取相当曲折和变形的方式表达出来，所以才经常让我们迷惑不解。最近网上有一则新闻：

据俄罗斯有关媒体 2 月 6 日报道，根据不久前国际梦境研究协会副主席帕特里茨娅·加菲尔德教授公布的研究成果，全球数十亿人每天都做的梦不外乎以下 12 种：

1. 被追击——野兽、暴行或怪物。它们总是试图抓捕、吃掉或杀害我们。

2. 受伤——有人向你开枪，你受伤了；你想还击，但枪却怎么也不好使。

3. 遇险——你会梦见你的爱车（轮船或飞机）失灵了，你坐在上面疾驰着，狂踩着刹车，可就是停不下来。

4. 丢失重要物品。

5. 考试——你好像又回到学校参加考试，但试题却答不上来。

6. 高空坠落——你梦见自己从悬崖上掉下来，被巨浪压在下面，被激流卷入大海。

7. 出丑——你梦见自己在大庭广众之下部分或完全赤身裸体，甚至是赤脚走到了街上。

8. 迟到——你梦见自己在往车站狂奔，可火车（汽车或其他交通工具）已经开了。

9. 电话断线。

10. 灾难——你梦见自己亲眼看到飞机失事，或者是目睹其他令人恐惧的灾难。

11．迷路——你梦见自己在一个陌生的城市迷路了；或者你不能走路了；或者是你陷入泥土里拼命挣扎，但最终仍摆脱不了；或许你不会再逃跑了，就像瘫痪了一样。

12．死人——人们有时在梦中会遇到死去的亲人。

在这12种梦中，人们最经常梦到的是追击，其次是迷路或掉入陷阱，再次是从高处坠落、当众出丑和受伤。来自加拿大和芬兰的科学家们对此给出的解释是，梦境事实上是对人体组织进行的紧张性锻炼，这种锻炼出现于人类形成的早期阶段，这是让人们从心理上做好面对各种危机情况的准备，是对最远古时期人类求生欲望的继承。

五、心理防御机制理论

心理防御机制是自我的一种防卫功能。很多时候，超我与本我之间，本我与现实之间，经常会有矛盾和冲突，这时人就会感到痛苦和焦虑。这时自我可以在不知不觉中，以某种方式调整一下冲突双方的关系，使超我的监察可以接受，同时本我的欲望又可以得到某种形式的满足，从而缓和焦虑，消除痛苦。这就是自我的心理防御机制，它包括压抑、否认、投射、退行、隔离、抵消、转化、合理化、补偿、升华、幽默等各种形式。这些机制运用得当，可减轻痛苦，帮助渡过心理难关，防止精神崩溃，运用过度就会表现出焦虑、抑郁等病态心理症状。

后来，弗洛伊德将精神分析应用于文化和社会研究，他用个体本能与社会文明之间的冲突来解释历史发展的动力，认为文明就是对个人本能的否定，人类的历史是本能宣泄与反宣泄、压抑与反压抑的斗争史。他的学说对哲学、社会学、宗教学、人类学、文学艺术等领域都有深远影响。一些新的精神分析学派认为，除了性欲因素外，社会、文化诸因素也是导致精神病的原因，更有人（弗洛姆）把精神分析学与马克思主义哲学结合起来，进一步从医学和心理学领域转向社会文化研究领域，试图为解释和解决更复杂更广阔的社会文化现象找到一种新方法和新途径。

当然，弗洛伊德的理论也存在一

■ 图 30—5　弗洛伊德《精神分析引论》（陕西人民出版社）

些不足，被后人所批评和改进。最主要的两点是“唯无意识论”和“泛性论”，就是过分夸大了无意识的作用和性本能的意义，而无视意识、理性和社会性在人的心理中应有的地位，其观点也往往偏激和片面。例如，他认为儿童吮吸奶水、吮手指、搂抱父母等都是性欲的表现，男孩有一种杀父娶母，女孩有一种爱父恨母的潜意识欲望。鲁迅曾幽默地批评弗洛伊德：“恐怕是有几文钱，吃得饱饱的罢，所以没有感到吃饭之难，只注意到性欲。他也告诉我，女儿多爱父亲，儿子多爱母亲，即因为异性的缘故。然而婴孩出生不久，无论男女，就尖起嘴唇，将头转来转去，莫非他想和异性接吻么？不，谁都知道：只要吃东西！”

然而，瑕不掩瑜，弗洛伊德的伟大历史地位和意义不仅在于他对人类的心理和行为提出了许多原创性的解释，开辟了心理学和人类自我认识的新领域，更重要的是他没有将精神分析学仅仅局限于心理学领域，而是试图将它扩展为一种关于人、历史、社会的人文思想，破除了西方自文艺复兴以来的理性主义传统对人性的迷信（自足自满自大），使人和人的思想摆脱了一味追求光明、善良、美丽、崇高的迷雾，开始正视自己的阴暗、丑恶、肮脏、虚伪的一面，从而使人对自身的认识更加全面、丰富、深刻，进而可以去追求更理想的生活。两千多年前古希腊德尔斐神庙的著名神谕“认识你自己”，也许只有在弗洛伊德心理学之后才真正开始实现。

31 需要层次理论

“需要层次理论”是美国心理学家、哲学家马斯洛（Abraham H. Maslow，1908—1970，图 31-1）提出的关于人的需要结构的理论。马斯洛被誉为“人本主义心理学之父”。人本主义心理学的主要思路是：(1) 反对心理学中的实验主义，反对以实验方法为中心而主张以问题为中心，研究方法也要采取开放、兼容和综合的态度。(2) 反对心理学中的自然主义，即自冯特以来主流心理学长期仿效自然科学来建构其理论模式，导致心理学陷入机械论、还原论和简单化的误区。主张以人为中心，实现实验（客观）和经验（主观）两种范式的统一。(3) 反对心理学中的元素主义（即把人的心理分解为不同元素），强调整体分析的重要意义。马斯洛的代表作有《人类动机的理论》(1943)、《动机与人格》(1954)、《存在心理学探索》(1962)、《人性能达到的境界》(1970) 等。

■ 图 31-1　马斯洛

马斯洛在 1943 年发表的《人类动机的理论》中首次提出了需要层次理论。有必要先解释一下“需要”概念。在哲学和心理学中，需要是指主体对其存在和发展的客观条件的依赖和需求（《中国大百科全书 · 哲学卷》）。马克思主义哲学认为，人的需要和动物基于本能的需要不同，它既是生产劳动的动力之一，也要由生产劳动的产品来满足。因此，人的需要本质上是社会性质的需要。需要是人的历史活动的一般前提。“人们为了能够‘创造历史’，必须能够生活。但是为了生活，首先就需要吃喝住穿以及其他一些东西。因此第一个历史活动就是生产满足这些需要的资料，即生产物质生活本身。”“已经得到满足的第一个需要本身、满足需要的活动和已经获得的为满足需要而用的工具又引导起新的需要，而这种新的需要的产生是第一个历史活动。”①在历史发展过程中，需要及其满足的状况随着人们之间的关系变化而变化。

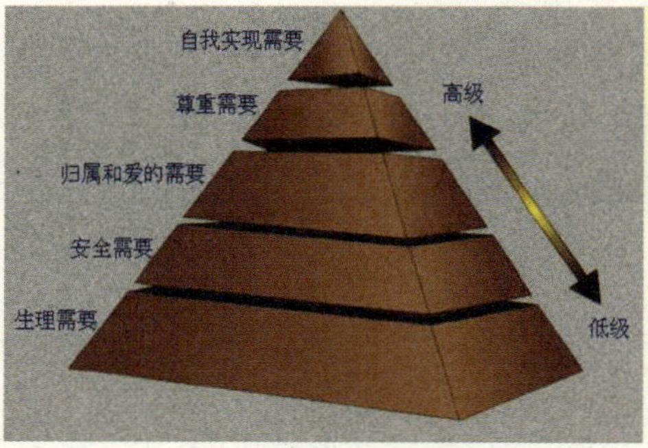

■ 图 31-2　需要层次图之一

马斯洛的需要层次理论基于四个基本假设：(1) 需要是人类生存和发展的主要推动力，人的需要能够影响他的行为。只有未满足的需要能够影响行为，满足了的需要不能充当激励工具。(2) 人类所追求的需要具有普遍性，这些需要有层次之分。(3) 一般来说，只有在较低层次的需要得到满足之后，才会追求高一级的需要，如此逐级上升，成为推动继续努力的内在动力。(4) 满足较高层次需要的途径多于满足较低层次需要的途径。

由此，马斯洛把人的需要从低到高分为五个层次：生理需要、安全需要、归属和爱的需要（社交需要）、尊重需要和自我实现需要。(图 31-2)

其中，生理需要是维持人类自身生存的基本需要，是人类最基本的需要。如衣、食、住、行、性的需要。在生理需要得到满足之后，人就会产生安全需要，如避免疾病和事故，摆脱失业威胁等需要。再上一层是社交的需要，如满足归属感，希望得到友爱等。再上一层是尊重需要，希望自己有实力有地位，得到他人的尊重。自我实现的需要是个人的最高需要，

① 《马克思恩格斯选集》，第 1 卷，79 页，人民出版社，1995。

要求英雄有用武之地，实现个人抱负。马斯洛认为，上述五种需要互相联系并按“优先程度”(即推动力的急迫性) 逐级上升。一般而言，随着每一级需要的满足，人们便循着等级上升。但是，如果下一级的需要受到威胁或不能满足时，人们也可能循着相反的方向运动。

1954年，马斯洛在《激励与个性》一书中增加了另外两种需要：求知需要和审美需要。这两种需要未被列入到需求层次排列中，这二者应居于尊重需要与自我实现需要之间。(图 31—3)

马斯洛的需要层次理论几十年来流行甚广，不仅成为人本主义心理学的一个理论基石，而且也是西方管理科学的一个重要的理论支柱。现代管理科学的宗旨，不是像传统管理学那样，把人作为物和机器来看待，而是要把人作为人来管理。但需要层次理论也有很大争议。有人认为该理论过分强调了人的生理属性，并且只注意了一个人各种需要之间存在的纵向联系，忽视了横向联系，即同一时段内一个人往往存在多种需要，这些需要相互矛盾，导致动机的斗争，还有不同群体之间需要的斗争；有人认为缺乏实证的检验和支持；许多人将马斯洛的理论过度滥用或曲解，并将其与个人本位主义甚至自我放纵画上等号。

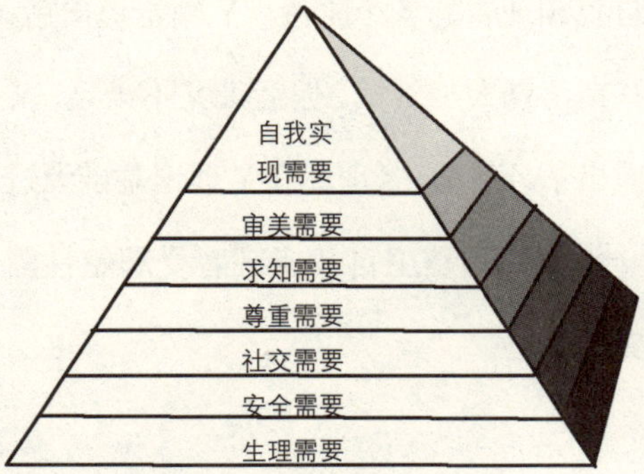

■ 图 31—3　需要层次图之二

近来的心理学研究有些新发现：(1) 低层次需要几乎人人都有，而高层次需要并非如此。尤其是自我实现的需要，相当一部分的人没有。(2) 满足需要时不一定先从最低层次开始，有时可以从中层或高层开始。有时个体为了满足高层次的需要会暂时牺牲低层次的需要。而且需要的这种等级关系并非对所有的人都是一样的，其排列顺序因人而异。(3) 任何一种需要并不因为得到满足而消失，高层次需要发展时，低层次需要仍然存在，在许多情况中，各层次的需要相互依赖与交织。

实际上，马斯洛本人在晚期已经开始反思这一理论。他越来越意识到自我实现并不能成为人的终极目标。一味强调自我实现的需要，会导向极端个人主义和自我中心。他不满足于人本主义心理学的自我中心的倾向。他说我们需要超越自我实现，超越自我，心理学应发展为“超个人心理学”。马斯洛在去世前一年（1969年）发表了一篇重要的文章《Z理论》，思想发生了重大转变。他在文中重新反省他的需要理论，在自我实现的需要上加了一个最高需要，即“Z理论”。新的需要层次理论可归纳为三个次理论：“X理论”“Y理论”及“Z理论”，构成了下面的体系（图31-4）：

Z理论	6.最高需要（超越性灵性需要）
Y理论	5.自我实现的需要
	4.受人尊重的需要
	3.爱与隶属的需要
X理论	2.安全的需要
	1.生理的需要

■ 图31-4　X理论、Y理论与Z理论[①]

所谓最高需要，通俗地讲就是真、善、美、正义、自由等超越自我的需要。马斯洛试用新的字眼来描述它，例如超越、灵性、超人性、超越自我、高峰体验、超人本（不再以人类为中心，而以宇宙为中心）、天人合一等等。

我们有必要先来了解一下X理论和Y理论。麦格雷格将当时流行于美国企业界的那种专制管理办法称之为“X理论的管理方法”。这种理论把人看成是无个体性的被利用物。一般人都本能地厌恶工作，必须对他们采取逼迫、控制甚至惩罚等专制的管理方法才能促使他们完成工作任务。麦格雷格抨击了X理论，并提出了Y理论。Y理论不再将人看做物，而是将人看做从孩子到合作者进而到真正的自我实现者的各个阶段。Y理论提出后，马斯洛曾大加赞赏，但后来又不满足，又提出了Z理论。Z理论在Y理论基础上进一步强调超越型自我实现者受超越性需要的激励。

① 参见杨韶刚：《超个人心理学》，173页，上海教育出版社，2006。

■ 图 31—5　马斯洛《动机与人格》（华夏出版社）

在马斯洛看来，健康型自我实现者主要是更实际、更入世、更实用、更能干的人，他们是“实干家”。他们能实现Y理论的目标。超越者则是“高峰人物”，更多受超越性动机支配，或多或少有“高峰体验”，具有远见卓识，他们追求真、善、美，最终导向完美人格的塑造。他们已经实现或超越了Y理论，追求或达到Z理论的水准。“高峰体验”也是马斯洛创造的一个重要概念，是自我实现的最高境界，完美人格的典型状态。高峰体验可以通过超越性的认知活动、创造活动、审美活动等活动获得，如爱的体验、神秘的体验、创造的体验等。在高峰体验中主客体合一，既超越自我，也超越他人和他物，与整个世界合一，主体在这时最自由，最能把握自己和世界，最能发挥全部潜能。这与中国古代哲学中的“物我两忘”“天人合一”的境界非常相似。

Z理论的提出，标志着马斯洛动机论的彻底形成。不幸的是，过去无论是心理学教科书还是普通人一提到马斯洛，往往只涉及其早期的需要五层次论（X理论及Y理论），根本不提后期的发展（Z理论），这显然不符合事实。当代人奉为经典并到处应用的需要五层次论竟然早已被马斯洛本人所超越，实在令人唏嘘不已。

1954年马斯洛出版了《动机与人格》（图31—5）。该书除了总结他的需要层次理论和自我实现理论外，还提出了把传统心理学研究转变为兼有科学与伦理意义研究的设想。最使人感到鼓舞的大概是该书的附录“积极的心理学所要研究的问题”。他提出了一百多个人本心理学的研究项目，例如：人怎样才能变得聪明、成熟、仁慈？人怎样才能具有良好的趣味、性格以及创造力？人怎样才能学会使自己适应新情况？人怎样才能学会发现善、识别美、寻求真？

马斯洛的需要层次理论的贡献在于，他把人的需要和由此而产生的行为都赋予一种动态的、可超越的性质。也就是说，需要和人性的完善是无止境的，永远存在着激励人们行为的推动力。显然，这对于现代组织中的管理有极大启示意义。因此，这一理论的影响已经远远超出心理学范围，推动了管理哲学的发展，特别是直接引发了管理哲学中激励理论的兴起，开始渗透到人力资源管理、市场营销、教育、职业培训等其他领域。更有意义的是，他提出的“超个人心理学”（“Z理论”和“高峰体验”等）深刻把握住了时代现实和理论发展的脉搏，特别是对美国主流的个人主义和人类中心主义思潮是一针清醒剂，并与东方的相关思想不自觉地契合。他的心理学理论洋溢着一种独特的积极进取、乐观、创新和超越的精神。

如果说弗洛伊德揭示了人性中“恶”的和隐秘的一面，那么马斯洛就揭示了人性中“善”的和光明的一面。

32 智商、情商与意商

智商和情商是心理学的两个重要概念，也为普通人所熟知。意商则是一个新提出的概念，还未得到公认。

智商（Intelligence Quotient，简称IQ）就是智力商数，是个人智力水平的数量化指标。智力又叫智慧或智能，一般是指人们认识客观事物并运用知识解决问题的能力。智力包括多个方面，如观察力、记忆力、想象力、分析判断能力、推理能力、逻辑能力、思辨能力、语言能力、应变能力、创造能力等。德国心理学家W·斯特恩首先提出此概念。1905年法国心理学家制定出第一个测量智力的量表——比奈－西蒙智力量表，1916年美国韦克斯勒编制了韦克斯勒成人智力量表（WAIS）、儿童智力量表（WISC）、幼儿智力量表（WPPSI）。

智商有两种，一种是比率智商，用公式表示为：智商＝智力年龄／实际年龄×100。若智力年龄与实际年龄相等，智商为100，表示中等智力水平，其值越高表示越聪明。比率智商目前已不多用。50年代后期提出的离差智商，是把一个人的测验分数与同龄组正常人的智力平均数之比作为智商。这一数值表示的是被测者的智力在同年龄正常人群中的相对位置。现在大多数智力测验都采用离差智商。

在现代典型的智力测验中，设定主体人口的平均智商为100，则根据一定的统计原理，人们发现，智商极高（IQ在130分以上）和智商极低的人（IQ在70分以下）均为少数，智力中等或接近中等（IQ在80～120分）之间者约占全部人口的80%。智商的高低虽然主要由遗传决定，但一个人的学习教育、家庭环境、经验阅历、社会地位等因素都会影响到智力发展与智力表现。（表32-1和图32-1）

智商	等级	人群中的百分比
130以上	非常优秀	3.5%
120～129	优秀	7%
110～119	中上（聪明）	14.5%
90～109	中等	50%
80～89	中下（迟钝）	25%
70～79	临界状态	
70以下	智力缺陷	

表32-1 智商分级标准

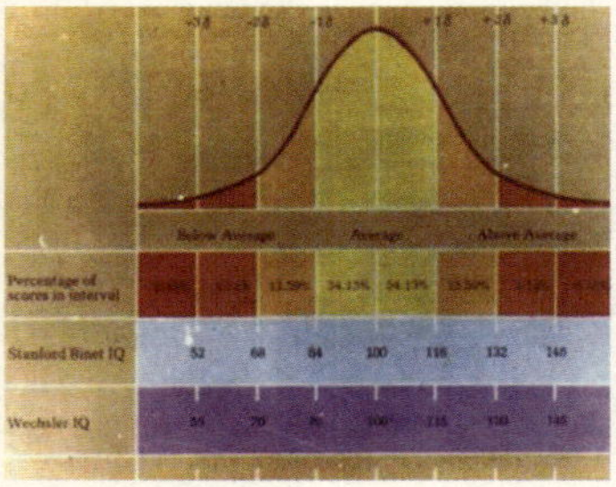

■ 图32-1 智商常态分布曲线

智商提出以来，人们曾经普遍认为智商可决定个人的成就。然而在生活中经常会看到一些高智商的人表现平庸，而智商普通的人成就非凡。中国古代有“伤仲永”的故事，在现代有中国科技大学的“少年班”。美国心理学家丹尼尔·戈尔曼曾经对美国伊利诺斯州某中学的81位高材生进行调查，这些人的IQ在毕业时可以说是全校之冠，上大学后成绩也不错，但是到30岁时却表现平平，只有四分之一的人在本行业中达到同龄人的最高阶层，很多人的表现甚至远远不如IQ一般的学生。这是为什么呢？人们逐渐发现，智力对人生成功的价值过去估计过高，还有其他的因素对人生成功更为重要。于是心理学家提出了一个与智商对应的新概念——情商（Emotional Quotient，简称EQ），又称情绪商数、情绪智力。它主要是指人在情绪、情感、性格、耐受力等方面的品质。即一个人理解、控制、运用、表达自己和他人情感的心理素质。1983年美国哈佛大学的心理学家霍华德·加德纳在《精神状态》一书中提出，人有“多元智慧”，这被视为情商的先驱。情商一词，是1991年由美国心理学家彼得·塞拉维和琼·梅耶首创的。他们把情商界定为：对情绪的知觉力、评估力、表达力、分析力、转换力、

■ 图 32-2　情商之父——丹尼尔·戈尔曼

调节力，包含自我情绪的控制调整能力、对人的亲和力、社会适应能力、人际关系的处理能力、对挫折的承受能力等。把情商学说推向高潮的是哈佛大学教授、心理学家丹尼尔·戈尔曼（Daniel Goleman，图32-2），1995年他推出《情绪智力》（又译《情商》，图32-3）一书，掀起全世界的“情商革命”。

戈尔曼认为情商包括以下内容：

1．自我觉察能力。自信：认识并掌握自身的价值和能力；精确的自我评估：了解自己的优点以及不足之处；正确认识自己的情绪。

2．自我管理能力。情绪自制力：能够克制冲动及矛盾的情绪；适应力：弹性强，可以适应变动的环境或克服障碍。

3．自我激励能力。冲动：随时准备采取行动，抓住机会；成就动机：具备提升能力的强烈动机，追求卓越的表现。

4．认识他人情绪的能力。认知他人的情绪，了解别人的观点，积极关心他人。

5．人际关系管理能力。建立联系，引发改变，影响力，领导能力，合作团队能力。

戈尔曼在书中还提到，20世纪70年代中期和80年代末期对全美2000余名少年儿童进行了全国性的专题调查，结果

■ 图 32-3　戈尔曼《情绪智力》

表明：孩子变得比较孤单、抑郁、易怒、任性、焦虑、冲动、好斗、不合群，其中一个原因与家庭有关，家庭变得越来越小，家庭成员越来越少，孩子更多地与电视机、游戏机、电脑为伴，因而往往缺少与人沟通、交流的机会。

这个问题是我们十分担忧的全球性的普遍问题。2000年1月，浙江省金华市第四中学高二年级的一名学生，因忍受不了学习成绩名次和家长的压力，用榔头打死了母亲。近几年在北京一些著名大学发生的几件研究生因愤怒或嫉妒而伤害他人和动物的案例更令人深思。导致这种现象的原因，除了社会结构的变化、独生子女政策、社会环境的影响外，还有一个非常重要的原因，就是我们的教育理念和教育实践出了问题。无论是家庭还是学校都过分注重智育，学校里过分偏重智力的培养和训练，实行应试教育，家长更是把分数看得过重，都忽视了对学生的情感、意志、审美、社交、心理等素质的培养和训练。从幼儿园到大学，我们教育学生各种各样的知识和技能，唯独缺乏最重要的东西：如何做人，如何做一个对社会有用的人，一个自由全面发展的人，一个身心健康的人。如此，培养出大量高分低能、高智低素（质）的人。进入社会后，面对快节奏的生活，高频率的工作负荷，复杂的人际关系，越来越激烈的竞争，有再高的智商也力不从心，难负重压，出现很多严重的个人和社会问题。

实践经验和理论研究都普遍证明，情商的高低对一个人能否取得成功有着重大的影响作用，有时其作用甚至要超过智商。甚至有人认为，智商只占成功的20%，情商占成功的80%，智商诚可贵，情商价更高。美国著名成人教育学家戴尔·卡耐基认为，一个人事业的成功，只有15%是由于他的专业技术，另外的85%要靠人际关系、处事技巧。所以他的哲学就是如何自控情绪，如何宽厚待人，如何培养人的自信心以及如何建立良好的人际关系。

因此，我们要从小就确立全面发展的目标，在孩子幼小的时候，就应当让他接受情感教育、人性教育、素质教育，给他一个温暖、健康、和谐的成长环境，创造足够多与同龄人交往的机会，创造更多独立思考问题解决问题的机会，教他们怎样树立正确的学习、生活、人生目标并为之努力奋斗，教他们如何控制和调节消极情绪，教他们如何正确对待成败、挫折和压力。一句话，教他们“学会做人，学会交往，学会学习”，培养健康的心理和健全的人格。

情商的水平不像智力水平那样可用测验分数较准确地表示出来，它只能根据个人的综合表现进行判断。心理学家们认为，情商高的人具有如下的特点：社交能力强，外向而愉快，不易陷入恐惧或伤感，对事业较认真，为人正直，富于同情心，情感生活较丰富但不过度，无论是独处还是与许多人在一起时都能怡然自得。专家们还认为，智商在十几岁后就不会有什么大变化，而情商却不同，主要是通过学习而发展提高的。随着我们人生阅历的丰富，不断地吸取经验教训，情商会得到不断的发展。戈尔曼等人研究出提高情商的“五步法”：(1) 搞清楚自己想当什么样的人。(2) 听取反馈，了解自己现在是什么样的人。(3) 设计一个明确的填补差距的计划。(4) 反复不断地练习，直到成为自觉行为。(5) 从他人那里寻求反馈和评估。国内学者曾国平认为，我们可以运用许多方法来培养提高情商。如加强心理的控制，提高综合素质；学习调控自己的情绪，特别是要驾驭愤怒、紧张、焦虑、郁闷、悲观等消极情绪；学会合理的宣泄，保持心态平衡；学会处理人际关系；善待人生机会，等等。

情商教育和培养不仅适用于儿童和青少年，对成人也同样适用。在美国企业管理界流行一句话：“智商使人得以录用，而情商使人得以晋升。”一个著名的案例是新泽西 AT&T 贝尔实验室的一位经理列出他手下工作绩效最佳的人。结果发现，那些工作绩效最好的人不是具有最高智商的人，而是情商比较高的人。与那些性格孤僻的天才相比，具有良好的合作能力和善于与同事相处的员工能够取得更佳的工作绩效。

电影《阿甘正传》中那位智商只有75的傻小子阿甘常说一句话：“妈妈告诉我，人生就像一盒巧克力，你永远不知道下一个会是什么馅儿。”因此，阿甘遭受挫折后总是能很快振作起来，重新迎接生活的挑战。阿甘就是低智商高情商的典型。请记住《阿甘正传》片尾的话：“人生就如同一片轻盈的羽毛，有落下的时候，而你应该鼓舞自己让它不断飘扬而上，向着新的高度超越自我。”

智商和情商，都是人的重要的心理品质，都是事业成功的重要基础。正确认识两者之间的差异和联系，有利于更好地认识人自身，有利于培养更健康、更全面、更优秀的人才。那么，情商与智商有什么区别和联系呢?

首先，智商和情商的性质不同，简言之，就是理性与感性的差别。智商主要反映人的认知、思维、语言、观察、计算等能力，它是理性的。情商主要反映一个人感受、理解、表达、控制和调节自己情感的能力，以及处理人际关系的能力，它是非理性的。其次，智商和情商的形成基础有所不同。智商与遗传因素的关系远大于社会环境因素。情商的形成和发展，先天的因素也是存在的，但受后天的环境、教育等因素影响更大。第三，智商和情商的作用不同。智商的作用主要在于更好地认识客观事物。情商主要与主体因素有关，它通过影响人的兴趣、意志、情感，加强或弱化认识事物的驱动力。

同时我们要认识到，智商与情商也不是对立的。情商并不是智商的反义词，不能说一个人智商高情商就低，情商高智商就低。不能单方面地夸大智商或情商的重要性。情商占80%的成功因素，智商只占20%，这一公式很多人并不赞成。在不同人身上，在不同时期的同一个人身上，智商和情商的表现是有差异的。智商情商密切相关、相互渗透、交叉重叠，甚至有人认为，情商就是另类的智商。智商情商要相互结合、相互作用、相互促进，才能真正促进人的成长和成功。

人的精神除了智力和情感之外，还有一个很重要的因素——意志。所谓知、情、意是也。既然有智商，有情商，那么有没有意商呢？近年来，有中国学者提出了“意商”的新概念。[①]

① 参见崔自铎：《人的意商：一个全新的概念》，《理论前沿》1999年第15期。

意商（Will Quotient）是指对人的意志的一种量度，即意志强弱水准的量上的规定性。其详情，需要通过心理学去说明。哲学只能从意志的量的规定性来说明意商，比如，可以将人的意商分为三个等级：强意志商，一般水平意志商和弱意志商。

意商的提出有什么根据呢？

其一，理论根据。人类的意识都包括三个基本因素，即认知、情感和意志因素。其二，现实根据。在人的实践活动中，人的认知、情感和意志因素，始终是共存、相互促进和相互制约的。而且事实表明，拥有较强情感和意志支持的认知活动，其效率和效果都是较佳的；相反，如果认知活动遇到情感和意志因素的不良影响和阻碍，其效率和效果便会较差，甚至可能难以正常进行。其三，历史根据。对意志问题的研究，一直是哲学家和心理学家研究的重要课题。德国哲学家叔本华的代表作《作为意志和表象的世界》（图32-4）和尼采的《权力意志》（图32-5）就是专门研究意志问题的著作。特别值得一提的是叔本华在《作为意志和表象的世界》中，已经提出了对于意志进行层次性研究的设想。我们要在前人研究的基础上，开辟意志问题研究的新境界，使之更具现实性和可操作性。

研究意商，不只是个理论问题，也具有实践意义，对于人们的成功和创造具有重要作用。因为实践活动的目标能否达到，能否成功，是否具有创造性，都与人的智力、情感和意志状况有直接和密

■ 图32-4　叔本华《作为意志和表象的世界》（商务印书馆）

■ 图32-5　尼采《权力意志》（商务印书馆）

切关系。因此，当代许多学者，都把研究人的成功和创造与人的智商和情商结合起来，但尚未与人的意商结合起来。我们的问题是，如何探讨意商对人的实践的关系和价值。美国学者、成功学家拿破仑·希尔认为，影响人的成功失败的54个因素中，约有1／3的因素与人的意志状况有关。美国一位心理学家对1528名智力超常的儿童进行了几十年的追踪考察，最后，他将其中的300名男性中成就最大的20%和成就最小的20%进行比较，结果发现，这两组儿童最主要的区别，并非智力，而是他们的个性和意志品质。[①]可见意志、意商状况对人的成功和创造活动的重要作用。这也是许多科学家、文学家乃至各行各业成功人士的共识。

孟子有句名言："天将降大任于斯人也，必先苦其心志，劳其筋骨，饿其体肤，空乏其身，行拂乱其所为，所以动心忍性，增益其所不能。"（《孟子·告子下》）此话实乃重视意商之先声。孟子固然不懂得什么叫意商，但他却一针见血地揭示了意商和成功之间的关系。

总之，知、情、意全面发展，智商、情商、意商综合提升，才能迈向成功和幸福之路。

① 参见金哲：《世界新科学总览》，619页，重庆出版社，1987。

33 知觉与错觉

对知觉和感觉的研究是认知心理学的基本内容之一。知觉就是人脑对直接作用于人的感觉器官的客观事物及其属性的整体反映。知觉和感觉一样，都是客观事物直接作用于我们的感觉器官，在头脑中形成的对客观事物的反映。但是，知觉又和感觉不同，感觉反映的是客观事物的个别属性，而知觉反映的是客观事物的整体。知觉以感觉为基础，但不是感觉的简单相加，而是对大量感觉信息进行综合加工后形成的有机整体。例如，有一个物体，我们通过视觉器官感到它具有圆圆的形状、红红的颜色，通过嗅觉器官感到它特有的芳香气味，通过手的触摸感到它的硬度，通过口舌品尝到它的酸甜味道，于是，我们把这个物体在头脑中反映成苹果。这就是知觉。

知觉的产生不仅需要具体的客观对象，还需要借助于过去的经验和知识。知觉是在人的实践活动中逐渐发展起来的。刚出生的婴儿既不能把握物体的远近和大小，也没有关于时间的概念。这些知觉是随着他们后天不断的生活实践才发展完善起来的。

从不同角度可对知觉进行不同方式的分类。根据在知觉中起主导作用的感觉器官的特性，可把知觉分成视知觉、听知觉、触知觉和嗅知觉。根据知觉所反映的事物的特性，又可分成空间知觉、时间知觉、运动知觉和社会知觉。空间知觉处理物体的大小、形状、深度、方位和距离的信息，时间知觉处理事物的延续性和顺序性，运动知觉处理物体在空间的位移，社会知觉是关于个体对客观事物社会性特征的知觉。社会知觉是最复杂最高级的知觉。

知觉的基本特征有：

一、选择性

客观事物是丰富多彩的，同一时刻作用于人的感觉器官的刺激也是非常多的，但人不可能同时全部感知到，也不可能对所有的刺激都做出相应的反应。人在知觉事物时，首先要从复杂的刺激环境中将一些有关内容抽出来组织成知觉对象，而其他部分则留为背景。根据当前需要，对外来刺激物有选择地作为知觉对象进行组织加工的特征就是知觉的选择性。知觉中的对象与背景的关系通常很明显，但有时也并不清楚，它会依一定的主客观条件而转换。双关图是最好的示例。如图33-1，当你把黑色作为背景时，就会看到一个白色的花瓶，如果背景是白色，则看到两个黑色侧面人像。

知觉对象的选择与很多因素有关，一般说来，以下客体容易成为被选择的对象：强度较大、色彩鲜明、对比明显的客体；具有简明性、对称性和规律性的客体；在空间上接近、连续，形状上相似的客体；在相对静止的背景上，运动的客体；与人的需要、愿望、任务及以往经验联系密切的客体。

二、整体性

知觉的对象是由不同的部分、不同的属性组成的。当它们对人发生作用的时候，是分别或者先后作用于人的感觉器官的。但人并不是孤立地反映这些部分、属性，而是根据自己的知识经验，把它们加工处理成有机的整体，这就是知

■ 图 33-1 知觉的选择性（双关图）

■ 图 33-2 知觉的整体性

觉的整体性。

刺激物的性质、特点和知觉主体的经验是影响知觉整体性的两个重要因素。一般来说，刺激物的关键部分、强的部分和与人的生活实践关系密切的部分在知觉的整体性中起着决定作用。如图33–2，很容易被知觉为一个立方体。

格式塔学派的心理学家指出，对整体的知觉不等于并且大于个别感觉的总和。格式塔学派提出的知觉组织原则被普遍接受，也称格式塔原则，主要包括以下几条规律：

1.接近性：距离上相近的客体容易被组织在一起。

2.相似性：凡物理属性相近的客体容易被组织在一起。

3.连续性：凡具有连续性或共同运动方向的刺激容易被看成一个整体。

4.封闭性：人们倾向于将缺损的轮廓加以补充使知觉成为一个完整的封闭图形。

5.良好图形：具有简明性、对称性的客体更容易被知觉。

知觉的整体性不仅与对象本身的特性有关，而且取决于主体的知识经验与主观状态。例如，在图33–3中，人们在左图的中心位置似乎看到一个黑色三角形，在右图的中心位置似乎看到一个白色三角形。这种在客观上并不存在而由主观认识产生的轮廓称为主观轮廓。

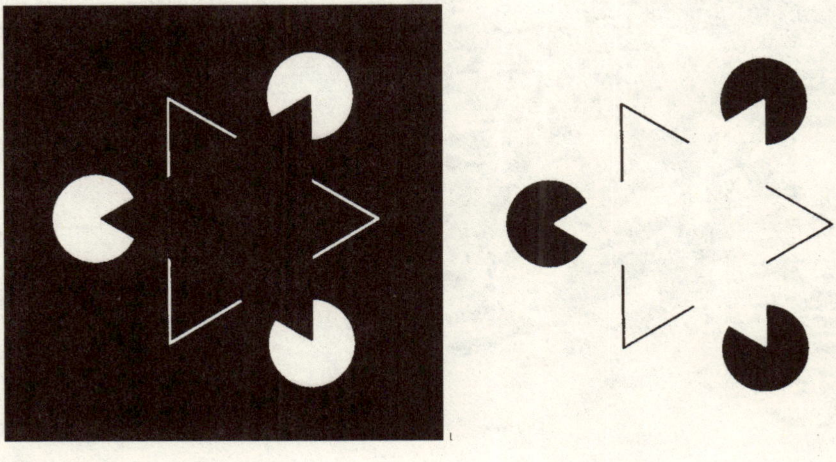

■ 图33–3 主观轮廓

三、理解性

在知觉的过程中，人总是用过去所获得的有关知识经验，对感知事物进行加工处理，并用概念的形式把它们标示出来，知觉的这种特性就是知觉的理解性。

对知觉对象的理解情况与知觉者的知识经验背景直接有关。例如，对一张X光片，不懂医学知识的人，是无法从中得到具体信息的，而放射科医师就能从X光片中看出身体某部分的病变情况。知觉的理解性还会受到情绪、意向、定势和价值观等因素的影响。

■ 图 33-4　你看见了什么？

在知觉信息不足或复杂情况下，知觉的理解性需要语言的提示和思维的帮助。一块像小狗的石头，也许开始你会看不出来，但如果有人提醒，就会越看越像。仔细看图 33-4，你看见了什么？

四、恒常性

当知觉的对象在一定范围内变化的时候，知觉的映像仍然保持相对稳定，这就是知觉的恒常性。包括大小恒常性、形状恒常性、明度和颜色恒常性、方向恒常性等。

大小恒常性是指人对客体大小的知觉不完全随感觉映像的变化而变化，而趋于保持客体实际大小的特性。如同一个人站在我们前面2米、8米、20米处，他在我们视网膜上的视像大小是不同的，但我们总是把他知觉为一个同样大小的人。

形状恒常性是指人对客体形状的知觉不完全随感觉映像的变化而趋于保持客体固有的形状的知觉特性。如图 33-5，无论门是开还是

■ 图 33-5　形状恒常性

关，你都把它看做是矩形不变。

明度和颜色恒常性是指人对客体固有的明度和颜色的知觉不完全随感觉映像的变化而趋于保持不变的知觉特性。比如当雪处于阴暗深处，而煤在太阳光的照射下，雪看起来仍然是白的，煤看起来仍然是黑的；一面红旗不管它置于白天或晚上，人们都会把它知觉为红色。

方向恒常性是指人不因身体部位的改变或视像方向变化而变化，而对知觉对象的方位保持相对稳定的知觉特性。

知觉的恒常性还普遍存在于其他高级知觉中，例如同一首歌，尽管演唱的人不同，演唱的时间地点也不同，我们总是把它知觉成同一首歌。

知觉的恒常性是因为客观事物具有相对稳定的结构和特征，而我们对这些事物有比较丰富的经验，无数次的经验校正了不完全的甚至歪曲的信息。如果我们知觉的是一个全新的对象，而且周围没有熟悉的事物可以作参照，那么我们就不会有关于这个事物的知觉恒常性。如图 33 – 6，随着图形逐渐的细微变化，知觉就跟着变化，从一张男人的脸，逐渐变为一个坐着的裸女。

知觉恒常性可以说是知觉的惯性，正如物理学中的惯性和生活中的惯性一样，它通常能够反映客观事物的实际情况，但有时也会欺骗我们，产生所谓错觉。

■ 图 33-6　知觉的变化

顾名思义，错觉就是对客观事物不正确的知觉。错觉产生的原因非常复杂，既有个人原因，也有环境原因，既有生理原因，也有心理原因和物理原因，还有些是由于感知器官相互作用的原因引起的。有些错觉是有利的，有些错觉是有害的。

1. 心理原因。有些错觉的产生与受过去经验、当下情绪等因素影响有关。例如，“一朝被蛇咬，十年怕井绳”是对过去经验的恐惧，“望梅止渴”是对未来刺激的期待。时间错觉则主要受情绪影响。焦急地等待、无聊或痛苦时，人会感到时间过得很慢，正所谓“度日如年”“一日三秋”；全神贯注做事或快乐幸福时，人会感到时间过得很快，正所谓“光阴似箭，岁月如梭”。战败了的士兵，由于恐惧情绪会产生“风声鹤唳”“草木皆兵”“四面楚歌”等错觉。看心爱的人会感觉比平常更美，正所谓“情人眼里出西施”，看讨厌的人会感觉比实际更丑陋。

2. 环境原因。有些错觉的产生是由于知觉对象所处的客观环境有了某些变化。有的是对象的结构发生了变化，如垂直—水平错觉，即人们把垂直线段的实际长度知觉为短于相等的水平线段；有的是对象处于某种背景之中，形成对比错觉；有的是知觉所依赖的客观参考系的变换，如空间定向错觉，即对上下、前后、左右的方位产生错觉；有的是受到刺激物的干扰作用。在知觉过程中，如果一些性质不同甚至相反的刺激同时起作用，人的大脑就会产生错觉。如：两条平行线由于附加线的影响，使中间变狭而两端加宽，使人感觉直线好像是弯曲的。

3. 生理原因。眼动理论认为，我们在知觉几何图形时，眼睛总在沿着图形的轮廓或线条作有规律的扫描运动。当人们扫视图形的某些特定部分时，由于周围轮廓的影响，改变了眼动的方向和范围，造成取样的误差，因而产生各种错觉。垂直—水平错觉是由于眼睛作上下运动比作水平运动困难一些，看垂直线比看水平线费力，因而垂直线看起来长一些。由于眼的结构，当物体的图像落在视网膜的盲点部分，就会产生“视而不见”的错觉。还有，当人们观看物体时，一方面用眼睛看，另一方面很灵敏地用脑子判断，有时眼睛还没有真正看清楚时，大脑已做出了判断，这种判断往往是错误的，这种错误的判断即产生错觉。

4. 物理原因。某种物理作用现象所引起的知觉与事实不符所产生的错觉。例如，将一根筷子的半截斜插在玻璃杯的水中，由于水对光的折射作用引起筷子歪曲的感觉，这叫做“假象错觉”。

5. 感知器官相互作用的原因。正常人从外界所接受的信息，绝大部分来自于视觉，而视觉所得信息有时与其他感觉所得信息会产生矛盾。例如，一公斤铁和一公斤棉花的物理重量相同，但人们用手比较时总会觉得一公斤铁比一公斤棉花重得多，因为人的视觉总觉得较小的物体较轻些。听报告时看着台上作报告的人会觉得声音是从前边传过来的，闭上眼睛才发现声音是从旁边的扩音器中传来的。

最常见的错觉是视错觉。下面是最常见的10个视错觉的例子：

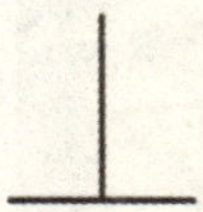

1

图 1 中的垂直线和水平线哪个更长？

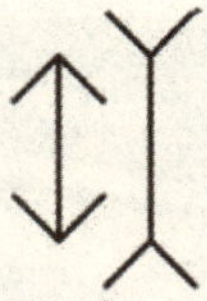

2

图 2 中的两条直线哪个更长？

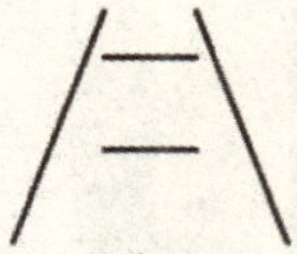

3

图 3 中的两条横线哪个更长？

4

图 4 中的五条斜线是平行的吗？

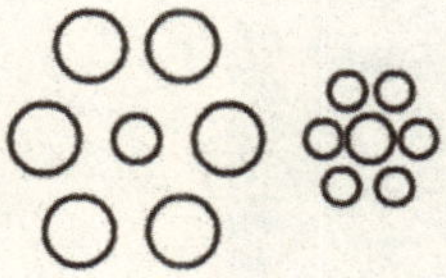

5

图 5 中左右两边最中间的两个圆哪个更大？

6

图 6 中的环状图形是圆形吗？

■ 图 33–7　简单的线条与图形错觉

■ 图 33–8　相交线还是平行线？

■ 图 33–9　柱子是圆的还是方的？

■ 图 33–10　同心圆还是螺旋？

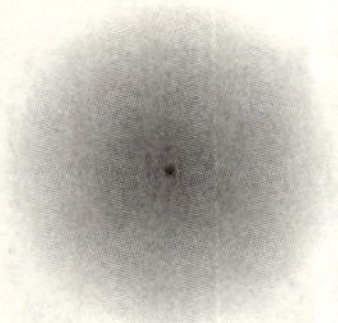

■ 图33–11　消失的灰色？（凝视黑点，不久黑点周围的灰色区域会消失）

■ 图 33–12　是黑点还是白点？

■ 图 33–13　这是完全的正方形吗？

■ 图 33–14　视觉旋转（注视着黑点，头前后移动）

■ 图 33-15　少女还是老妇?

■ 图 33-16　下面的人是在楼上还是楼下?

34 美与艺术

真、善、美是哲学乃至整个人类文化所追求的三大理想目标。

简言之，美学就是研究美的学问。美学成为一门独立的学科始于德国美学家鲍姆嘉通（Alexander Gottliel Baumgarten，1714—1762）的专著《美学》，他认为，相对于研究知性认识的逻辑，应该有专门研究感性认识即审美的科学。美学的研究对象和范围自古至今大体包括三个方面：关于美和艺术的哲学探讨（美的哲学）、关于艺术批评艺术理论的社会学探讨（艺术哲学或文艺美学）和关于审美与艺术经验的心理学探讨（审美心理学）。我们现在谈的美学主要指第一个方面，它主要研究美的本质、艺术的本质、自然美和社会美、美感、美的创造、美的内容和形式、审美趣味、审美心理、审美创造、真善美的关系等问题。

■ 图 34-1　柏拉图《文艺对话集》（人民文学出版社）

关于美的本质，就像哲学是什么的问题一样，古往今来有非常繁多的理论。柏拉图的《大希庇阿斯篇》是最早系统探讨美的文章。（图 34-1）

和谐说：毕达哥拉斯学派认为美是和谐，和谐是对立因素的统一，如圆形球形最美。

形式说：康德认为美与功利、概念无

■ 图 34-2　黑格尔《美学》(人民日报出版社)

关，是对象的合目的性的单纯形式。

典型说：美是同类事物中最富于一般性、代表性的典型，如孟德斯鸠和蔡仪等。

理念说：柏拉图认为美是使所有美的事物成为美的绝对的美，即美是“理念”，理念是一切美的根源，一切现实的美只是理念美的影子。黑格尔改造理念说，认为美是理念的感性显现。(图34-2)

客观论：亚里士多德认为美是物质对象本身具有的某种属性或规律，如事物的比例、秩序、和谐、有机统一以及典型等。

主观论：把美的本质或者归结为客观理想、绝对精神，或者归结为主观意识、审美感受。认为美是人的自由创造。

关系说：狄德罗认为把握美的本质应着眼于事物内部关系。

主客观统一论：认为美是主体通过实践作用于客体的产物，美在于主客观的统一关系。车尔尼雪夫斯基认为美就是生活。

现代西方哲学和美学界许多人反对或者漠视美的本质问题，认为美没有什么本质，美只是一种心理经验。但对于美学的基本理论建构来说，美的本质问题还是必要的。

在中国古代，美主要有美德、美丽、美化、赞美等含义。儒家更多从社会政治伦理方面探讨美。孔子把“中和”之美视为最高审美理想，认为美就是符合仁和礼，就是“文质彬彬”。孟子曰：“充实之谓美。”荀子说“全粹为美”“美善相乐”。老子说“美恶相生”“信言不美”“美言不信”。庄子认为“天地有大美而不言”。

马克思总结前人的研究成果，提出美的本质来源于生活实践。

第一，美是人类社会实践的产物。“劳动创造了美。”美既不是客观事物本身的属性，更不是主观世界的产物，而是人类社会实践的产物。由于人的实践本身就是主观与客观的统一，所以美也就是主观与客观的统一。

第二，美是人把握世界的一种特殊的方式，它是人以全面的感觉面对世界，作为一个完整的人占有对象和自己的全面本质的一种方式，体现着最丰富的文化内容。当实践的活动成果感性直观地展现出人类自由创造的智慧、情感、才能和力量，成为人的自由的感性确证和肯定的时候，它就会在满足人的生理和功利需要之外，引起一种高层次的精神愉悦，同时，对象成为审美对象。

美虽然是劳动创造的，但并不是说所有劳动产品都是美的。因为并非所有的劳动产品都能体现人的自由创造，即使是自由创造的产品，要对人产生美感，还要超越一定的实用功利目的，具有一定的独特的形式。美的内容和形式有机结合，才能使人感到自由和愉悦。古代劳动人民为了纯粹实用目的而生产的产品，在当时看来，也许并不成为审美对象，但在后人看来，由于它体现了古人的劳动创造和生活方式，因此就具有了高度的审美价值。如原始时代的陶器(图34-3)。

第三，美不是抽象的、绝对的，而是特定社会历史时期的产物，受特定时空条件下人的生产方式、生活方式和思维

■ 图 34—3　原始时代的陶器

方式等的制约。不同时代和不同文化传统的人，发现、创造、欣赏着不同的美。只有当生产力发展到一定程度，人们最起码的肉体生存需要有基本保障后，人们才开始超出功利需要去看待他的劳动和劳动成果，审美活动才能从功利的活动中分离出来。但人类进入阶级社会以后，美的成果和审美活动为不直接从事物质生产的少数统治阶级所占有，而直接的物质生产者所进行的劳动创造，对于生产者自身来说却成了维持肉体生存的手段，不但不是对生产者的创造力量的肯定，恰恰相反是一种否定，不但不能带来美的愉悦，反而带来痛苦和折磨。这就是马克思所说的劳动的异化、美的异化。“忧心忡忡的穷人甚至对最美丽的景色都没有什么感觉。”泰山绝壁上的石刻，对于今天的人们来说是伟大的艺术品，而对于古代雕刻它们的工匠来说，可能并不能引起美的愉悦。埃及的金字塔（图34–4）在今天看来是雄浑精美的奇迹，而对几千年前被迫修建它的奴隶来说，反而可能是憎恨的对象。

第四，美与真、善的关系，美与丑的关系。真、善并不就是美，自然在不断被人认识和改造利用之前，只是作为真而存在，无所谓美不美。真向美的转化，以善（功利）为中介，并超越真和善。美高

图 34–4　埃及金字塔

于真和善，其实质是在实践基础上人与自然达到真正的和谐统一。比如雅典的帕特农神庙和中国的长城，本身既是实用之物，又可作为艺术品欣赏，因为它们不仅是人类智慧和力量的结晶，还具有或雄浑或秀丽的形式，具有独特的美学价值。而现在农村或城市里乱搭乱建的简易房屋以及“火柴盒”式的楼房，恐怕再过几千年也难以成为艺术品，因为它们除了供人居住的功能之外，没有其他价值。

当然，世界的意义不仅有正面的也有反面的，真、善、美作为价值而言，包含了其反面——假、恶、丑。其实假、恶、丑与真、善、美一样，也是“正常”的、必然的。人们常常相信它们是不合理的、反常的、变态的，努力去躲避或改变。人世不是天堂，也不是地狱，真、善、美和假、恶、丑不是绝对对立、非此即彼的，而是可以相互转化、互为标志的。或者说，假不过是不完全的真，恶不过是不完全的善，丑不过是不完全的美。因此，在一定意义上，假、恶、丑也可以作为艺术的审美对象。在古典艺术中，艺术家认为丑只是美的缺陷；而在现代艺术中，许多艺术家自觉地以丑为对象，从反面激发了人们对生活的不完美、荒诞、丑恶的体会，这并不是艺术的“堕落”，而是艺术敢于直面存在的勇气。表现社会生活的阴暗的一面，往往比单纯歌颂社会的美更深刻。现代艺术中对丑的艺术创造莫过于法国诗人波德莱尔，他在诗集《恶之花》中写道：“每天我们都向地狱迈进一步，穿过恶浊的黑夜却并无反感。”入木三分地刻画了现代工业社会中人的异化。并不是说丑的对象本身是美的，而是作为美的对立面，强烈地提示着应该有一个更理想、更完美的世界。我们的世界充满了假、恶、丑，充满了矛盾，但我们热爱生活，懂得追求更真更善更美的理想世界，这才是人生的意义所在。只相信真、善、美，而不承认假、恶、丑的存在，这是自欺欺人的理想主义；只看到假、恶、丑的存在，而不去追求真、善、美，则是不思进取的犬儒主义。两者都是不可取的。人类的历史正是从相对的假、恶、丑向相对的真、善、美不断前进的过程。

美一点也不像学者们说的那样神秘

而复杂。荷尔德林说“人诗意地栖居在大地上”，并不是说每个人都是诗人、艺术家，而是说美和艺术必须在人与世界的关系中去寻找。那么，人与世界的关系是什么呢？人与世界具有多层次的关系：在常识看来，是一种生存性的关系，在科学看来，是一种工具性关系；在传统哲学看来，是一种对象性关系。然而最基本的关系——“有”，却并非生存性、工具性、对象性的“占有”“拥有”，而是一种存在性关系。长期以来，我们受西方理性主义哲学影响，把人与世界的关系局限在工具性（利用与被利用）的关系。其实，世界并不是人的“对象”，人也不是世界的“主人”，人与世界的关系是同在共存，只有排除工具性、功利性的目的，真诚地与自然和他人做邻居、朋友，才能发现并欣赏美。排除工具性、功利性的目的并不是像老子所说的“清心寡欲、静观玄览”，而是与世界打交道，“设身处地”地交往。世界自然地向我显现其美和意义，我也把我的全部感情投注到世界中去，达到“物我两忘”的境界。

美是人的一种本然的存在方式，其最

■ 图34–5　朱光潜《谈美》（广西师范大学出版社）

高境界就是自由。人本来是诗意地存在着，只是俗事繁杂，一般人常忘了本来的意义，而沉迷于现实世界的俗务，而能够“回忆”起这个本来，反倒显得特别。在现实世界中，人越来越陷入世俗生活，而遗忘了基本的诗意的生存。而原来那个“诗意栖居”、其乐融融的世界，反倒成了“理想”世界，反倒需要通过专门的艺术来“再现”和“重塑”。艺术正是人可确证自己自由本质的“本真”的生活世界。

其实日常生活中的人都是有情、有欲、有理、有意的完整的人，对基本生活经验都有所体会，因此，美和艺术的世界并不是与生活世界不同的“另一个”世界，而是有待发现的那被遗忘、被遮蔽的基本生活世界。法国艺术家罗丹说得好，世界上不是缺少美，而是缺少发现美的眼睛。艺术世界与其他文化世界并没有实在的界限，而是同一文化世界的不同存在方式。科学、哲学、艺术的根是同一的，思、史、诗是同源的，只有在主客二分对象性思维方式中，各种科学分类才被分化，主体的人才被分化。现代美学家朱光潜（1897—1986）曾经举过一个有趣的例子。比如同一棵树，在科学家看来，树不过是一小小的科学对象，而在木工眼里，树不过是活着的木材（实用对象），只有在艺术家，乃至常人眼里，树才是一个活生生的生命体，甚至是一件艺术品。树还是那棵树，而在不同的视域中显现为迥然不同的形象。（图 34-5）

■ 图 34-6　珠江之美

按马克思的理解，艺术是人以全面的感觉面对世界，而全面感觉的真正实现则有赖于主体内在本质力量对象化的真正完成，而人的本质力量的对象化过程，是人“作为一个完整的人”占有对象世界、占有自己的全面本质的一种“全面的方式”。正因为艺术（审美）活动的这一独特品格，因而，相对于其他世界，艺术世界具有整体性、全面性和丰富性特征。艺术世界具有更高层次的和谐统一性。

要理解和发现美，不只是要理智地看、观和思，更要在与事物的实际交往中体验、交流、相通，“心有灵犀一点通”。也许我们每天还要在城市里奔波，还要挤车，还要呼吸废气，还要加班，还要蝇营狗苟，为稻粱谋……不过，只要每天有那么一刻，摆脱这些俗务，去亲近一下蓝天白云、青山绿水、阳光空气，还有人与人的爱，就会有意想不到的感悟。人啊，再奔波奋斗，再辛勤劳作，再勾心斗角，再算计钻营，不就是为了有个温暖舒适的家园吗？既然大自然就是我们美丽的家，就去珍惜她吧；既然有了爱人和朋友，就去爱他们吧；既然选择了生活，就去享受她吧。

一般艺术理论都把艺术分为时间艺术（诗歌、小说、音乐等）、空间艺术（绘画、雕塑、建筑等）和时空艺术（舞蹈、戏剧、电影等）。

时间艺术以高度符号化的文字、音符表达艺术形象，以最抽象、最简单的手法描绘、创造出最丰富、最生动的艺术空间，具有四维性和无限性。诗人的最高理想是在极有限的文字里创造极无穷的境界，好的诗歌自由出入于心灵与世界，或空灵致远，或淡泊宁静，或慷慨激昂，或沉郁低回，风格不一，境界一致，都达到有限与无限、虚与实、小与大、短暂与永恒的高度统一。元人马致远的小令《天净沙·秋思》是一绝妙例证（图 34-7）：

枯藤老树昏鸦，
小桥流水人家，
古道西风瘦马。
夕阳西下，
断肠人在天涯。

小说是复杂的诗，其空间更复杂、更开阔。无论现实主义、浪漫主义，还是现代派，都以不同的丰富多彩的空间形式表达了人的文化本质和文化理想。音乐则以其时间化的旋律和节奏创造了迥然不同于现实空间的艺术境界，在听觉维度上极大地深化了人对世界的理解和体悟，表达了人的心灵对自由的渴望。

空间艺术也称造型艺术。绘画在有限的平面（二维）空间中创造意象，导致创作与欣赏视点的单向性和封闭性，画家有意识地将三维空间通过各种方法转化为二维空间，在有限的平面上最大限度地开拓了空间。雕塑在三维空间中创造意象，创作与欣赏的视点是全方位的、开放的，又因它与现实空间无严格界限，给人以亲近感，也易与现实相混淆，且其创作受材料和场地影响较大，不如绘画自由。建筑除纪念碑等实心建筑外，包括内部和外部（实与虚）两大空间系统，更丰富、更开放。建筑创造的自由度最小，但也与人最亲近，与人的活动、生存密切相关。建筑不只是房子，它与我们的生存状况密切相关，这一特点在所有艺术门类中也是独一无二的。

舞蹈、戏剧、电影等时空综合艺术在

■ 图 34—7　古道西风瘦马，断肠人在天涯。

四维时空中表现、创造意象，尤其是现代舞蹈、戏剧、电影运用现代技术手段融诗歌、音乐、美术、建筑于一体，创造了无与伦比的丰富多彩的艺术空间。舞蹈是以“最自由的身体蕴藏最高的智慧”（当代美国舞蹈家邓肯语），通过人体语言的个性化、流动化生动地表现出对于人类心灵的共同感受及对社会生活现实问题的艺术关注。在舞蹈者形体的真诚宣泄中，我们能真切地感受到人类生命的律动。戏剧包括歌剧、歌舞剧、话剧、戏曲等，它是在一具体的空间（舞台）中通过人物的动作、语言、歌唱及场景等形式化的因素来表现现实生活。舞台是个小社会，社会是个大舞台，艺术家把现实生活空间浓缩在舞台上，表达某种文化理念，以启迪人们在现实生活中追求真、善、美。电影和电视剧是现代技术与艺术结合的产物，以光、影、色、形、声高度结合的全面形象及市场化的制作和传播手段创造出一个个真实的虚拟空间，以最直观、最感性、最实在的方式创造出大量的文化商品。惟其与生活现实最接近，界限最模糊，也就成为大众文化的主要表现形式。

只要我们永远不忘记自己是一个“平常”的人，不忘却生活和世界的本来意义，那么美和艺术就不会失落。

最后，让我们用一首顾城的诗来回答美是什么。

走吧，
落叶吹进深谷，
歌声却没有归宿。
走吧，
冰上的月光，
已从河面上溢出。
走吧，
眼睛望着同一片天空，
心敲击着暮色的鼓。
走吧，
我们没有失去记忆，
我们去寻找生命的湖。

35 悲剧与喜剧

常言道，人生如戏，戏如人生。戏剧是一种艺术形式，主要包括悲剧和喜剧。悲剧和喜剧有两种含义，一是指艺术形式（戏剧或小说），二是指美学范畴，即“悲剧性”和“喜剧性”。

《简明不列颠百科全书》“悲剧”词条说：“悲剧指以极严肃的态度探索人在宇宙间所起作用的艺术作品。……悲剧比其他艺术形式都更加突出地提出有关人的处境的种种问题。人为什么一定要受苦？为什么公义如此难以捉摸？”

亚里士多德第一次给悲剧下定义，他认为，悲剧“借引起怜悯与恐惧来使这种情感得以净化”。悲剧是人生中严肃的事情，它不是悲哀、悲惨、悲痛、悲观或死亡、不幸的同义语，作为美学对象的悲剧，必须是能使人奋发兴起，提高精神境界，产生审美愉快的“悲”。悲剧通过丑对美的暂时的压抑，强烈地展示美的最终和必然的胜利。所以悲剧美是一种崇高之美。

马克思和恩格斯从人类历史发展的客观进程中揭示悲剧冲突的必然性。他们认为，悲剧是社会生活中新旧力量矛盾冲突的必然产物，一切伟大的历史事变和人物，第一次是作为悲剧出现的。

没有对人生悲欢离合的深切体验，没有对人类生活意义与尊严的追问，也就没有悲剧。悲剧能激发道德良知，悲悯同情的泪水能洗涤心灵的尘垢，能加深人们对人生苦难和命运的思索。

西方悲剧起源于古希腊酒神祭祀时的“酒神颂”。古希腊人认为酒神掌管植物与丰收，教会人们酿酒，每当葡萄丰收，农民就披上山羊皮，表演歌舞祭祀酒神，这种歌舞被称为“酒神颂”。

尼采在其名著《悲剧的诞生》中提出古希腊艺术产生于日神精神和酒神精神。日神阿波罗是光明之神，在其光辉中，万物显示出美的外观；酒神狄俄尼索斯则象征情欲的放纵，是一种痛苦与狂欢交织着的癫狂状态。酒神艺术把人生悲惨的现实真实地揭示出来，揭示出日神艺术的根基。日神精神产生了造型艺术，如诗歌和雕塑，酒神精神产生了音乐艺术。悲剧产生于二者的结合。

雅典戏剧一般在雅典卫城山麓下的“狄俄尼索斯大剧场”（图35–1）上演。这座以酒神的名字命名的剧场像一把巨大

■ 图 35–1　狄俄尼索斯大剧场

■ 图 35–2
埃斯库罗斯

■ 图 35–3
索福克勒斯

■ 图 35–4
欧里庇得斯

的折扇，沿着周围的山势展开，可容纳观众14000人。这座舞台设计相当先进，据说随便往地上扔一枚硬币，坐在最后一排的观众也能清楚地听到硬币落地的声音。即使观众在万数以上，演员不必借助任何扩音器就可得到良好的音效。

希腊悲剧多属于“命运悲剧”，主题是神话传说和英雄人物的故事。反映了在古代社会中，社会历史必然性和自然威力作为一种不可抗拒的命运与人相对立所导致的悲剧结局。公元前6世纪开始，古希腊三大悲剧作家埃斯库罗斯（图35–2）、索福克勒斯（图35–3）和欧里庇得斯（图35–4）创作了许多经典的悲剧作品，凝聚着深邃的人性探索和精湛的艺术表现，以其不朽的成就，至今仍令我们震撼与感动。

埃斯库罗斯被后世称为“悲剧之

父”，最著名的代表作是《被缚的普罗米修斯》（图 35–5）。普罗米修斯因为盗取天火并传授给人类，惹怒天帝宙斯，宙斯将他钉在高加索山上，让老鹰不断啄食他的心脏。他自愿受苦，决不屈服于威权。普罗米修斯成为人类理想人格的象征，他为正义而甘受酷刑的不屈不挠的精神，展示出一种可歌可泣的悲壮崇高之美。马克思在其博士论文的序言中，把普罗米修斯称为“哲学日历上最高尚的圣者和殉道者”，并引用他向宙斯派来的使者说的话：“你要知道，我宁肯忍受痛苦，也不愿受人奴役；我宁肯被缚在崖石上，也不愿做宙斯的忠顺奴仆。”

■ 图 35–5　《被缚的普罗米修斯》

索福克勒斯最著名的悲剧是《俄狄浦斯王》（图 35–6）与《安提戈涅》（图 35–7）。《俄狄浦斯王》是全世界上演最多的希腊悲剧，它展示了最富典型意义的希腊悲剧冲突——人与命运的冲突。忒拜国王从神谕里得知，由于自己早先的罪恶，他的儿子命中注定要杀父娶母，因此他抛弃了婴儿。这婴儿被科林斯国王收养，取名俄狄浦斯。俄狄浦斯长大后，得知了神谕，决心摆脱杀父娶母的预言，逃离科林斯。他在途中与人抢道，将主仆数人打死，不知那竟是自己的生身父亲忒拜国王。随后，他又去了最不该去的忒拜城。当时忒拜城正被狮身人面的斯芬克斯困扰，斯芬克斯出了个谜语（见本书第 19 节注），猜不出谜底的人要被吃掉。俄狄浦斯猜出谜底，于是斯芬克斯自杀身亡，俄狄浦斯为民除害，被感恩的忒拜人尊为国王。他迎娶前王的寡后为妻，而那恰恰是自己的生母。忒拜城瘟疫蔓延，神谕指出要挽救城邦，必须严惩杀死前王的凶手，俄狄浦斯发誓要追查到底，最终发现自己就是凶手。真相大白，王后羞愤自尽，俄狄浦斯刺瞎双眼，自我放逐。俄狄浦斯竭力逃避神谕所示的命运，而这逃避本身恰恰在实践着神谕。尽管强大的命运打败了弱小的人类，结局很悲惨，但俄狄浦斯对命运的反抗精神、自我牺牲精神和社会责任感，使他成为一个光彩照人的悲剧英雄。顺便说一句，后来弗洛伊德把俄狄浦斯杀父娶母的行为解释为恋母情结。

《安提戈涅》的情节是：安提戈涅的两位兄长波吕涅克斯和厄忒俄克勒斯彼此不和，为争夺王位发生激战，结果同归于尽。克瑞翁以舅父身份继承王位，他宣布曾借助外国力量来争夺王位的波吕涅克斯为叛徒，不准任何人埋葬其尸骨。按照古希腊神律，一个人死后如不下葬，他的阴魂便不能进入冥土，会触犯神灵，殃及城邦。安提戈涅义无反顾地偷偷埋葬了兄长，尽了亲人应尽的义务。结局很惨：安提戈涅在牢中自缢，其未婚夫，克瑞翁的儿子海蒙殉情自杀，克瑞翁的妻子愤而自尽，只剩下克瑞翁一人在那里叹息。

这部悲剧的故事情节并不复杂，但深刻反映了情理与法理、国法与民意的冲突，深刻隽永，耐人寻味。安提戈涅的悲剧在于她敢于藐视非法、挑战权威的那种悲壮和惨烈。她留给世人一个没有定论的悬案（应当说，伟大的作品大都没有定论，而是力求留给人们思考的空间）：当法律和神律之间发生冲突时，当

The legend of King Oedipus

■ 图 35—6 《俄狄浦斯王》（俄狄浦斯与狮身人面的斯芬克斯）

■ 图 35-7 古希腊花瓶画《安提戈涅与克瑞翁》

城邦的律令或统治者的意志与“天理良心”发生冲突时，正义在哪一边？两千多年后的今天，如果站在狄俄尼索斯剧场的中央仔细聆听，一定还能听到安提戈涅那慷慨激昂的千古天问：“你说的话也能算是法律吗？”

与古希腊不同，在传统中国社会，皇帝是天子，他的命令代表着天意，就是法，百姓必须无条件服从，没有谁敢去怀疑和违抗。虽然也有孟子宣扬的“民贵君轻”等仁政思想，但仍然只是“水能载舟，亦能覆舟”式的规劝，甚至是一种书生式的哀求。面对权力的异化和社会不公，人们只好把希望寄托在“仁君”和“清官”上。将《安提戈涅》与中国古典戏剧《窦娥冤》《赵氏孤儿》等对照着读一读，我们可以得到更多的启示。

古希腊第三位悲剧作家是欧里庇得斯。他终结了旧的“英雄悲剧”，把奴隶、普通人作为主要角色，着重关心妇女的命运，其代表作是《美狄亚》。伊阿宋为了帮助父亲夺回王位，前往科尔喀斯盗取金羊毛。金羊毛由一条巨蟒看守。幸运的是，科尔喀斯公主美狄亚爱上了他，帮他取得了金羊毛。美狄亚的真情并没有打动伊阿宋，婚后伊阿宋背叛誓言，欲另娶科林斯公主。伤心欲绝的美狄亚决心报复伤害她的人。她利用献宝的机会毒死了国王和公主。为了给伊阿宋致命的打击，她宁可杀死自己的亲生儿子。欧里庇得斯将人物由神话拉回到现实，表现他们既高尚又卑劣的复杂情感冲突，揭开了人的非理性的、狂热的一面。

西方悲剧的另一大经典是 17 世纪英国莎士比亚的戏剧。他的剧作是西方除《圣经》外出版最多、上演最多的作品。他的悲剧《哈姆雷特》《罗密欧与朱丽叶》《麦克白》《奥赛罗》等普通中国人也都耳熟能详，这里就不多介绍了。(图 35-8)

鲁迅先生曾提出过一个著名命题：“悲剧是将人生有价值的东西毁灭给人

■ 图 35-8 《莎士比亚文集》(漓江出版社)

看。”悲剧首先是“人生有价值的东西”，而不是生活中一般的悲哀、悲痛和悲惨。而悲剧的审美表现手段是“毁灭给人看”，美好的有价值的东西遭到毁灭，它给人的感受是极其震撼的。这是中国现代最有代表性的悲剧理论。鲁迅也创作了经典的独幕悲剧《过客》(见本书第16节)。

中国古代也有许多伟大的悲剧作品，但与西方悲剧存在着明显差异。

许多中国学者批判和否定中国的悲剧，主要集中在中国悲剧的“大团圆结局”上。王国维在《〈红楼梦〉评论》中指出：“吾国人之精神，世间的也，乐天的也。故代表其精神之戏曲小说，无往而不着此乐天之色彩。始于悲者终于欢、始于离者终于合、始于困者终于亨。”胡适在《文学进化观念与戏剧改良》一文中认为“中国文学最缺乏的是悲剧的观念”，“无论是小说，是戏剧，总是一个美满的团圆。现今戏园里唱完戏时总有一男一女出来拜，叫做‘团圆’，这便是中国人的‘团圆迷信’的绝妙代表。”鲁迅在《论睁了眼看》一文中更彻底地抨击：“中国的文人，对于人生，至少是对于社会现象，向来就多没有正视的勇气。”“中国人的不敢正视各方面，用瞒和骗，造出奇妙的逃路来，而自以为正路。在这路上，就证明着国民性的怯弱，懒惰，而又巧滑。”这三位思想大师对中国悲剧的大团圆现象的批判可以说是一针见血、入木三分。然而，就此认为中国悲剧不如西方悲剧，甚至否定中国悲剧的存在价值，就不恰当了。

为什么中国悲剧多有大团圆模式？一般而言，悲剧产生于不和谐，产生于难以调和的矛盾和冲突。中国传统文化始终以和谐为理想。一旦个人与社会发生矛盾冲突，个人必须服从群体，不怒不争，委曲求全。这种观念确有积极意义，如保持社会稳定、维持生命力等。但是，它使人们缺乏对个体生命、人格、价值和自由意志的自觉和尊重，也缺乏那种对悲哀不能忍受和对罪恶不避正面抗争的意向。儒家的中庸中道中和思想与道家无为无争、翩然避世、顺世安命的人生哲学，以及佛教的因果报应观念一起阻挡着西方式悲剧意识的生长，冲淡着中国悲剧的悲剧性色彩。中国的悲剧，最后几乎都是好人“凶中化吉，难过福来”，不是菩萨普度，就是清官平冤，或是“好皇帝”封诰表彰；而恶人也无一不受到惩罚，即使现世惩罚不了，也自有神鬼惩罚。一切归于圆满，皆大欢喜。连《红楼梦》这样的优秀悲剧，也渗透着浓重的佛教意识。尽管宝玉“只念木石前盟”，到头来也无法摆脱“金玉良缘”；尽管黛玉对宝玉一片痴情，到头来也只是循着前缘把“一生所有的眼泪还他”罢了。人生缘分，都有一定，一切抗争都毫无意义。最后，作者还特意为宝玉安排了一条遁入空门，从痛苦中得到解脱之路。（图 35-9）

悲剧产生于悲剧意识。悲剧意识或悲剧精神，是指揭示和控诉人生的苦难、命运的不公、人生和世界的假恶丑，并高扬和追求人生的幸福、正义和真善美。一位美学家说，在伟大的艺术品背后横卧着人类亘古的苦难和永恒的人性。中华民族并不缺乏悲剧意识。千百年来，她和世界上许多民族一样，曾遭受过深重的苦难。“长太息以掩涕兮，哀民生之多艰”（屈原）、“人之生也，与忧惧生”（庄子）、“念天地之悠悠，独怆然而涕下”（陈子

■ 图 35–9　红楼梦邮票小型张《读西厢》

昂)、“世事一场大梦，人生几度凄凉”(苏轼）……这是对苦难现实的深切体验和对生命存在的忧患意识，是最深沉的生命悲剧感，作为一种心理基因历史地培育了中华民族的悲剧意识。中国人对悲惨人生并不缺乏追询、抗议的勇气，对生命存在的意义和价值也并不缺乏探究的热情。从《诗经》的“硕鼠硕鼠无食我黍”到屈原的《离骚》《天问》，从“诗可以怨”到“大凡物不得其平则鸣”，中国人对不幸、不平现实的追询和抗议绵绵不绝。《窦娥冤》的主角临刑前发出的“地也，你不分好歹何为地！天也，你错勘贤愚枉做天！”这惊天动地的呐喊，正是中国人对苦难现实强烈抗议的悲剧意识的集中体现，并不比古希腊任何一部悲剧逊色。(图 35−10)

正是这种悲剧意识，使中国诞生了自己的悲剧艺术，产生了《红楼梦》、《水浒传》、《窦娥冤》、《桃花扇》、《赵氏孤儿》(图 35−11)、《苏三起解》、《雷峰塔》等优秀的悲剧作品。如果我们不是把古希腊的悲剧概念当做唯一标准来衡量中国的戏剧，那么就没有理由否认中国悲剧的存在。更何况，中国悲剧并不都是大团圆结局，也不能因为有大团圆结局就否定艺术本身的悲剧价值。

中西悲剧艺术具有不同的审美特征。虽然二者表现的主题（人生的苦难、命运的不公、假恶丑与真善美的斗争）都一样，但给出的解决方式却不同。中国悲剧对冲突的解决不是诉诸英雄人物或某种

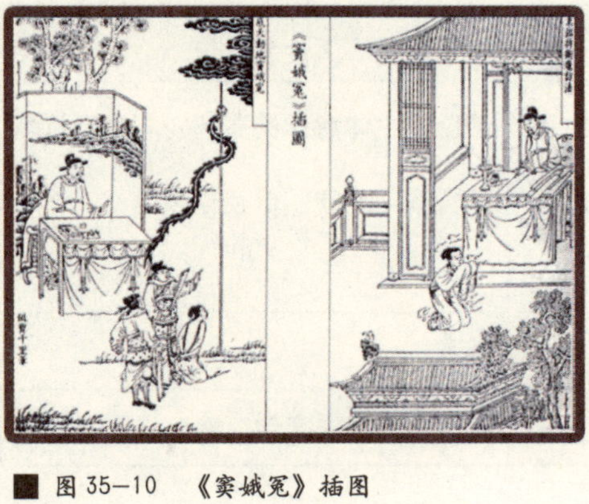

图 35−10 《窦娥冤》插图

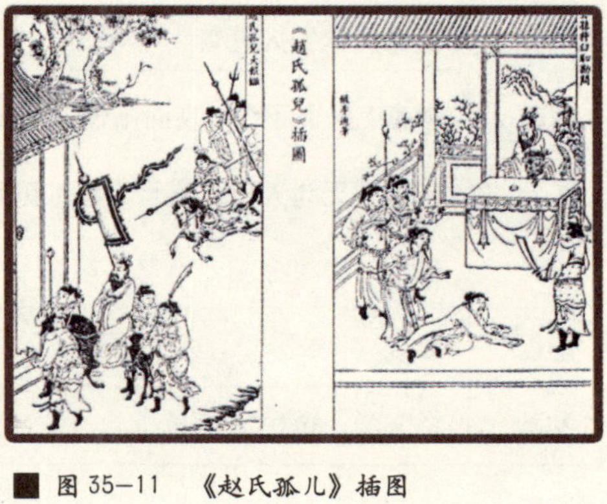

图 35−11 《赵氏孤儿》插图

“绝对理念”的力量，而是诉诸解决现实生活的矛盾和冲突的物质力量即正义力量。中国悲剧的大团圆不是抽象的，而是具体地表现了正义力量战胜邪恶势力的历史过程。悲剧人物不但是历史正义的化身，而且在道德上还是完善的。正义力量不是因为自身的局限，而是因为邪恶势力的野蛮摧残而毁灭。西方悲剧与中国悲剧，一个为了实现正义，双方斗得鱼死网破，你死我活，一个是用现实或理想的力量实现正义与邪恶的某种妥协；一个更赤裸裸，更惨烈，一个更温婉，更现实；一个基于人性恶的假设，一个基于人性善的假设。中西悲剧的差别恰恰反映了中西文化的差别，很难说两者孰优孰劣。其实，对于大多数普通老百姓来说，像普罗米修斯、哈姆雷特和唐·吉诃德那样勇敢地抗争直至毁灭的形象固然伟大，但并不可行，在现实人生中，可能更多的是妥协和无奈。

中西悲剧艺术的区别，可以用表35–1来表示。

表35–1　中西悲剧艺术的区别

	中国悲剧	西方悲剧
形式	大团圆和解，皆大欢喜	悲剧冲突激烈，唯死亡可解，多以好人毁灭、罪恶胜利收场
题材	平民百姓	英雄人物或豪门恩怨
文化	乐感文化，人性善	罪感文化，人性恶
思想	儒家：乐而不淫，哀而不伤，中庸中道中和 道家：无为无争，避世出世，顺世安命 佛教：因果报应，慈悲，解脱	希腊：主体意识的高扬，与命运抗争 基督教：原罪，自我救赎
功能	娱乐	美育
种类	俗文学，市民文学	雅文学，市民文学

喜剧作为美学范畴，与悲剧相对应，并与丑、笑和滑稽有密切联系和区别，是美学研究的重要课题之一。喜剧作为一种艺术形式最早出现于古希腊。它同悲剧一样也是起源于祭祀酒神狄俄尼索斯的狂欢歌舞和民间滑稽戏。后来经喜剧之父阿里斯托芬(图35-12)将其定型化，提升艺术高度，形成了与悲剧完全不同的风格。

阿里斯托芬的喜剧在插科打诨的背后蕴含着严肃的主题。他的喜剧创作主要集中在伯罗奔尼撒战争时期，他反对战争，主张和平，认为战争是那些政治家们为了私利挑起的，对主战派进行辛辣的挖苦和嘲讽。《阿卡奈人》通过农民狄开奥波利斯单独与敌人媾和，从而过着幸福生活的荒诞故事，表达了人们要求和平的强烈愿望。《和平》一剧中号召希腊各城邦的人民去解救和平女神。和平女神出现后，是盛大的欢乐场面，农民回家种地，倒霉的是兵器商人。在《蛙》中，酒神冒充英雄，到阴间接欧里庇得斯还阳，正遇两位诗人为争悲剧首座权而论战。酒神充当裁判，结果埃斯库罗斯获胜，被酒神带回阳世。

■ 图 35-12 阿里斯托芬

在西方美学史上，出现过许多有关喜剧的理论。最早把喜剧作为美学范畴加以研究的是亚里士多德，他在《诗学》中指出："喜剧的模仿对象是比一般人较差的人物。所谓'较差'，并非指一般意义的'坏'，而是指具有丑的一种形式，即可笑性（滑稽）。可笑的东西是一种对旁人无伤，不致引起痛感的丑陋或乖讹。例如喜剧面具虽是又丑又怪，但不致引起痛感。""喜剧来自笑。"

黑格尔认为，喜剧都具有可笑性，但并非一切可笑性都是喜剧。喜剧的主人公追求的不是严肃、重大的目的，而是某种微不足道的、没有什么价值的，甚至是虚伪的东西。喜剧的主体以一种愉快和自信的心情，自以为可以解决一切矛盾，实现一切目的，而实际上由于目的的虚幻和无价值，不得不四处碰壁，必然走向最后的毁灭。这同悲剧形成鲜明的对照。

鲁迅认为，喜剧是“将那无价值的撕破给人看”，也正是这个意思。

马克思从历史唯物主义出发，把喜剧看做历史发展中新旧两种社会力量斗争的产物。一切伟大的历史事件和人物，在历史上都会出现两次，第一次是作为悲剧出现，第二次是作为喜剧出现。

喜剧与丑有联系又有区别。喜剧的对象是可笑的事物或行动。一切过时的、落后的、反动的事物以真、善、美的伪装掩盖自己假、恶、丑的本质，这无疑是可笑的。通过笑，人们可以剥掉其伪装，识破其本质，在精神上否定假、恶、丑，肯定真、善、美。但这只是否定型喜剧或讽刺喜剧。还有一类可笑的事物或行动，并不表现为负面的事物，而是以正面的肯定的事物或行动表现出来。这就是肯定型或歌颂性的喜剧。西方不少美学家只强调喜剧与丑的联系，把丑看做喜剧的根源和本质是片面的。喜剧不等同于滑稽和可笑，喜剧在内容上要比滑稽和可笑更重要和深刻。喜剧不但令人感到滑稽和可笑，而且能够体现社会生活中真善美与假恶丑的矛盾冲突，能使审美主体在笑声中肯定真、善、美，否定现实生活中的假、恶、丑。不反映矛盾冲突的纯粹的滑稽动作，庸俗低级的笑，挠痒痒的笑，显然不能归入喜剧的范畴。

喜剧的具体表现形态是十分丰富和

■ 图 35—13　马三立相声专辑

多样的，如谐谑、揶揄、嘲笑、怪诞、闹剧、趣剧、幽默、讽刺等。其中讽刺和幽默是最基本的形式。喜剧艺术在历史上主要集中于戏剧和小说中，在现代，则更多地体现在相声、小品、影视剧中。好的相声、小品、影视剧或让人开怀大笑，或引人深思，或讴歌好人好事，或讽刺丑恶和不文明现象，已经超越了古典喜剧的范围，成为大众文化的重要组成部分。马三立（图 35–13）、侯宝林、马季、姜昆等的相声，赵丽蓉、赵本山、宋丹丹、黄宏、蔡明等的小品，既有深刻鲜活的社会生活内容，又有幽默通俗的艺术形式，体现了深刻的生活智慧，通过大众媒体广泛传播，不仅是当代优秀喜剧的代表，也成为文化流行时尚。

36 境界

“境界”是中国哲学和美学中特有的概念。原指境地、胜境、佳境，是一种空间范畴。最初为佛教用语，“觉通如来，尽佛境界”（《成唯释论》）。唐王昌龄开始以“境”为美学范畴，“诗有三境：一曰物境，二曰情境，三曰意境”（《诗格》）。狭义的境界一般指艺术的意境，广义的境界包括做人做事的各种方式和状态。

中国的哲人和艺术家对境界有许多精彩的描述和论断。我们举古代、近代、现代各一个例子。

《庄子·秋水》中记载着这样一个故事：庄子与惠子游于濠梁之上。庄子曰：“鱼出游从容，是鱼之乐也。”惠子曰：“子非鱼，安知鱼之乐？”庄子曰：“子非我，安知我不知鱼之乐？”惠子曰：“我非子，固不知子矣；子固非鱼也，子之不知鱼之乐，全矣！”庄子曰：“请循其本。子曰‘汝安知鱼

■ 图 36—1 相传庄子与惠子观鱼的“知鱼桥”

乐’云者，既已知吾知之而问我。我知之濠上也。”

庄子：“小鱼悠闲地游来游去，这是鱼的快乐啊！”

惠子：“你不是鱼，怎么知道鱼是快乐的？”

庄子：“你不是我，怎么知道我不知道鱼的快乐?”

惠子：“我不是你，固然不知道你；你既然不是鱼，那么，你也不知道鱼的快乐啊!”

庄子：“请从头说起。你说：‘你怎么知道鱼是快乐的’，就是你知道了我的意思而问我，那么我在濠水桥上也就能知道鱼的快乐了。”（图 36−1）

这个故事被后人津津乐道。他们的辩论究竟谁是谁非，谁输谁赢，历来见仁见智。惠子是名家，是研究逻辑的，从逻辑上说，似乎他占了上风，因为人和鱼是不同类的，人怎么知道鱼的心理呢？但从审美体验上说，庄子更有道理，动物的动作、表情、痛苦或快乐，人是可以凭观察体验到的。“人同此心，心同此理”是也。可以说，庄子具有艺术家的风貌，惠子具有逻辑家的性格。

庄子与惠子，在现实生活中固然有距离，在学术观念上也相对立，讨论问题时经常互相抬杠。但在情谊上，惠子却是庄子生平唯一的契友。惠子死后，庄子讲了一个故事做纪念。楚国郢人鼻尖上溅到一滴如蝇翼般大的白灰，他请匠石替他削掉。匠石挥动斧头，随手劈下去，把那小滴的泥点完全削除，而鼻子没有受到丝毫损伤，郢人站着面不改色。宋元君听说这件事，把匠石找来说：“为寡人表演一次。”匠石说：“我以前能削，但是，我的对手早已经死了！”庄子感叹说：“自从先生去世，我没有对手了，我没有可以与之谈话的人了！”（《庄子·徐无鬼》）在这短短的寓言中，流露出淳厚真挚之情，这是怎样的一种哲人之友情!

其实，先秦各家学说除了作为思想研究外，不妨可以看做是不同的人生态度和人生境界。后人曾作过比喻：人的一生，少年时当如庄子，“逍遥游”，“齐万物”；青年时当如孟子，“养浩然之正气”，修齐治平；中年时当如孔子，行中庸之道，“知天命”；老年时当如老子，“上善

■ 图 36–2 王国维

若水”，“无为而无不为”。

近代的例子是国学大师王国维（1877—1927，图 36–2）的境界说。

他在其名作《人间词话》（图 36–3）中提出“有境界，本也”，境界是情、景统一，理想与现实统一的艺术美的世界。他的“境界”有两种意义，一是指艺术方面，二是指治学和人生方面。

先来看艺术意义上的境界。

他在《宋元戏曲考》中说，元剧之妙，一言以蔽之，有意境。什么叫有意境？“写情则沁人心脾，写景则在人耳目，述事则如其口出。”

又说：“境非独谓景物也，喜怒哀乐亦人心中之一境界。故能写真景物真感情者，谓之有境界。否则谓之无境界。”（《人间词话》）

具体来讲，境界包括：

1.“有我之境”与“无我之境”。

如果感情强烈直率，使“物皆著我之色彩”，如“泪眼问花花不语，乱红飞过秋千去”就是“有我之境”；而感情含蓄、委婉，达到“以物观物”和“物我两忘”的状态，如“采菊东篱下，悠然见南山”就是“无我之境”。“有我之境”就是明显灌注主观情感和意识于客观对象的状态。而当主体脱离了对外在功名、事物的考虑时，他的作品就会呈现出静美空灵的状态，这就是“无我之境”。“无我之境，人惟于静中得之。有我之境，于由动之静时得之。故一优美，一宏壮也。”

2.“隔”与“不隔”。

王国维说，所谓“隔”，就是语言雕琢、晦涩而不质朴自然，使读者有“如雾里看花，终隔一层”之憾。而“不隔”是指情感自然流露，语言生动鲜活。因而他提倡“不使隶事之句，不用粉饰之字”，要“语语明白如画”“语语都在目前”，方为“不隔”。

3.“入乎其内”与“出乎其外”。

王国维说：“诗人对宇宙人生，须入乎其内，又须出乎其外。入乎其内，故能写之；出乎其外，故能观之。入乎其内，故有生气；出乎其外，故有高致。”（《人间词话》手定稿之六十）

诗人要深入宇宙人生，对描写对象加以深入理解和体会，以获得丰富的感性、理性材料。在此基础上，诗人还得超越描写对象，上升到不为具体事物和主观状态所束缚的高度，从而达到更加高远、深邃的意境。两者是紧密统一、相辅相成的：只有深入客观对象，作品才能生动鲜活，只有超越客观对象，作品才能有更高的意境。

王国维除了提出艺术境界外，还提出一个更著名的“成大事业、大学问者”治学三境界说，他截取了三段古代词，转化其原意，精妙地表示人生的三种境界（过程）：

“昨夜西风凋碧树，独上高楼，望尽天涯路。”——第一境界；

“衣带渐宽终不悔，为伊消得人憔悴。”——第二境界；

“众里寻他千百度，蓦然回首，那人却在灯火阑珊处。”——第三境界。

第一境界出自北宋词人晏殊的《蝶恋花》。原为怀念故人之作，这里比喻一个人治学和做事，首先要高瞻远瞩，立志高远。这是第二、第三境界的基础。

第二境界出自北宋词人柳永的《凤栖梧》。原指热恋中的人深情迷恋意中人的情感，这里比喻对学问和事业的执着追求和不懈努力。

第三境界出自南宋词人辛弃疾的《青玉案》。原意为在灯如海、人如潮之夜，千追百寻终于找到了他，这里比喻经过多次磨炼和曲折之后，一朝水到渠成，功成名就。

用通俗的话概括，这三种境界即是：立志，拼搏，成功。而关键在于第二境界，没有“衣带渐宽”的拼搏精神，没有意志的磨炼，任何大学问和大事业都不可能成功。

人们大都认为王国维是“三境界”论的始作俑者，其实，早在宋代，禅宗大师青原行思就提出了参禅三境界：“参禅之初，看山是山，看水是水；禅有悟时，看

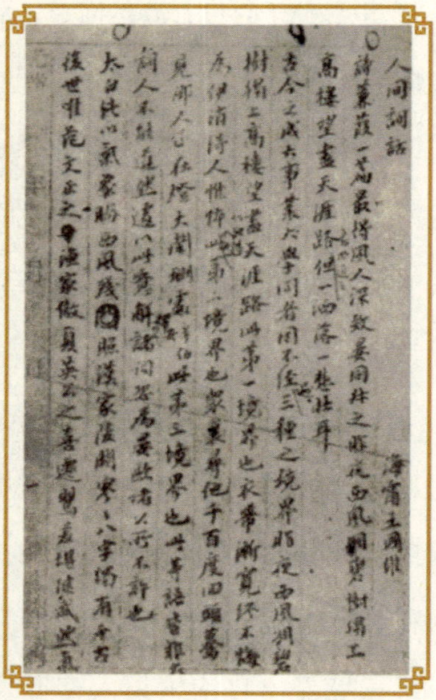

■ 图 36-3　《人间词话》手稿

山不是山，看水不是水；禅中彻悟，看山仍是山，看水仍是水。”

第一境界——看山是山，看水是水。涉世之初，对这个世界怀着一种童真般的好奇与新鲜，山就是山，水就是水，以为看到的就是真实的。

第二境界——看山不是山，看水不是水。当我们对世界多了一些理性与现实的思考时，对我们所看到的一切产生了怀疑，发现看到的并不一定是真实的，在现象背后隐藏着太多的未知，一切如雾里看花，水中望月，似真似幻，山不再是单纯意义上的山，水也不再是单纯意义上的水了。

第三境界——看山仍是山，看水仍是水。这是一种洞察世事后的返璞归真，但不是每个人都能达到这一境界。人生通过不断的反省，对世事有了清晰的认识，知道自己追求的是什么，要放弃的是什么，这时，看山还是山，看水还是水，只是这山这水已有另一种意义在内了。

现代的例子是哲学家冯友兰（1895—1990，图 36−4）的人生四境界说。他认为，人之所以为人者在于其有觉解（即自我意识），人生的意义就在觉解之中。有觉解是人之理，求觉解是人之性，能觉解是人之心。人生在世，就是要如孟子所说的“尽心知性知天”，成就理想人格。根据一个人对人生觉解的程度，表现为四种不同的人生境界，即自然境界、功利境界、道德境界、天地境界。这四种境界是一个从低级向高级的发展过程，境界高低取决于觉解程度的深浅，标志着人格完善的程度。

“自然境界”是层次最低的境界。生活在这种境界中的人的行为特征是“顺

■ 图 36-4　冯友兰

才”和“顺习”。“才”是指人的本能，即自然属性。“习”是指个人的生活习惯和社会的生活习俗。“顺才”和“顺习”，就是被动地顺从自己和社会，就像小孩和原始人那样，对所做的事没有或很少觉解。古诗中的“凿井而饮，耕田而食，不识不知，顺帝之则”最能代表自然境界中的人的心理状态。

要追求理想的人格，就不能停留在混沌自然之乡，而要了解宇宙人生之真谛，冲破自然境界之樊篱，达到一个较高的精神境界。这就是追求我之名利的人生境界，冯友兰称之为“功利境界”。绝大多数常人都处于功利境界之中。生活在这种境界中的人，对自己的行为已有清楚的了解，但这种了解限于通过明确的人生目的和自觉的行为来谋求自身的利益，其行为特征是“为利”。“利”包括名和利两个方面，精神性的满足求助于名，物质性的满足求助于物质利益即狭义的利。从总体上看，功利境界的人的人生目的是为己或为我，最终目的只有一个“取”字。但是，为实现这一目的，有时必须用“予”这种手段。有的人就是专靠“欲将取之，必先予之”这一套达到自己的目的；有的人则“主观为自己，客观为别人”；有的人利己不损人，有的人损人以利己，有的人损人不利己。如此等等，从根本动机看，他们都属功利境界。人们崇拜的英雄，就其功业说，可能十分伟大，但就其境界说，并非十分高尚，充其量不过是以利他之手段，达到利己之目的。

第三个境界“道德境界”又高于功利境界。在此境界中的人，对于人性已有觉解。人性即人的社会性，社会性表现为人与人的关系和人与社会的关系。前者叫“伦”，后者叫“职”。人们依照“伦”和“职”的标准，规范自己的行为，便是“尽伦尽职”，“尽伦尽职”的行为便是道德的行为。道德境界的特征是“行义”，“行义”

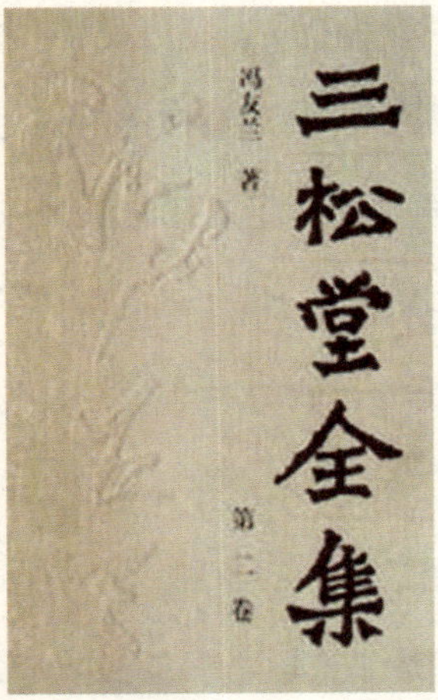

■ 图 36-5　冯友兰《三松堂全集》（河南人民出版社）

即“为公”。义与利相反相成。求自己的利的行为，是为利的行为；求社会的利的行为，是行义的行为。“为利”是“为我”，目的在“占有”，重“取”；“为公”是“利他”，目的在“贡献”，重“予”。具有道德境界的人，即使是“取”，目的也在于“予”。总之，“公利即义”。就个人而言，不谋己利，不计己功，是道德境界的人所必须具有的觉悟。就社会说，一个人为社会办事，当然要为社会计功谋利，建功立业，这就是公。

一般认为，一个人能毫不利己、专门利人就已经是一个高尚的、纯粹的人了。但是，冯友兰却认为还有比道德境界更高的境界——“天地境界”。“天地境界”的特征是“事天”。在此境界中的人，不仅了解人在社会中的“伦”“职”，而且还“知天”，即对宇宙人生有完全的了解，这种人的行为已不是停留在“行义”，而是“事天”。“天地境界”可以使人生获得最大意义和最高价值，是人生最高的最佳的境界。只有达到这个境界的人，才是圣人，才具有真正的理想人格。

天地境界是在最高境界上对自然境界的回归。两者区别在于，自然境界中的人生活纯朴自然，但对宇宙人生几乎没有觉解，用我们的话说，实践能力和认识水平都十分低下，是自然的必然性的奴隶，而天地境界的人已经认识到这种必然性而去顺应它。道德境界与天地境界的区别是尽人伦人职与尽天伦天职的区别，即于社会中做一个堂堂正正的人和于宇宙中做一个参天地赞化育的宇宙分子的区别。天地境界的人有更广大的胸怀与更高尚的气节，可以“与天地比寿，与日月齐光”，真正成为“天之骄子”。

37 哲学、科学与宗教

科学、宗教、艺术与哲学一样，都是人类文化形式之一，它们共同撑起了人类文化的大厦。在哲学内部，又有一些对科学、宗教和艺术反思和批判的分支学科，如科学哲学、宗教哲学（神学）和艺术哲学（美学），它们又构成广义哲学的一部分。因而，对科学、宗教、艺术等的反思和批判以及分析它们之间的关系也是广义哲学的重要组成部分。前面已介绍过艺术哲学（美学），现在简要介绍一下哲学、科学与宗教的关系。

在哲学史上，一般认为，哲学、科学、宗教与艺术的关系是不同领域或对象的关系。哲学研究人类社会和文化，科学研究自然界（真），宗教探寻人类精神世界（信仰或善），艺术表现美的世界。如康德的"三大批判"就分别是对三个不同领域的批判："纯粹理性批判"是对作为科学的哲学的批判，"实践理性批判"是对宗教与道德的批判，"判断力批判"是对美与艺术的批判。

随着认识和实践的发展，现代思想家越来越多地发现，仅以领域的不同不足以说明四者的本质区别。哲学也研究自然，科学也可以应用于研究社会形成社会科学，宗教中也有自然观和社会观，艺术中也有自然之美。因而，总体说来，它们的研究对象基本相同，都是人与世界的关系。它们的本质区别并不在于此，而主要是一种角度、方式的区别，也就是研究人与世界的关系的方式、角度、工具不同。哲学的方式是反思和批判，科学的方式是经验和工具理性，宗教的方式是超（越）（经）验的信仰，艺术的方式是感性体验和审美创造。

再进一步，用通俗的话说，哲学、科学、宗教和艺术要解决的问题是一样的，只是话语方式不同，哲学是“我（们）认为”，科学是“事实是”，宗教是“我相信”，艺术是“我感觉”。比如面对同一个地球，哲学家说，我（们）认为地球是人类生存和发展的环境；科学家说，地球是太阳系乃至所知的宇宙中唯一存在生命的行星；宗教家说，我相信地球是上帝为人类创造的伊甸园；艺术家说，我感觉地球是我们唯一的美丽的家园。

科学，是以理性为工具探索人与世界的真理的学问。理性是科学认识和改造世界的主要方式和核心原则。科学探求世界真理的目的是为了改造世界为人类所用，其改造的成果和工具称为技术，所以一般统称为科学技术。科学最早是从哲学中的自然哲学分化演变而来的。

宗教，顾名思义，就是成为“宗”的“教”。教就是教义及经典，是关于超验的彼岸世界、灵魂的信仰，宗就是教的发明者、传播者和信奉者，以及进行宗教活动的场所和仪式。世界宗教的流派众多，最大的三家是基督教、伊斯兰教和佛教，其他如印度教、犹太教、道教、神道教等。

基督教是世界上信仰人口最多（大约有20亿）的宗教。又分为罗马公教（在中国称天主教）、正教（亦称东正教）和新教。信仰上帝，认为耶稣是上帝为拯救世人而派遣为人受难的上帝之子，所以又称为基督，即救世主。以《圣经》（包括《旧约》与《新约》，图37–1）为主要经典。基督教的基本教义有“上帝创世”、“三位一体”“原罪说”“道成肉身”“救赎

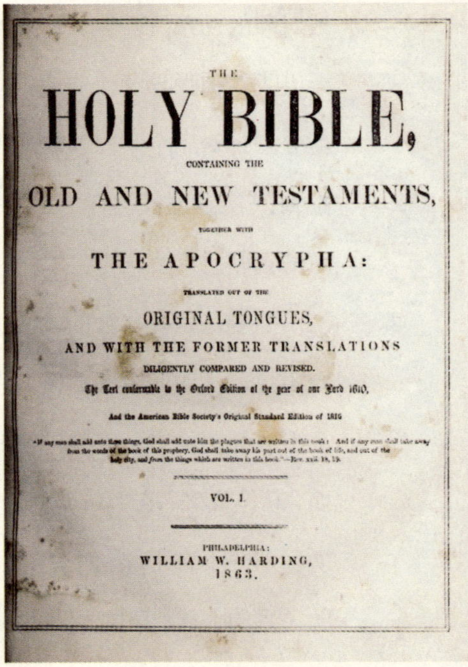
THE
HOLY BIBLE,
CONTAINING THE
OLD AND NEW TESTAMENTS,
TOGETHER WITH
THE APOCRYPHA:
TRANSLATED OUT OF THE
ORIGINAL TONGUES,
AND WITH THE FORMER TRANSLATIONS
DILIGENTLY COMPARED AND REVISED.
The Text conformable to the Oxford Edition of the year of our Lord 1610,
And the American Bible Society's Original Standard Edition of 1816
"If any man shall add unto these things, God shall add unto him the plagues that are written in this book: And if any man shall take away from the words of the book of this prophecy, God shall take away his part out of the book of life, and out of the holy city, and from the things which are written in this book."—Rev. xxii. 18, 19.
VOL. I.
PHILADELPHIA:
WILLIAM W. HARDING,
1863.

■ 图 37–1 《圣经》的英文本

■ 图 37–2　耶稣受难像

说”“末日审判”等。基督教的活动场所是教堂、教会，其宗教象征是传说耶稣受难的十字架（图37–2）。至今，许多欧美国家如瑞典、挪威、澳大利亚的国旗上都有十字架图案。基督教起源于公元1世纪罗马帝国统治下的犹太和巴勒斯坦地区。中世纪时在欧洲占统治地位，是欧洲封建制度的重要支柱。11世纪分裂为罗马公教和东正教。16世纪宗教改革运动中，新教又从罗马公教中分裂出来，出现了路德宗、加尔文宗和圣公宗三大新教主流派。宗教改革及其产生的新教各派对欧美许多国家的历史发展，对资本主义生产方式和现代社会的产生，都产生了极其深远的影响。（图37–3）此后，基督教各派系随着西方资本主义的全球扩张逐渐传遍全世界。西方人不一定都是基督教信徒，但要了解西方社会和文化，必须了解基督教。英国社会学家马克斯·韦伯在其名著《新教伦理与资本主义精神》中曾提出一个著名的观点：近代宗教改革后的新教伦理与理性资本主义发展之间有密切关系（勤俭和“天职”导致资本积累）。与马克思的切入点不同，韦伯关注的是人的价值观、世界观的改变对人行为方式和生活方式的影响。

伊斯兰教的信徒人数也非常多，以其为国教或主要信仰的国家至少有五十个，其中又以阿拉伯国家为主。伊斯兰教是典型的一神教，信奉唯一的神——真主安拉，以《古（可）兰经》为主要经典，宗教象征是绿色的月牙和星（在许多伊斯兰国家的国旗和清真寺上都能见到），活动场所是清真寺（图37–4），教徒被称为穆斯林。伊斯兰教分为逊尼和什叶两大派系。逊尼派为主流派别，分布在大多数伊斯兰国家，中国也是逊尼派；什叶派分布在伊朗、伊拉克等国。伊斯兰教产生于公元6世纪的阿拉伯半岛，相传为穆罕默德创立，圣城有麦加、耶路撒冷（耶路撒冷是世界上唯一一个被三大宗教——基督教、伊斯兰教和犹太教——奉为圣城的地方）等。唐朝高宗年间伊斯兰教传入中国，现在主要分布在回、维吾尔等民族。

图 37–3 梵帝冈圣彼得大教堂的青铜华盖

佛教也是世界三大宗教之一，将在下一节详细介绍。

有些学者认为，中国传统文化中缺乏宗教，或者严格地说，缺乏西方式的严格的一神教。佛教虽然在中国影响很大，但毕竟是来源于印度。中国土生土长的宗教只有一种：道教。道教起源于先秦时以老庄为代表的道家学说。在道教中，老子被奉为太上老君、太乙真人，庄子被奉为南华真君。道教有其经典——《道德经》（《老子》），有其宗教场所——道观，有专门修教传教者——道士，但它

图 37-4 耶路撒冷的萨赫莱清真寺

不是西方意义上的一神教。其实中国传统文化只是没有基督教那样的一神教，且宗教的作用没有西方文化中那样显著而已，并不能因此就否定中国宗教的存在。中国人也有非常多的信仰，但缺乏对一神的超越世俗的信仰。例如想发财拜财神赵公元帅，求平安拜武圣关公和门神秦琼，求学升官拜文圣孔子，求子和祈福拜观音菩萨，过年拜灶王爷，趋福避祸拜佛。也可以从中得到些许安慰和希望，但与基督教和伊斯兰教信徒那样把宗教化为内心的信仰、成为生活方式的核心之一则完全不是一回事。

在漫长的封建社会历史中，宗教曾经禁锢人们的思想，阻碍科学的发展，不同宗教派别之间曾经党同伐异，经历过无数纷争和战斗。欧洲中世纪的教会更是保守、僵化、罪恶的化身，曾经有多少罪恶和血腥以崇高的信仰的名义而行。对于宗教的社会作用，许多思想家都有过深刻的批判。最著名的莫过于马克思的这段话："宗教的苦难既是现实苦难的表现，又是对这种苦难的抗议。宗教是被压迫生灵的叹息，是无情世界的感情，正像它是没有精神的状态的精神一样。宗教是人民的鸦片。"①

其实，这主要揭示了宗教的消极作用。宗教也有其积极作用：在人们苦难时给予安慰，在绝望时给予希望，在行善时给予激励，在作恶时给予惩戒。在现代社会，虽然有宗教激进主义等的流行，但总的来说，宗教的作用已经比传统社会大大弱化。

与科学技术不同，由于哲学、宗教、艺术主要解决的是人与文化的问题，所以又被称为人文学科或人文文化。近代以来，与哲学、宗教、艺术的日渐式微相应，科学技术的作用越来越强大，超出了人文学科的总和。科学技术与哲学人文之间的矛盾日益激化。对二者关系的反思越来越成为思想家们的重要课题，更是关乎人类生存和发展的重大问题。

■ 图 37—5 斯诺《两种文化》（上海科学技术出版社）

英国学者斯诺（C.P.Snow）提出现代社会存在着"两种文化"（人文文化与科技文化）之间的对立和冲突。（图37—5）

技术只关心"有没有能力做"，而不考虑"可不可以做""应不应该做"。技术之所以重要，不仅在于它对社会文化的推动作用，更在于它可以为任何人所用，可以用于任何可能的目的。人们常说，技术是一把双刃剑，就是这个意思。

这要求我们以理性精神和人性关怀

① 《马克思恩格斯全集》，第1卷，452～453页，人民出版社，1956。

对科技决定论和科技崇拜进行反省。然而，我们不可能因为科技的种种负面后果就拒斥科技，正如我们不可能因为科技的巨大成功就消解人文精神一样。这就是现代社会科技与人文的悖论。我们只能在发展科技的同时，加强对科技的选择、应用和控制，也就是对科技的人文规范和控制，这已经成为当务之急。就像海德格尔追问的那样："在技术化的千篇一律的世界文明的时代中，是否和如何还能有家园？"①

在信息网络时代，以信息网络技术及生物工程技术为代表的新科技对人类社会影响的力量之强、速度之快、范围之广都是前所未有的。人们摆脱了大机器生产的束缚，机器更加人性化，但是，人类并没有真正摆脱"机器统治"和"技术专制"，相反，现代科技具有高渗透性，渗透到人类生活的方方面面，甚至科技本身成为一种意识形态，被人们盲目崇拜。科学成为衡量一切事物的价值的标准，凡是符合科学的就是好的，反之就是坏的。科学家成为真理的化身。技术成为我们的生活本身，人本身成为技术化的存在，技术从人的体力的辅助发展到人脑的辅助甚至替代物。现代人已经无法想象没有了电视、电脑、手机的生活。人们一方面享受着新科技带来的种种成就和便利，一方面不自觉地陷入科技崇拜和科技统治的境地，导致许多社会、心理、文化的困境，甚至导致人的新"异化"："网络成瘾症"使人们沉迷于虚拟世界而远离了真实的生活；克隆技术直接挑战人的生命尊严；电脑取代人脑、机器人统治人类已经不仅仅是科幻电影的情节；对于生态危机等全球性问题，科技更是难辞其咎；科技的力量越来越强大，人自身却越来越脆弱，人类的物质财富越来越丰富，而人类生活的意义、幸福感、社会的和谐并没有相应提高。总之，科技的发展已经对人的自由、尊严、信念、价值提出了严峻挑战。戴维·申克在《信息烟尘》一书中曾举过一个典型的例子：一位研究者在演讲中要求听众做出一个两

① 海德格尔：《出自思想的经验》，243页，法兰克福，1983。

难的选择：假设你必须做出决定，或者放弃你的一根手指，或者今后再也不使用计算机。结果，在被调查者中有三分之一的人选择放弃一根手指。这就是技术专制的极致，放弃计算机和截肢是等价的！

减少乃至弥合科学文化与人文文化之间的裂痕，融汇科学精神与人文精神已经成为21世纪人类文化整合的重要环节。随着当代科学精神和人文精神的逐渐接近，科学研究的对象从无机到有机的重大转变和当代哲学中的非理性主义潮流，当代文学创作中的反现实主义、反自然主义的潮流，以及宗教领域中寻找宗教和自我的有机统一的潮流遥相呼应。这些领域中的变化预示着近代以来崇尚感觉、经验、理性的大时代已经结束了。但这决不是说今后人类就不要感觉、经验和理性了，而是要超越它们，去探寻未知的世界，去获取人类认识和创造的更大的自由。21世纪的科学精神将不再以崇尚实证和理性为重心，而要以注重和探索人的生命本体、人对环境的需求和适应能力、人的全面发展为重心。

科学精神与人文精神的统一与合流，将为人类未来文化的整合展示光明的前景。在今后的人类生活中，科技文化存在的若干盲区，需要人文文化去关照，而人文文化又需要科学文化的滋养使之清晰化、实用化。

38 禅与佛

朋友们在游览祖国的大好河山时，常常会发现这样一个现象，有名山大川之处几乎都有寺庙与和尚，也肯定会见到一群善男信女们烧香拜佛，香火还很旺。中国古代四大名著之一《西游记》更是让唐僧师徒、如来佛、观音菩萨等佛教形象家喻户晓、妇孺皆知。有人还解读说，玉皇大帝高于唐朝皇帝，如来佛又高于玉皇大帝，象征着道教（道家）高于儒家，佛教又高于道教。如此种种，不难看出，佛教对中国传统文化和人们的生活方式、思维方式的深远影响。

■ 图 38–1　释迦牟尼和八大菩萨图

佛教是世界三大宗教之一。它起源于古印度，相传由尼泊尔国南部的释迦族中的乔达摩·悉达多创始，后被尊称为释迦牟尼佛（图38–1）。释迦是仁慈的意思，牟尼是寂默清净的意思，佛是觉悟。因此佛教也叫释教。佛教虽然产生于古代印度，但是其发展和得到广泛的传播却是在古代中国和深受中华文化影响的一些东方国家，如日本、朝鲜、东南亚国家等。反而在其发源地印度，佛教几近消亡。主要原因之一是佛教的宗教思想与东方文化的吻合。佛教在西汉时开始传入中国，后来经过魏晋南北朝和隋唐时期的大发展，逐渐成为中国传统文化的三大流派（儒、道、释）之一。

佛教与基督教和伊斯兰教的一神论不同，它信奉的神（佛）非常众多，流派众多。最初分为大乘和小乘，后来在中国又演变发展出诸多有中国特色的流派，如般若空宗、净土宗、律宗、密宗、华严宗、天台宗、唯识宗等。而佛教中国化所产生的最大、最有特色、最有影响、最具哲学意义的流派是禅宗。禅宗甚至一度成为中国佛教的代名词。

禅，全称“禅那”，源于梵文，意为一种静虑修行的方法。中国禅宗始于东汉后期。北魏时菩提达摩在少林寺修禅，被奉为中国禅宗的初祖。菩提达摩、慧可、僧璨、道信、弘忍代代相传，后分为神秀北宗和慧能南宗（“南能北秀”）。神秀讲逐渐领会、逐渐贯通的方法。慧能则讲顿悟，单刀直入，直沏心源，见性成佛。由于慧能弟子神会等的大力推崇，慧能被定为六祖，成为正宗。

禅宗的基本思想有：

第一，“以无为本”的本体论。“我此法门，从上以来，先立无念为宗，无相为体，无住为本。”禅宗否定了传统哲学中的终极本体，如儒家的“仁”，道家的“道”和早期佛教的“佛”，如非要有个“本”，那就“以无为本”。禅宗经典著作《五灯会元》（图 38–2）卷一记载了一则公案：梁武帝问：“如何是第一义谛？”祖曰：“廓然无圣。”“什么是最高真理？”“‘没有最高真理’是最高真理。”《五灯会元》卷四还记载了赵州与环中的一则公案。赵州问：“般若以何为体？”环中答：“般若以何为体。”仔细品味，环中绝不是在同义反复。赵州的“何”指“哪一个”，而环中的“何”则指“任何一个”，也就是说般若以万物为体。

第二，挑战权威、凡夫俱佛的佛性说。一切众生皆有佛性，人人都可成佛。“凡夫即佛，烦恼即菩提。前念迷，即凡夫；后念悟，即佛。”不悟即佛是众生，一念若悟即众生是佛。

第三，顿悟成佛的直觉思维方式。摆脱繁琐的思辨和论证，直指人心。要参悟“三无”的佛性，只有向心中求。“心生，种种法生；心灭，种种法灭；一心不生，

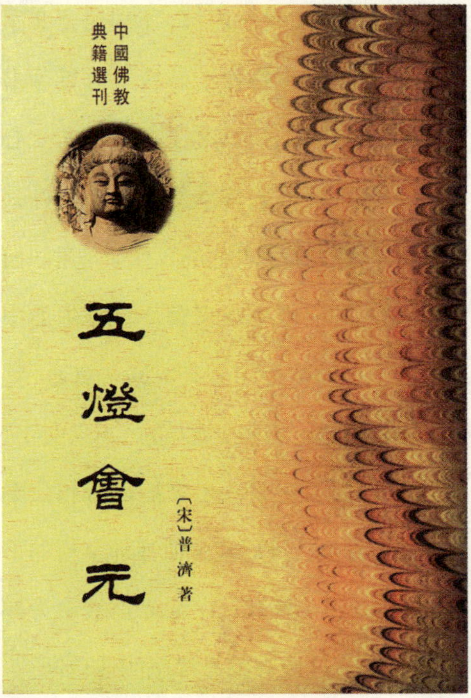

■ 图 38-2 《五灯会元》(中华书局)

万法无咎。”“万法尽在自心，何不从心中顿见真如。”禅宗反对苦行，反对向外求佛性，要用“般若直觉”的思维方法，就是在定慧合一状态下，思维不经过中介(如逻辑推理)而直指内心。快刀斩乱麻，一下子豁然贯通。

第四，与其他佛教派别的出世主义不同的入世主义。禅宗反对传统佛教与俗世隔绝的出世主义，把禅法融会在日常生活里，坐住行卧、搬柴挑水、日用操作都可体现禅法，随缘任运。用朱光潜的话说就是“以出世的精神，做入世的事业”。

第五，“不立文字，以心传心”的传法方式。禅宗传法的精华，主要体现在许多“公案”中。禅宗公案的问答往往不遵循一般的语言逻辑，对于不可言传却又要借助语言彰显的佛法（其实这是整个哲学和宗教的深刻悖论)，禅师巧妙地借助“答非所问”“同义反复”“类比归谬”“反唇相诘”“棒喝”“隐喻”等方式暗示常理中的悖论，启示人运用般若直觉破除执迷，消解悖论，领悟佛理。普通人看了这些公案，也会在惊讶、怀疑、大笑、赞赏之余体会其中的深刻哲理。

下面我们就来欣赏几则有代表性的公案，更生动形象地体会禅宗的智慧。

“本来无一物，何处惹尘埃”

相传五祖弘忍传衣钵时，他的大弟子神秀做了一首佛偈（诗）：

> 身是菩提树，心似明镜台。时时勤拂拭，勿使惹尘埃。

当时慧能只是一个小沙弥，没有读过多少书，但非常聪慧。他也做了一首：

菩提本无树，明镜亦非台。本来无一物，何处惹尘埃？

显然，慧能对禅宗的“空”的境界的理解比神秀更深刻，因此五祖弘忍只好将袈裟传给神秀，衣钵传给慧能。慧能连夜南逃，最后来到广东，形成历史上禅宗“南能北秀”的状况。

其实，慧能的重点不是否定菩提树和明镜台（客观事物），而是要我们破除“执着”。执着就是在事物的本身以外强加上去的种种属性，以破执的方式启发人认识事物的本性。用现代的话说，慧能是用辩证逻辑来破除神秀的形式逻辑，话不分对错，只是境界不同。

“拈花微笑”

“拈花微笑”是禅宗史上的第一则公案，叙说佛向禅宗初祖迦叶传授正法眼藏的故事。《五灯会元》卷一中记载：“世尊（释迦牟尼佛）者昔在灵山会上，拈花示众，是时众皆默然；唯迦叶尊者破颜微笑。世尊曰：‘吾有正法眼藏，涅槃妙心，实相无相，微妙法门，不立文字，教外别传，咐嘱摩诃迦叶。’”

正法眼藏即禅宗玄旨。不立文字指禅法以心传心，见性成佛，不用语言文字表述。教外别传指禅法妙旨不通过著书立说、教育宣传，而是通过直指人心、心心相印的特殊方式传承。许多人或许会怀疑：不能以文字表达的东西，究竟如何传授呢？其实也不难理解。日常生活中人们的“心领神会”“心有灵犀一点通”就是同样的意思。当然，绝对的“不立文字”是做不到的，记载六祖慧能言行和公案的书《坛经》以及记载其他禅师言行的书如《金刚经》（图38–3）后来都被奉为禅宗的经典，这或许就是禅宗的悖论吧。

“丹霞烧佛”

院主责问丹霞：“何得烧我木佛？”丹霞说：“吾烧取舍利。”院主问：“木佛何有舍利？”丹霞答：“既无舍利，更取两尊烧。”丹霞巧妙地设了一个圈套，便使院主悟到自己偶像崇拜的荒谬。

“谁缚你”

四祖道信14岁时，来拜访三祖僧璨。

道信：“愿师父慈悲，请开示解脱法门。”

僧璨：“谁缚你了？”

道信：“无人缚。”

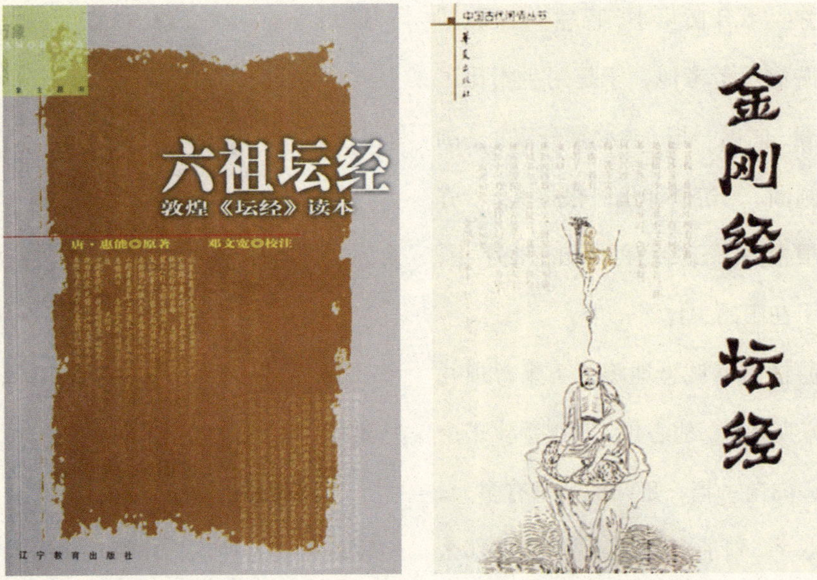

■ 图 38-3 《六祖坛经》和《金刚经 坛经》

僧璨："那何必更求解脱呢？"

道信言下大悟。

"放下什么"

有一位名叫黑指的婆罗门两手拿了两个花瓶，前来献佛陀。佛陀对他说："放下！"婆罗门把左手拿的花瓶放下。佛陀又说："放下！"婆罗门又把右手拿的花瓶放下。然而，佛陀还是对他说："放下！"婆罗门说："我已经两手空空，没有什么可以再放下了，你还要我放下什么？"佛陀说："我要你放下的是你的六根、六尘和六识。当你把这些统统放下，再没有什么了，你将得到解脱。"

"放下"是非常不容易做到的。我们俗人常常被功名、金钱、爱情、事业所累，感到生活辛苦，身心的重担与压力岂止手上的花瓶？必要的时候，佛陀指示的"放下"，不失为一条幸福解脱之道。（图38-4）

"一切皆是禅"

有一位云游僧去拜访无相禅师，适逢禅师外出，侍者沙弥接待说："禅师不在，有事请问我。"

云游僧："你年纪太小，不行。"

沙弥："我年龄虽小，智慧不小喔！"

云游僧想考考他，于是用手指比了个小圈圈，向前一指。沙弥摊开双手，画了个大圆圈。云游僧伸出一根指头，沙弥伸出五根指头。云游僧再伸出三根手指，沙弥用手在眼睛上比了一下。

云游僧诚惶诚恐地跪了下来，顶礼三拜，掉头就走。他心想：我用手比了个小圈圈，向前一指，是问他度量有多大。他摊开双手，划了个大圈，说有大海那么大。我又伸出一指问他自身如何，他伸出五指说受持五戒。我再伸出三指问他三界如何，他指指眼睛说三界就在眼里。一个侍者尚且如此高明，不知无相禅师的修行有多深，还是走为上策。

后来，无相禅师回来，侍者向师父汇报事情的经过："不知为什么，那位云游僧知道我俗家是卖饼的，他用手比个小圈圈说，你家的饼只这么一点大。我摊开双手说，有这么大呢！他伸出一指说，一个一文钱吗？我伸出五指说五文钱才能买一个。他又伸出三指说，三文钱可以吗？我想太没良心了，便用手比了一下眼睛，怪他不认识货。不想，他却吓得逃走了。"

■ 图 38–4　放下什么

无相禅师听后，说道："一切皆法也！一切皆禅也！侍者，你懂吗？"（图 38–5）

"饥来吃饭，困即睡觉"

有源律师来问："和尚修道，还用功否？"

师曰："用功。"

曰："如何用功？"

师曰："饥来吃饭，困即睡觉。"

曰："一切人总如是，同师用功否？"

师曰："不同。"

曰："何故不同？"

师曰："他吃饭时，不肯吃饭，万种须索；睡时不肯睡，千般计较，所以不同也。"

"饥来吃饭，困即睡觉。"这是多么的顺其自然，无所执着。可是这种看似平常

■ 图 38–5　一切皆是禅

的心态又有多少人能够拥有呢？禅宗的智慧实际上就藏在日常生活里，只不过大多数人没有领悟罢了。生活中亦有禅机，生活琐事亦可入禅。不要以为这些道理简单就轻视它，其实在生活中，越简单的道理领会起来越难，越简单的事做起来越难。不信你再来看几则与“俗人”有关的公案。

“八风吹不动，一屁过江来”

北宋时苏东坡在江北瓜州地方任职，他和江南金山寺的住持佛印禅师是好朋友，经常谈禅论道。一天，苏东坡打坐参禅，感觉很好，兴致勃勃地写了一首诗偈：

稽首天中天，毫光照大千。八风吹不动，端坐紫金莲。

“天中天”是指佛祖释迦牟尼。“稽首”就是磕头礼拜。毫光照大千就是佛光普照大千世界。“八风”是指人生活中所遇到的“称、讥、毁、誉、利、衰、苦、乐”八种状态。苏东坡写完，觉得自己的境界很高，就派书童过江，送给佛印禅师指正。佛印看罢诗，拿起笔批了两个字，叫书童带回去。苏东坡以为禅师一定会赞赏自己，没想到打开一看，顿时勃然大怒，马上乘船过江找禅师理论。

过了江，佛印禅师早站在江边等待，苏东坡一见他就气冲冲地说：“禅师，我们是至交道友，你对我的诗和我的修行不赞赏也就罢了，怎么能骂人呢？”

禅师若无其事地说：“骂你什么了？”苏东坡把诗上批的“放屁”两字拿给禅师看。

禅师哈哈大笑说：“你不是说‘八风吹不动’吗？怎么‘一屁就打过江’了呢？”

苏东坡惭愧不已，自叹佛学修养不及禅师。（图 38–6）

还有一次，苏东坡到金山寺和佛印禅师一同打坐参禅。苏东坡觉得身心通

■ 图 38–6　八风吹不动，一屁过江来

畅，问禅师道："禅师，你看我坐的样子怎么样？"佛印道："好庄严，像一尊佛。"

苏东坡听了非常高兴。佛印禅师接着问苏东坡道："学士，你看我坐的姿势怎么样？"

苏东坡从来不放过嘲弄禅师的机会，马上回答说："像一堆牛粪。"

佛印听了也很高兴。禅师被自己喻为牛粪，竟还感到高兴，苏东坡颇以嘲笑了他而得意。

回家后，苏东坡眉飞色舞地把此事告诉妹妹苏小妹。苏小妹听完后正色说："哥哥，你输了！禅师的心中如佛，所以他看你如佛，而你心中只有牛粪，所以你看禅师才像牛粪。"

苏东坡哑然。（图 38–7）

"夜游"

在仙崖禅师住的禅院里，有一位学僧经常在晚上偷偷爬过院墙到外面去游乐。仙崖禅师夜里巡察时，发现墙角有一张凳子，才知道有人溜到外面去。他不惊动别人，顺手把凳子移开，自己站在凳子的位置，等候学僧归来。夜深的时候，游罢归来的学僧，不知凳子已经移走，一跨

■ 图 38–7　苏东坡与佛印

■ 图 38–8　夜游

脚就踩在仙崖禅师的肩上，跳下地来，才看清是禅师，慌得不知如何是好。

但仙崖禅师毫不介意地安慰道："夜深露重，小心身体，不要着凉，赶快回去多穿一件衣服。"

全寺僧众，没有人知道这一件事，仙崖禅师也从未提起，但自此以后，全寺一百多个学僧，再也没有人出去夜游了。

禅宗和佛教对于中国和世界的文化产生了重要而深远的影响。本节开头我们说过，普通老百姓都知道寺庙、和尚、《西游记》、阿弥陀佛，其实佛教的影响远不止这些。

在哲学思想上，中国化的佛教与儒家和道家一起成为中国传统哲学和传统文化的三大核心支柱，还成为其他一些东方国家的国教或主流宗教思想。浩如烟海的佛教典籍仍然是今天人们学习古代文化的必不可少的途径，也是当代文化建设的必不可少的来源之一。

在文学艺术上，佛教文化产生了四大文学名著之一的《西游记》，产生了世界文化瑰宝——敦煌石窟、云岗石窟、龙门石窟（图38-9），留下了以四大佛教名山（五台山、普陀山、峨眉山、九华山）为代表的众多名胜古迹。在其他东方国家也有缅甸的仰光大金塔、柬埔寨的吴哥窟、阿富汗的巴米扬大佛等世界文化遗产。

在文化交流上，玄奘西天取经和鉴真东渡日本成为古代文化交流的代表。历史上，还有许多佛教人物对中国的哲学思想、科技、文学艺术作出了重要贡献。

佛教对塑造及形成东方国家人民的性格和价值观产生了非常重要的影响。因果报应、慈悲为怀、惩恶行善、普度众生、平和宽容、善待生命等观念对于全球化时代多元文化的整合也有着不可或缺的作用。

佛教对中国人的日常生活和语言文字也产生了深远影响。现在很多日常语言都来自佛教，如取经、执迷不悟、解脱、境界、轮回、万劫不复、报应、觉悟、解决、真谛、刹那、看破红尘、苦海无边回头是岸，等等。

在与世俗生活的关系上，佛教处理

■ 38–9　龙门石窟佛像

得比较好，既不是高高在上、与世隔绝，也不是直接干预和支配世俗生活。可以说，佛教是世界三大宗教中最宽容平和开放的宗教，几乎没有出现过原教旨主义和极端主义。佛教诞生两千多年来，虽然也产生过教派冲突、寺院僧侣与世俗力量的冲突，但总的说来，佛教对人类社会的影响是和平的、建设性的，起到了比较积极的历史作用。直到今天，佛教仍然是维护世界和平、促进文化发展的重要力量。

更有意思的是，禅宗对传统哲学思维方式的扬弃和对常识、权威的迷信的破除，与西方后现代主义哲学有异曲同工之妙（参见本书第9节）。后现代主义对基础主义、本质主义的否定很类似于禅宗的“人境俱夺”（即对我执、法执的破除）。后现代主义强调回归生活世界，与禅宗于日常生活中求佛性也非常相似。虽然二者的时代背景、文化基础很不同，但不妨碍我们吸取禅宗的积极因素，批判传统哲学的不足，改进后现代主义哲学只破不立的缺陷，找到一种更适合现代人的有建设性、多元性和宽容性的哲学思维。

禅宗和佛教不仅是一种宗教和思想，更是一种人生哲理和智慧，我们现代人也许并不会去修行求佛，更不会去出家当和尚尼姑，但完全可以通过学习和了解禅佛，领悟一些宇宙人生的智慧，在喧器的尘世中求得心灵的宁静与和谐。

最后，以《坛经》中一首《无相颂》来结束本节：

心平何劳持戒，行直何用修禅。
恩则孝养父母，义则上下相怜。
让则尊卑和睦，忍则众恶无喧。
若能钻木取火，淤泥定生红莲。
苦口的是良药，逆耳必是忠言。
改过必生智慧，护短心内非贤。
日用常行饶益，成道非由施钱。
菩提只向心觅，何劳向外求玄。
听说依此修行，西方只在目前。

39 历史与传统

历史与传统是哲学研究乃至整个人类文化的重要问题。历史是什么？传统是什么？人为什么要研究历史呢？德国哲学家雅斯贝尔斯（Karl Jaspers，1883—1969，图40-1）回答说："因为人生是有涯的，不完全的，同时也是不可能完全的，所以他就必须通过时代的变迁才能领悟到永恒，这也是他达到永恒的唯一途径。人的不完全和他的历史性实在都是一码事。人的界限并不包括某些状态：在尘世上并没有什么理想的境界。一个十全十美的世界组织是没有的。完人也是没有的，历史自身也不是封闭的。"①

■ 图 40-1　雅斯贝尔斯

历史是人在时间中的展开，是人之所以为人的文化确证。作为个体的人是有限的、必死的，个人只不过是历史长河中的匆匆过客，然而人类却形成一条生生不息的生命之流。人类有文字记载的历史已有7000年之上，而无文字记载但有考古确证的历史已有170多万年。每一个人和每一代人总要在短暂的人生中观照历史，确定自己的时空坐标，以便了解自己"从哪里

① 《现代西方历史哲学译文集》，42页，上海人民出版社，1984。

来”“怎样来”“为什么来”，然后才能知道“到哪里去”“怎样去”“为什么去”。

通常人们所谓“历史”有三重含义：其一是“历时”，即人们经历过的时间之流。这是“死”的、“隐蔽”的、“黑暗”的。其二是“历事”，即人们经历过的事件，包括“事物”和“事情”。这是人的创造，是“活”的，但仍是“暗”的、“无意义”的、“沉默”的。其三是“历史”。《说文解字》释“史”(㕜)为：“记事者也，从又持中。中，正也。”这是“现时”的人对“历时”的人与事的回忆、记录、解释、意义重建，是“自由”的、“明”的、精神性的（以物质为载体）。我们权且称之为“历史Ⅰ”“历史Ⅱ”和“历史Ⅲ”。三者之间有一种逻辑递进关系。历史Ⅲ是从“活的现在”出发，对过去的重演和对未来的预示，正是在此意义上，历史学家克罗齐说“一切历史都是当代史”。我们通常所说的历史，其实并不是已知时间的总和，而主要指后两者。

人是活在历史中的人，而历史是人创造的历史，所以要理解历史之谜，必须理解人之谜。马克思说：“全部人类历史

■ 图 40-2　司马迁画像

的第一个前提无疑是有生命的个人的存在。”人不是抽象、空洞的，而是有血有肉、有情有智的活生生的人。人分你、我、他，也分老、中、青，每一个有限的、有死的我，只有借助于你和他，方得以延续生命、创造历史。换言之，只有社会性的人才是历史的人。与人相对的物是“不死”的、“永恒”的，人必须借助于物的手段才能延续生命、创造历史，这样人的历史就是物质与精神的统一，“死”与“活”的统一。对于当下的人来说，古人已经死了，不会说话了，“我”不能亲眼看到古人的生活世界。如果说我对自己的过去和历史的回忆还具有一定可能的话，那么对于“非我”的“他”（古人），

如何才能回忆呢？我怎样才能使已死的人“说话”或“再生”呢？办法只有一个：通过古人的遗迹，看古人影响过的世界，听古人留下的声音，读古人写的书，续写古人已经写过的历史，延续古人传下的文化。古人虽已死，却并非“一死百了”，过去并未完全“过去”。证据有二：一是他们创造的物留传下来，他们生存过的环境也留传下来，物和环境虽不会说话，却记录了古人活动的“信息”，这就是“文物”；二是他们的生存活动以语言文字的形式流传至今，这就是“文献”。今人正是通过阅读和解释“文物”和“文献”来理解历史的。对“文献”的发现、阅读和解释主要是历史学的任务，对“文物”的发现、研究和解释主要是考古学的任务。人们自觉倾听、阅读流传下来的古人所写、所说、所做的事、物、言，在这种传承中，把自己所说、所写、所做的事、物、言融入其中，并加以改造，再传诸后人。这种活动是人类历史和文化得以延续发展的基本条件。（图 40-3）

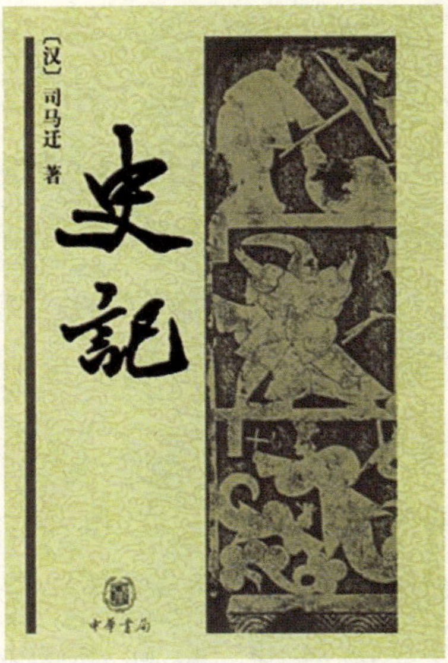

■ 图 40-3 司马迁《史记》（中华书局）

由于人们对历史的记载和解释毕竟不是本来意义上的生活——“本文”，人们只能以自己时代的价值观去解读“本文”，这就必然形成各种次生、再次生的文化“误读、误解”，许多次级的文本同时并存，导致一定程度的混乱，难以理解。于是，人们开始专门从事历史研究，对各种文本进行考证、比较、鉴定，并根据所谓公正、客观的价值标准，创造新的“权威”的文本，以便消除人们历史观念的混乱和分歧。然而这种对混乱和分歧的消除不可能是一劳永逸的，每一代人都有其“时代局限性”。于是，历史学家的任务就是努力探讨过去事件的意义，从对历史的回顾中获取一种前瞻的可能性，从身后的历史中获得方向感与希望。这种工作是相当艰难、麻烦的，因为过去的事件已经隐退，它们的痕迹就像考古的地层那样，一层层沉积起来，历史学并不能找到真正的源头，不能完全使它显现出来。德里达曾用“魔簿”来说明历史——就像一个深色涂蜡的本子，蒙上一层玻璃纸膜在上面写字，写后揭开那层纸膜，字就没有了，只在蜡上留下了痕迹。然后蒙上纸膜再写，蜡板上的痕迹就重叠上了。纸膜上的字是有意识的、清晰的，蜡板上的痕迹却是模糊的、无意识的。人不断在纸膜上写，每写一次都很清楚，但蜡板上的痕迹却越来越难以辨认。

这样看来，历史学似乎不可能完全达到自然科学意义上的“真理”，不过也不是胡适所说的“任人打扮的少女”。因为一方面，“故事”一直在继续，历史对现实永远保持着有效性的制约，杜绝了我们任意改造和虚构历史的可能性；另一方面，现实也赋予历史以有效性，我们并不只是被动的见证人、传承者，而且是主动的创造者、行动者，对历史的问题总有自己的话要说。这就是伽达默尔（Hans-Georg Gadamer，1900—2002，图40-5）的“有效性历史意识”。因此，尽管纯粹“客观”的历史并不存在，但每一代人解释出来的历史也不是完全主观随意的，也要对自己的时代和历史负责。

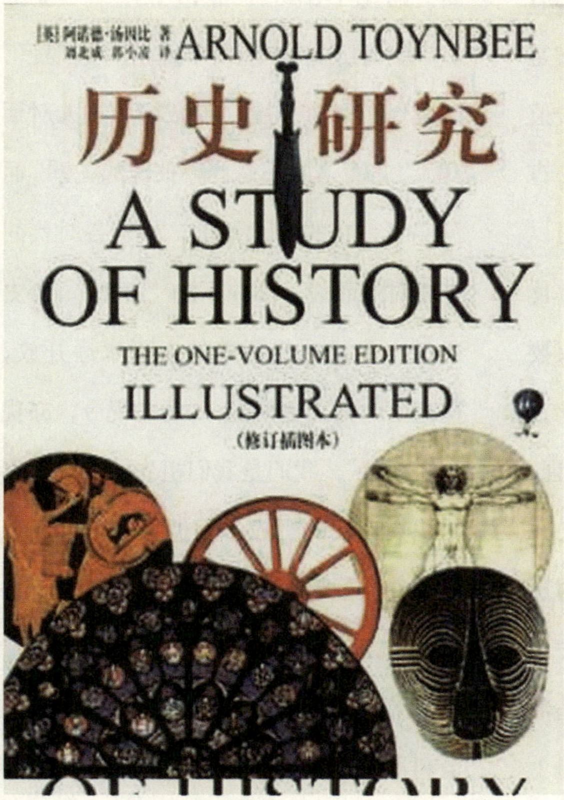

■ 图 40-4　汤因比《历史研究》（上海人民出版社）

■ 图 40-5 伽达默尔

与历史学不同，考古学是对“文物”的研究。“文物”就是“文化之物”，它具有物的形态，然而它之所以对今人仍有意义，并非因其实物形态，而是因它曾是古人文化生命的“物证”，它的真正价值在于它的意义。斯人已去，其物犹存，古人通过它与今人对话，今人通过它可以确证古人的生存状况，这种确证往往比文献更确实更有力。这就是我们不仅要研究文献，还要考证文物的原因。好比在法庭上，历史学家是人证，文物是物证，人可能说谎做伪证，物证却不会骗人。尤其是远古时代，“文献不足征”，人们对历史的认识主要靠文物。傅斯年在《历史语言研究所工作之旨趣》中曾这样描述考古工作：“我们不是读书人，我们只是上穷碧落下黄泉，动手动脚找东西。”考古不光证史，而且补史，加入历史的重建，能使历史显现出它的沉默和空白。因为历史本身在历史著作中并不出场，常常由历史学家的笔墨来代替，于是在没有文字记载的那部分，历史“缺席”，在有文字记载的地方，历史也被“打扮”过，人们看到的历史总是不完整的、有偏见的，而考古发现使我们有可能看到“历史所经历过却没有表现出来的空白处”（勒高夫语）。（图 40-6 和 40-7）

面对历史，不能简单地“信”或“疑”，而应保持尊重态度，真诚地和古人对话交流。古今之间不是此厚彼薄的关系，而是实实在在的传承延续，尽管各时代间有相对的断裂，却并不会“沉沦”，历史通过一代又一代活着的人而永远开放，富有生命力。更何况，“后之视今，亦犹今之视昔”，我们是我们祖先的后代，也是我们后代的祖先，不但要对古人和自己负责，更要对后人负责。未来“（即）将（到）来”，历史不仅影响着现在，也昭示着未来，正因有历史，我们对未来才有希望和期待，这种希望和期待不是由过去的“一般历史规律”所保证的。人对历史规律的把握不应成为僵死的教条，而应成为活的“路标”和“灯塔”。人并非匆匆过客，他的责任在于在“迎来送往”中为一切“曾在”立此存照，为一切“将来”设立路标。

人类历史进程所表现出来的方向性和全面优化的趋势，称为“发展”和“进步”。发展和进步是非常重要的文化观念和现实战略，我们将在第42节详谈。

一种特定的文化在历史中的延续、演进形成“文化传统”。所有文化都有自己的历史，而并非所有历史的文化都有传统。所谓传统，从字面意义上看，包含“传”和“统”两重含义：“传”指时间维度上的传承、延续、流传；“统”指空间维度上的统一、统治。可见，传统并不等同于历史，更不能归结为“过去的历史”，传统具有内在统一的时空特性。只有当一种文化具有相对完整独立的发展过程，并且在整个文化系统中占有主导或显著地位时，才能被称为传统。文化之所以能够形成文化传统，首先在于人的生命存在的世代延续。上一代人的文化通过人自身的生产、物质生产、文化产品（文献、

■ 图 40—6　故宫

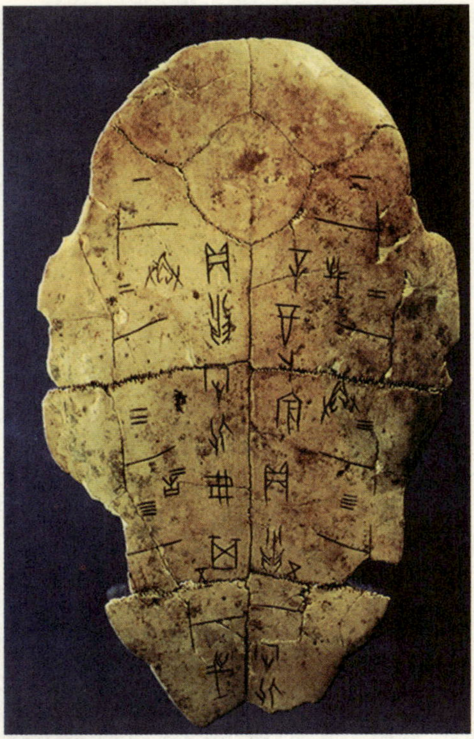

■ 图 40—7 甲骨文

文物）和遗传基因（集体无意识）传给下一代。个人所承载的不只是人自身的生命存在，不只是外在的文化环境，更是融入自己血脉中的文化传统。可以说，文化传统是人类文化在历史中的存在形式，是人类文化的遗传基因。

传统是怎样形成和发展的呢？一般而言，传统都有其“源”——“原本”，既包括用文字或其他方式记载的言行，也包括未经记载的言行。前者显而后者隐，但两者同等重要。典籍固然是研究传统的首要对象，但绝非唯一对象，我们不能从古代典籍中摘取只言片语就当成传统来阐发或批判，更应该对古人的文化心理、行为模式、实践活动进行研究，这些才是传统的真正根基，这需要有人类学、考古学、社会学、心理学的研究视角。传统有如下要素：首先，有特定的原初行动者和言说者，如巫师、祭司、首领、教师等；其次，有特定的接受者——广大人民群众；再次，有特定的时空背景和现实环境；最后，有特定的话语解释系统，如图腾祖先崇拜、意识形态、价值观等。传统表现为仪式、宗教、道德、习俗、文献、组织等形式。

文化一旦形成传统，就不仅要在空间上“统”，更要在时间上“传”。所要传的内容包括人的生命本身、行为规范、文化价值和意义系统等，都是以无意识的习俗方式和有意识的教育方式向人们灌输并被接受的。当某种特定传统被统治阶级利用时，就形成所谓“意识形态”。人不仅有延续自己肉体生命的生物本能，也有延续自己文化生命的文化本能，人不仅把后代看做具有血缘关系的后裔，更看做自己文化生命的继承者。传统的“传”不仅要靠先天的遗传，还要靠自觉的后天学习，而学习的途径主要是教育，包括学校教育及前辈对后辈的全部文化传输和习得。在文明社会里，文化传统主要是由教育者整理、阐发、传输的，所以教育者成为传统的保持者、传输者和改造者。后辈对前辈传统并不是完全被动地“承”，而是经过反思、批判、改造和重建的。所以传统的生命力在于保守和创新因素的辩证统一。保守使文化传统保持相对稳定，创新使文化传统不致凝固僵化，从而永葆生命力。人的文化生命具有二重性矛盾。一方面，每一代人都必须以既定的文化传统作为自己文化行为的起点；另一方面，人的文化生命具有超越性和未完成性，人总是在继承既定的传统时，主动、积极地改造和超越传统。人类生存环境的不断变化也对每一代人提出新的问题。这种二重性矛盾导致了文化传统的二重作用：文化传统一旦形成，便具有规范性和约束性。这种规范性从积极意义上讲，构成了对个体的一种保护网和安身立命之所，成为社会整合的胶合剂；从消极意义来说，传统又对个体的自由和全面发展构成束缚、限制和压抑，特别是在传统逐渐僵化和腐朽之时更是如此。传统的这种二重作用，使当代人对传统具有相当复杂的矛盾心态。尤其是在民族的文化危机乃至生存危机时期，人们面临传统与现代、本土与外来的双重冲突与矛盾，难以抉择。

目前，人们对待文化传统有三个误区，需要特别加以澄清和纠正：

第一，在时间维度上，认为传统等于“死”的“过去”，与“活”的“现代”对立。这种传统与现代的对立观念，乃是基于一种进化论的文化逻辑：将文化演进中的强弱、程度（空间差异）偷换成时间先后和价值优劣，断定“先进”的就是好的、正确的，“落后”的就是坏的、错误的。由此产生对待传统与现代的三种态度：一是激进主义，反传统扬现代，把对传统的彻底否定和批判当作现代化的必要条件，结果可能造成文化虚无与断裂；二是保守主义，反现代而扬传统，或者认为传统自身很好而不愿意变革，或者认为现代坏而要用传统来救现代之病，结果可能是自欺欺人；三是折衷主义，“吸取精华、剔除糟粕”，结果可能把传统当作古董任意摆布，无法解决真正问题，往往是两者的精华难以融合，糟粕却混在一起。其实，传统与现代不是绝对对立、非此即彼的，传统并不等同于“过去”，传统是一个开放的动态系统，它存活于现在，连接着过去，同时也包蕴着未来。

第二，在空间维度上，认为自己的文化传统与外来文化传统是对立的。集中表现在中西文化之争上。实质是先把空间概念转化为时间概念——中国文化等同于传统文化，西方文化等同于现代文化，然后把时间概念转化为价值概念——传统文化等同于落后的死的文化，现代文化等同于先进的活的文化。空间上的中西之争转化为时间上的传统与现代之争，又转化为价值上的先进与落后之争。也有三种态度：一是全盘西化，反中扬西；二是本土主义，反西扬中；三是折衷主义，“中体西用”或“西体中用”。其实，本土文化与外来文化不是绝对对立、非此即彼的。任何民族都没有纯而又纯的文化传统，如若真要在其传统中一一剔除外来文化（“他者”的传统）的影响，很可能剩不下多少自己的东西。学习外来文化不一定非要抛弃本土文化，弘扬本土文化也不一定非要拒斥外来文化。健康的文化从来都是在既自立自强又开放交流中发展的。

第三，在主体维度上，认为历史主体（人）与传统是割裂的。他们的文化逻辑是：先把传统等同于过去的历史（古人的文化），再把过去的历史局限于文化典籍（文献）中，所以一提传统文化就在孔孟老庄的著作中寻找，把古人的只言片语拿出来，“冷静”“客观”地研究，好像它们与我们现代人无关，可以任由我们解释和摆布。甚至用古代典籍掩盖了现代的问题。其实，人与传统不是外在的对象性关系，而是内在统一的。传统就在我们的文化基因和血脉中，对传统的批判就是对我们自己文化缺点的批判，对传统的继承就是对我们自己优秀文化的继承。比如要理解儒家的“忠、孝、仁、义”的伦理价值观，除了钻进古籍中去寻找外，更要去看岳飞精忠报国和文天祥舍生取义的故事，去考察现代中国人如何处理家庭关系和人际关系。

这三种对文化传统的误解都根源于一种简单化、绝对化的思维方式，就是脱离了具体的历史和主体，把文化传统当作与现代无关、与外来文化无关、与人无关的外在对象，不仅不能正确认识传统本身，还会造成严重的理论和实践后果。

回顾历史，是为了照亮未来之路，继承传统，是为了更坚实地走向现代。历史与传统不是死的、封闭的，而是对现在、未来和他者开放。在“历史向世界历史转变”的全球化和信息化的时代，人们越来越清楚地认识到，中国文化的封闭和僵化是没有出路的，只有继往开来，海纳百川，既自主自信自强，又开放宽容创新，才能坚定地走向文化复兴和民族复兴之路。

40 劳动与实践

劳动与实践，是社会历史哲学的重要概念，特别是马克思主义哲学的核心概念。

《中国大百科全书·哲学卷》把劳动解释为："人类特有的基本的社会实践活动，也是人通过有目的的活动改造自然对象并在这一活动中改造人自身的过程。"

孟子曾说"劳心者治人，劳力者治于人"，最早区分了脑力劳动与体力劳动。但在历史上，人们更多地把劳动简单理解为体力劳动。

黑格尔第一次在哲学上对劳动概念做出明确规定。劳动是主体和客体的对立统一联系，劳动概念是实践概念的具体化，比实践概念具有更强的目的指向性。黑格尔的劳动实际上只是一种精神活动。

马克思认为劳动"是人和自然之间的物质变换即人类生活得以实现的永恒的自然必然性"[①]。

劳动过程体现为生产力。农业社会自然经济的生产力公式可以表达为：

生产力＝劳动者＋劳动工具＋劳动对象

工业社会社会化大生产的生产力公式改写为：

生产力＝劳动者＋劳动工具＋劳动对象＋管理

信息社会的生产力公式则是：

① 《马克思恩格斯全集》，第23卷，56页，人民出版社，1972。

生产力=（劳动者+劳动工具+劳动对象+管理）×科学技术

实践比劳动概念更具哲学意味，含义更广泛。一般指人们能动地改造和探索现实世界的一切社会性的现实活动，是联系主体和客体的中介。相当于中国古代的“行”。实践是人类社会发展的普遍基础和动力，全部人类历史是由人们的实践活动构成的，因此，实践具有社会历史性。

亚里士多德的“实践”指“创制”，更多的是一种艺术创作行为。康德《实践理性批判》（图41–1）中的“实践”是指主体的“意志”的实现，即道德行为。与之类似，中国古代许多哲学家的“实践”（“行”）也主要是指人的道德实践。

■ 图41–1　康德《实践理性批判》（人民出版社）

王廷相、王夫之（1619—1692，图41–2）等人重视“行”对“知”的决定意义。行即履事、实历、实践等，往往局限于个人的、孤立的伦理道德方面的行为。王阳明（1472—1528，图41–3）提倡“知行合一”。知行合一说的核心内容是知行本体合一，重点在于强调行。知行同一于心之本体，是心的两个方面。知不限于思想，行不限于行动。知是行的主意，行是知的功夫；知是行之始，行是知之成。这里的行，虽然含有社会实践的意义，但说到底只是中国传统社会的道德践履，专指一种所谓的克己修身功夫。在这点上，王阳明与朱熹、陆九渊等人没有什么本质区别。

实用主义也强调实践，但否认实践的客观性，把实践等同于主观经验；否认客观规律对实践的制约，把实践的能动性夸大为主观随意创造；否认实践的客观历史性，把它当做个人生物式地应付

■ 图 41-2　王夫之像

■ 图 41-3　王阳明像

环境的行为；把取得对个人有用的“效果”看做是检验真理的唯一标准。

前文曾经说过，实践概念和实践思维方式是理解马克思主义哲学的关键。马克思、恩格斯在1846年共同完成的《德意志意识形态》（图41-4）标志着唯物史观理论体系的初步形成。以“现实的人”为自然历史前提，以人的实践为哲学逻辑前提，系统阐述了唯物史观的基本原理。这一原理的确立已经初步超越了传统的唯物—唯心的二元对立思维方式，找到了人与世界的多重矛盾的秘密根源——实践。过去有些研究者，习惯于戴着传统哲学的有色眼镜对待马克思主义哲学，教条化地曲解甚至肢解马克思主义哲学。最突出的莫过于在《1844年经济学哲学手稿》研究中制造“两个马克思”对立的神话，而在《德意志意识形态》研究中，制造唯物史观的两个出发点对立的神话：一方认为唯物史观的出发点是“现实的人及其需要”，另一方认为是“劳动或实践”。两方观点针锋相对，水火不容，前者攻击后者“见物不见人”，是“机械唯物论”，后者攻击前者是“抽象人道主义”或“唯心主义”。其实，这一争论非但没有发展马克思主义哲学，相反却把唯物史观还原到它已经超越的旧历史观的水平上。唯物史观的确存在两个前提（出发点）——历史前提和逻辑前提，然而两者绝不是对立的，而是相成的。

唯物史观是研究人类社会历史的学问，它的出发点当然是人类历史的前提，而“全部人类历史的第一个前提无疑是有生命的个人的存在”。“我们开始要谈的前提……是一些现实的个人，是他们的活动和他们的物质生活条件，包括他们已有的和由他们自己的活动创造出来的物质生活条件。”[①]“现实的人”这一历史前提的提

① 《马克思恩格斯全集》，第1卷，66～67页，人民出版社，1995。

■ 图 41-4 《德意志意识形态》手稿

出是对人本主义历史观的某种继承和超越。人本主义历史观的根本缺陷并不在于以人为本，而在于把人抽象化、孤立化。唯物史观的“人”不是抽象的意识中的人，而是从事实际活动的人，所以要真正揭示人之谜和历史之谜，就不能停留于此，而要从人的现实活动出发，进一步解释人的活动的内在机制和动力。

在“现实的人”的基础上，马、恩进一步揭示了唯物史观的逻辑前提——人的生产实践，并通过分析“两种生产”和“需要”的内在矛盾，一步步提出“生产力”“交往形式”“分工”“生产方式”等范畴，分析了这几种范畴间的矛盾关系和矛盾运动，然后论证了分工和私有制必然形成人的“异化”现象，而“异化”的消灭只能在生产力的高度发展的前提下，无产阶级通过“消灭现存状况的现实的活动”才能最终实现，最后合乎逻辑地得出了共产主义的结论。

不能把唯物史观的逻辑前提仅仅理解为物质生产实践，这样似乎太狭窄，而应理解为实践（即劳动）。因为两种生产、需要、生产力、交往形式等范畴都是相互联系、矛盾运动的，统一于人的实践活动中，物质生产实践只是实践中最基础的形式，而不是唯一的形式。在这一点上，唯物史观从根本上超越了旧的唯心主义和唯物主义历史观，实现了哲学思维方式的根本变革。具体地说，唯物史观的“物”是指人的实践活动，是灌注人的目的和需要的历史活动，充分体现了主观性与客观性、能动性与受动性、合目的性与合规律性的矛盾统一。而旧唯物主义的“物”是指“物质”，是脱离了人和人的活动的抽象的自然本体论范畴，所以在自然观上还有一定价值，在解释社会历史问题时就陷入了困境。

唯物史观的历史前提与逻辑前提是辩证统一的。只有从历史前提“从事实际活动的人”出发，到逻辑前提“人的实际活动（实践）”，两者相结合才能完整地说明人类社会历史，缺一不可。唯物史观理解的“人”正是“从事实践活动”的人，而“实践”正是“人的”本质活动。只有把这两点统一起来全面理解和把握唯物史观，才能使人和人的活动免于被肢解，也使马克思主义哲学免于被肢解。

在此意义上，我们可以把马克思主义的社会历史观称为“实践史观”，甚至可以把马克思主义的哲学称为“实践哲学”。

第一，实践对于人类存在具有逻辑先在和逻辑基础意义。恩格斯提出“劳动创造了人本身”，这里劳动即实践。劳动与人的历史生成的关系并非时间先在，而是逻辑先在。劳动使人超出动物界，使人成为人，这种劳动是人的劳动：“整个所谓世界历史不外是人通过人的劳动而诞生的过程。”

第二，实践，尤其是物质生产实践，是人类社会生存和发展的永恒基础。

第三，实践是人的本质力量的直观和确证。实践作为主体尺度与客体尺度的现实统一，不仅体现着来自对象世界（客体）的他律性规定，即“（对象）是什么”的客观规律，而且体现着来自主体自我的自律性规定，即“（主体）应当做什么”的价值取向，二者的有机契合才导致“必须做什么”的现实选择。实践的过程及其产物，使人的本质力量以直观方式呈现出来，马克思说，工业的历史，是一本打开了的关于人的本质力量的书，是感性地摆在我们面前的人的心理学。

第四，实践是人类存在的二重性矛盾得以展开和消解的根本途径。人类存在的二重性矛盾是指人的精神／肉体、物质／意识、主观／客观、实然／应然、现实／理想等一系列对立的矛盾。正是实践使人自觉意识到这些矛盾，又通过实践活动及其创造的现实历史过程去展开并实际解决这些矛盾。马克思所设想的共产主义，是人和自然界之间、人和人之间的矛盾的真正解决，是存在和本质、对象化和自我确证、自由和必然、个体与类之间的斗争的真正解决。这一理想的实现，不是靠价值批判和思辨批判，而是靠“实践批判”，即“消灭现存状况的现实的运动”。

第五，相对于其他范畴，实践范畴更

具有本体论意味，更深刻地表征了人类存在的特质。人类存在可从不同角度加以规定，如物质、思维、理性、语言、符号、文化等，但它们都无法从总体上和根本上把握人的特质，都有待于被说明和界定，追溯它们的前提，只能是实践。之所以如此，关键在于实践具有普遍性和直接现实性的双重品格。

总之，马克思主义的实践哲学超越了以往一切旧哲学的传统本体论和二元对立思维方式，后者虽揭示了人类存在的二重性矛盾，却把其中某一方面抽象化、孤立化为绝对本体，非但没有解决矛盾，而且使矛盾扩大化，或只在意识中消解了矛盾而没有解决现实问题。

马克思主义哲学的实践论特色不但是马克思、恩格斯的伟大创造，也深刻反映出哲学思想发展和社会历史发展的普遍潮流——关注实践、关注时代、关注生活、关注大众。维特根斯坦从早期的逻辑实证主义转向后期的"哲学游戏"，就连玄而又玄的现象学的创始人胡塞尔也在晚期转向"生活世界"。

就历史影响而言，思想家有两种类型，一种是在世时声名显赫、誉满天下，身后却很快被世人所遗忘；另一种其思想能超越时空，焕发出蓬勃生命力。马克思即属于后者。马克思对社会现象鞭辟入里的批判精神和对人类命运、人类发展的关注与责任使得马克思在这个世界不可缺席。后现代解构主义大师德里达在解构许多哲学之后，却称马克思是在场的幽灵，甚至大声呼吁：

> 不能没有马克思，没有马克思，没有对马克思的记忆，没有马克思的遗产，也就没有将来：无论如何得有某个马克思，得有他的才华，至少得有他的某种精神。

德里达在《马克思的幽灵》"开场白"的第一句话是：

> 某个人，您或者我，走上前来说："最终，我要学会生活。"

最终，还是要学会生活，学会智慧地生活。

41 发展与进步

发展和进步是社会历史哲学的两个核心概念，对发展和进步问题的关注与研究是当代哲学和社会科学的重要主题之一，并形成专门的分支学科——发展哲学。

人类历史进程所表现出来的方向性和全面优化的趋势，称为“发展”和“进步”。发展是人在实践活动基础上自我创造、自我完善的历史过程，包括时间上的生长（发）和空间上的展开（展），从纵向上看，是前进性和曲折性的统一，从横向上看，包括经济、政治、文化、精神等因素的有机协调、共同进化，从本质上看，体现了合规律性与合目的性、科学认识与价值评价的统一。

关于发展的本质、目的、内涵的基本观点就是发展观。有什么样的发展观，就有什么样的发展道路、发展模式、发展战略和发展结果。发展观并不是一成不变的，在古代思想中，无论西方还是东方，传统的历史观都是以不变论或循环论为主导。直到16世纪文艺复兴以后，特别是达尔文进化论提出后，人们才越来越多地认为人类社会是不断前进、不断增长、从低到高的“发展”和“进步”的过程。

1962年，美国生物学家蕾切尔·卡逊出版了一部科普图书《寂静的春天》（图42-1）。她以生动而严肃的笔触，描写因过度使用化学药品和肥料而导致环境污染、生态破坏，给人类带来严重的灾难。《寂静的春天》犹如旷野中的一声呐喊，敲响了人类因为破坏环境而受到大自然惩罚的警钟，产

■ 图 42–1 蕾切尔·卡逊《寂静的春天》(吉林人民出版社)

生了巨大的影响，给人类以振聋发聩的启示，引发了一场关于发展观问题的世界性大讨论。

第二次世界大战后，世界各国致力于经济建设，人类创造了前所未有的经济增长的奇迹，但是，也引发了一系列生态、能源、经济、社会、文化的问题。这些问题是经济发展的必然产物，还是在经济发展中可以避免的现象？究竟应该遵循什么样的发展思路？基于对这些问题的思考和解决，先后形成了以下发展观。

1.“发展=经济增长”的经济增长观。这种发展观盛行于20世纪50、60年代，把发展等同于经济增长，把经济增长等同于物质财富在数量上的增加。特别是把国民生产总值GNP或国内生产总值GDP的增长作为发展的标准与目的，又被称为“增长第一战略”或“GDP中心主义”。这种发展观对促进经济增长、迅速积累财富起了积极作用。但是，许多国家也出现了“有增长而无发展”，甚至是“负发展”的局面，即经济总量虽然有较大程度的增加，但人民的生活质量没有得到根本改善，还出现了两极分化、社会腐败、环境恶化等问题。

2.“发展＝经济＋自然”的增长极限论。20世纪70年代，国际性的未来学研究团体“罗马俱乐部”的报告《增长的极限》(图42–2) 批判以经济为中心的发展观，认为生态快到极限了，经济增长再过100年也到极限了，于是提出了“发展=经济＋自然”的思想。后来，联合国斯德哥尔摩会议通过的《人类环境宣言》，明确提出“持续增长”“合理的持久的均衡

■ 图 42—2 丹尼斯·米都斯等《增长的极限》(吉林人民出版社)

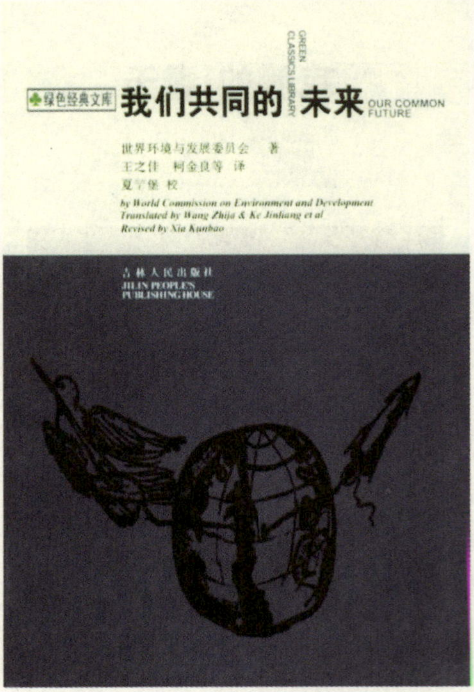

■ 图 42—3 世界环境与发展委员会《我们共同的未来》(吉林人民出版社)

发展”的概念，主张实现在保护地球生态系统基础上的、人与自然和谐相处的人类社会的永续发展。

3.“发展=经济+自然+社会”的可持续发展观。1987 年联合国环境与发展委员会发表了题为《我们共同的未来》(图 42—3) 的长篇报告，首次提出了“可持续发展观”的定义——既满足当代人的需要，又不对后代人满足其需要的能力构成危害的发展。他们已开始提出在重视与自然界和谐的同时，重视社会关系的改善，重视社会问题和社会矛盾的解决。可持续发展观强调发展的关键是“适度”发展，即人口的适度增长、生产的适度进步以及生活上的适度消费。通过适度发展，以保护资源环境，使资源环境得以永续利用，实现人和自然之间、人和人之间的和谐。

4.“发展=经济+自然+社会+人”的综合发展观。1983 年联合国推出法国经济学家佩鲁的《新发展观》，提出发展应该是整体的、综合的、内生的，发展应以人的价值、人的需要和人的潜力的发挥为中心，促进生活质量的提高和社会每位成员的全面发展。社会是一个有机整体，其发展不是各个部分发展的简单总和，而是各要素之间或各子系统之间的协调运行过程。因此，任何方面的发展都必须从人类社会整体的角度去认识。某一部分的发展不应以牺牲另一部分的发展为代价，不应妨碍系统的协调运行，而要以服从整体的发展为前提。这种发展观进一步演变为“以人为中心”的发展观。联合国开发计划署《1994年人类发展报告》明确提出了“以人为中心”的社会发展观，确立了一种新的度量发展的标准——人类发展指数HDI，它包括三个基本指标：寿命、知识和生活水平。1995年在哥本哈根召开的世界发展首脑会议上通过的《宣言》和《行动纲领》指出：社会发展要“以人为中心”，“社会发展的最终目标是改善和提高全体人民的生活质量”。(图42-4)

世界发展观的变革见表42-1。

表42-1 世界发展观的变革

	单一线性发展观	综合发展观	系统发展观	和谐发展观（科学发展观）
时间	20世纪60年代前	60、70年代	80、90年代	21世纪
标志思想		《增长的极限》《寂静的春天》	《新发展观》《我们共同的未来》	联合国环发大会、可持续发展、生态文明
主要内容	经济增长	经济增长＋环境保护	以人为中心＋社会综合发展	人与自然、人与人、人与自身的和谐
核心价值	一元、片面、理性主义	多元、全面	整体性、人本主义	和谐、自由、幸福

5. 和谐发展观。我们可以把科学发展观以及世界最新发展观称为和谐发展观，即以人与自然、人与人、人与自身的和谐发展作为核心和目标。

从近50年来国外发展观演变的轨迹可以看出，人类对发展观的认识越来越深化，越来越把经济发展、社会发展、人的发展以及人与自然的和谐统一起来。但是，由于不合理的国际政治经济秩序的制约，许多国家特别是广大发展中国家，在发展问题上不可避免地存在着种种缺陷。

中国改革开放近30年来，取得了举世公认的伟大成就，我们不多说。但也出现了许多理论上和实践上的失误，必须深入全面地反思。

■ 图42–4　2002年8月25日晚，世界可持续发展首脑会议召开前的晚会上，南非少年儿童演唱以保护地球为主题的歌曲。新华社记者徐显辉摄

1.在发展理论上，缺乏系统、长远、公正的理论做指导。

2.在发展目标上，没有理顺甚至颠倒了发展的目的与手段的关系（生产力与人），没有理顺经济改革与政治改革的关系。

3.在发展主体上，始终由政府主导，"精英"参与，自上而下，广大民众特别是基层民众几乎没有参与发展和改革讨论、决策和实施的机会与权利。政府、精英与民众之间的裂痕越来越大，共识日趋破裂。当民众的利益受损时很容易产生被剥夺感和不满情绪，又没有正当的表达和发泄渠道，因此产生了严重的社会问题。

4.在发展模式上，"单项突进"，"三个归结"——把发展简单归结为经济发展（以经济建设为中心），把经济发展简单归结为经济增长，把经济增长简单归结为GDP的增长（"GDP中心主义"），这种模式导致整个社会没有得到协调进步，各种矛盾日益积聚。

5. 在经济增长模式上，奉行粗放式增长，依靠消耗丰富而廉价的劳动力和自然资源，走劳动力密集型和资源消耗型道路。结果既没有提高自主创新能力，又付出了惨重的环境和社会代价。

6. 在对外开放上，无原则无条件地对外开放，单纯招商引资，“以市场换技术”，“造船不如买船，买船不如租船”，导致自主性丧失和安全性危机。

旧发展改革观带来严重的实践后果，主要是：人与自然关系的全面恶化——生态危机和资源危机；人与人关系的恶化——社会不公和矛盾激化；人与自身关系的恶化——人的信仰和精神危机。人与社会关系出现许多不和谐现象，如贫富两极分化、社会保障制度不完善、政治腐败、诚信缺失、伦理道德滑坡、价值观迷失、暴力犯罪增多等。

最近两年发生的太湖蓝藻水污染事件（图42-5）和山西黑砖窑奴工事件（图42-6），就是这种不合理的发展观和发展

■ 图 42-5　触目惊心的太湖蓝藻

■ 图 42-6　山西黑砖窑上千孩子做苦工

模式的缺陷的典型爆发。如果，我们的天不再蓝了，水不能喝了，土地沙漠化了，森林减少了，社会矛盾加剧了，安全形势恶化了，腐败和犯罪现象越来越严重了，人的精神越来越空虚了，人越来越不快乐幸福了，那么，越来越高的经济增长率和越来越多的物质产品又有什么意义呢？

在党的十六届三中全会上，新一届中央领导集体明确提出科学发展观，即"坚持以人为本，树立全面、协调、可持续的发展观，促进经济社会和人的全面发展。"新发展观既是对世界上发展观变革的继承和创新，也是对实践问题的深刻反思和转变。

第一，发展应是全面的。全面推进经济、政治、文化和社会建设，促进物质文明、政治文明和精神文明的协调发展，实现经济发展和社会全面进步，解决人与自然、人与人、人与自身的三大矛盾。

第二，发展应是协调的。协调发展就是统筹城乡发展、统筹区域发展、统筹经济社会发展、统筹人与自然和谐发展、统筹国内发展和对外开放，促进生产关系和生产力、上层建筑和经济基础相协调，促进经济、政治、文化和社会建设的各个环节、各个方面相协调。

第三，发展应是可持续的。可持续发展就是要促进人与自然的和谐，实现经济发展和人口、资源、环境相协调，保证资源一代接一代地永续利用，保证人类一代接一代永续发展。要改变那些只管建设、不管保护，滥开发、不治理，只顾眼前的增长、缺乏长远的打算，重局部利益、轻整体利益的错误做法。

第四，发展应以人为本。以人为本是科学发展观的本质与核心，就是以最广大人民的根本利益为本，实现人的全面发展。要从人民群众的根本利益出发谋发展、促发展，不断满足人民群众日益增长的物质文化需要，切实保障人民群众的经济、政治和文化权益，让发展的成果惠及全体人民、惠及子孙后代。人的全面发展，就是要克服人的发展的片面性、单一性，包括：在经济、政治、文化各方面的全面进步和协调发展，物质和精神生活的丰富性和多样性，体力、智力、创造力及人格的全面提升与协调发展，实现个人价值和社会价值的程度全面提高。

“进步”与“发展”密切相关，也是对人类社会历史进程的某种看法。它包括如下问题：人类社会是否是向前进步的？进步是否意味着更完善、更美好？人类历史在前进的过程中是否一定以某些方面或某些群体的退步为代价？社会进步的悖论是否存在？

如同发展观一样，在古代思想中，无论是东方还是西方，进步观念都不占主导地位。如孔子的“信而好古”“克己复礼为仁”，老子的“民多利器，国家滋昏，人多伎巧，奇物滋起”，“智慧出，有大伪”，“小国寡民，老死不相往来”。基督教也以历史循环论和末日说为主。他们大多把过去看成是人类的黄金时代，而把人类的现在说成是倒退。

真正确立历史进步观念的是17世纪以来的启蒙思想家。孔多塞的《人类精神进步史表纲要》可看做是理性主义进步观的标志：“人类在实现其能力的完善上决无限制，人类的完善是真正无限的，这种不断完善的进步将挣脱任何使之停顿的力量，它比自然所赋予他们的地球的持久还要无限。毫无疑问，这种进步只会在速度上或慢或快，但它绝不会倒退。”有学者把这种进步观概括为：理性主义立场、科学万能论、机械决定论、线性发展模式、实证性思维方式、盲目乐观主义信念、物质利益追求的价值取向。

早在理性主义进步观产生时，就有思想家对其进行批判。卢梭在《科学与艺术的进步是否有助于风俗的敦化？》中说：“我们心灵的破碎，正和艺术和科学的进步，成为正的比例。”科学是人类的祸患、道德的敌人。后来的许多思想家对理性主义进步观、工具理性和科技对社会的全面控制、人的全面异化、科技的局限等问题展开了深入批判。“二战”后，西方社会自启蒙时代以来对理性和进步的乐观与自信消失殆尽。后现代主义兴起，走向现代性和理性的反面。在历史观上是虚无主义和怀疑论，抛弃了对理性和进步的信仰以及历史的规律和决定性。他们深刻揭露了资本主义社会的矛盾，为社会进步观念注入了忧患意识、危机意识、代价意识，为盲目追求进步敲响了警钟。还有些思想家对进步概念和思维方式进行批判。斯宾格勒的《西方的没落》，把世界历史看做各种独立文化的发展、成熟、衰落、消亡的循环过程。汤因比的《历史研究》认为历史进步概念根本不存在，人类各种文明是在内外挑战和应战的相互运动中产生和发展的。

所谓进步的悖论就是社会的进步与人的发展的矛盾。马克思在一百多年前曾对社会进步的悖论做过非常精彩的论述：

> 在我们这个时代，每一种事物好像都包含有自己的反面。我们看到，机器具有减少人类劳动和使劳动更有成效的神奇力量，然而却引起了饥饿和过度的疲劳。财富的新源泉，由于某种奇怪的，不可思议的魔力而变成贫困的源泉。技术的胜利，似乎是以道德的败坏为代价换来的。随着人类愈益控制自然，个人却似乎愈益成为别人的奴隶或自身的卑劣行为的奴隶——甚至科学的纯洁光辉仿佛也只能在愚昧无知的黑暗背景上闪耀。我们的一切发现和进步，似乎结果是使物质力量成为有智慧的生命，而人的生命则化为愚钝的物质力量。现代工业和科学为一方与现代贫困和衰颓为另一方的这种对抗，我们时代的生产力与社会关系之间的这种对抗，是显而易见的，不可避免的和毋庸争辩的事实。[1]

长期以来人们对社会进步概念的理解是形而上学式的、机械的、非历史的。社会进步悖论之所以存在，有个很重要的原因，就是对进步概念的误解，认为进步就是绝对的直线上升，绝对的向文明、道德、

① 《马克思恩格斯选集》，第1卷，775页，人民出版社，1995。

自由、平等的迈进，并不会伴随退步、斗争、冲突、灾难，不承认历史进步的代价。

社会进步不但是时间的前后相继，而且是内在矛盾的展开发展。进步不是直线上升过程，而是非线性的，付出代价是不可避免的，往往通过付出各种代价，又扬弃代价的方式来开辟道路。不论社会发展还是人的全面发展，都是一个长期过程，在一定时期内，由于主体认识上的局限性和客观条件的限制，某一方面的突出发展必然会抑制或延缓其他方面的发展，造成社会发展和人的发展片面化、孤立化。要想不付出任何代价来获得社会发展和进步，只能是幻想。社会进步付出代价是不可避免的，但并不是说，社会进步付出的任何代价都是合理的、不可避免的，我们应当尽可能地在允许条件下，制定合理的发展战略，采取有效的手段，尽量少付出不合理、不必要的代价。如果我们的发展一定要付出社会和谐与环境恶化的沉重代价，那么这样的发展有什么意义？对此胡锦涛总书记有明确的回答："人的生命是最宝贵的。我国是社会主义国家，我们的发展不能以牺牲精神文明为代价，不能以牺牲生态环境为代价，更不能以牺牲人的生命为代价。"

否认代价的存在，对社会进步盲目乐观不对，而一味强调代价的不可避免性，为急功近利而不计代价的成本和后果，甚至为某些短期或集团利益人为扩大代价的程度和范围，损害公众利益和长远利益，更是错误行为。这两种错误观念和行为在我国改革开放的不同时期广泛存在，必须认清危害并彻底消除。只有勇于批判，善于反思，不断总结，及时调整，才能以尽可能小的代价促进社会进步。

社会进步表现为物质文明、精神文明、制度文明的进步以及人自身的发展，是一个全面、综合、系统、复杂的过程。社会进步并不等同于经济发展，经济、政治、文化的发展只是手段和内容，人自身的发展和进步才是社会进步的核心和目的。

42 平等、民主与人权

■ 图 39-1　卢梭

谈完了伦理学、逻辑学、美学、宗教学中的一些有趣问题之后，我们来谈一谈社会、政治、文化领域中的一些哲学问题。

消除社会差异，追求社会平等，是人类共有的社会理想之一。社会主义和共产主义就是这一社会理想的集中体现。平等也是法国大革命的理想价值之一（自由、平等、博爱），在经历了早期自由竞争资本主义导致的社会不平等和两极分化之后，现代西方思想家日益认识到重建社会平等的重要。

自人类有史以来，无论是柏拉图的《理想国》，还是莫尔的《乌托邦》，卢梭（Jean-Jacques Rousseau，1712-1778，图 39-1）的《论人类不平等的起源和基础》（图 39-2），亦或马克思、恩格斯的《共产党宣言》，对公平的追求都始终贯彻着整个人类社会的发展历程。1998 年诺贝尔经济学奖得主阿马蒂亚·森在谈到经济全球化时指出："全球化：只要公平就好"，"我们真正要做的是如何更加公平地分享全球化的成果"。①

平等并不是"相等、同样、无差别"，而是一个价值判断与规范分析，

① 载《21 世纪经济报道》2001 年 8 月 6 日第 24 版。

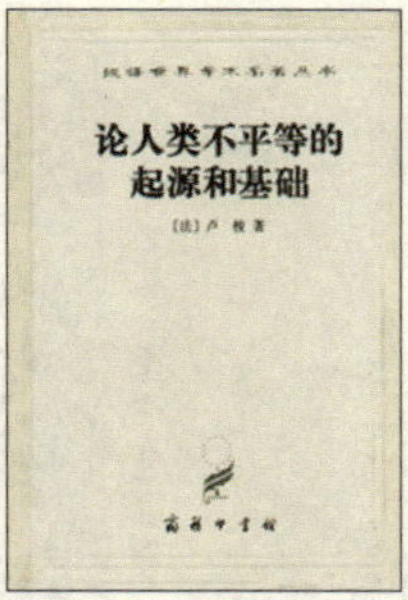

■ 图39-2 卢梭《论人类不平等的起源和基础》(商务印书馆)

■ 图39-3 罗尔斯与其《正义论》

隐含着“什么是好的、正确的，应该怎样”的含义，在此意义上，又称为“公平”。平等不仅是法律意义上的平等权利，更是一种人格平等。每一个公民，无论其性别、民族、信仰、出身、财产、学历、职业、性格等方面如何差异，其自由权利、人格尊严、价值、生存发展的机会都是平等的。平等在社会层面体现为公平和正义。公平和正义是和谐社会的基本条件，没有制度和文化的公平和公正，和谐社会根本无从谈起。这一点我们的经验和教训都十分深刻。

改革开放初期特别是市场经济实践中，全社会流行“先富论”——让一部分人先富起来，以带动后富。还有“效率优先，兼顾公平”。这本来没有错，绝对地均富（平均主义）是不可能也不必要的，要达到共同富裕的目标，必须经过一部分人先富的阶段。但在实践中，有些人把这一理论绝对化、片面化，只强调先富的手段，忽视共同富裕的目标，甚至为先富而不择手段。“效率优先，兼顾公平”的结果是得到高效率却牺牲了公平，两极分化日趋严重，社会阶层间的矛盾日趋激烈，特别是公共资源和事业在占有和分配上的不平等已经严重影响到社会的健康协调发展，如医疗、教育和住房这三个本应是社会公平最集中体现的领域却成为社会不公的典型。这是对邓小平理论的严重曲解。与人们的习惯看法不同，邓小平极为重视防止和解决两极分化的问题。他说：“社会主义的目的就是要全国人民共同富裕，不是两极分化。如果我们的政策导致两极分化，我们就失败了；如果产生了什么新的资产阶级，那我们就真的走上邪路了。”[①]2004年出版的《邓小平年谱》（图39－4）首次披露了邓小平在1992年前后多次谈到社会分配和两极分化问题。“要研究提出分配这个问题和它的意义。到本世纪末就应该考虑这个问题了。我们的政策应该是既不能鼓励懒汉，又不能造成打‘内仗’。”[②]“少部分人获得那么多财富，大多数人没有，这样发展下去总有一天会出问题。分配不公，会导致两极分化，到一定时候问题就会出来。这个问题要解决。过去我们讲先发展起来。现在看，发展起来以后的问题不比不发展时少。”[③]现在看来，邓小平同志在刚刚确立市场经济时提出的这些思想，是多么令人叹服的远见卓识！

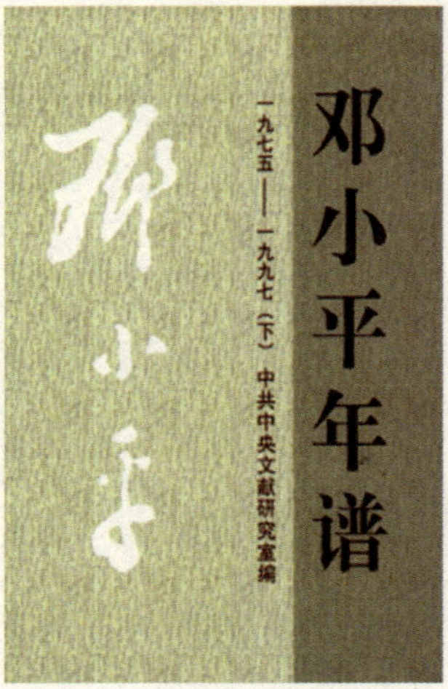

■ 图39－4　《邓小平年谱（1975—1997）》

平等不是平均主义，不是结果和事实的等同，而是起点、机会和规则的平等。平等不否认差异，恰恰相反，平等是尊重差异和多样的平等，要求公民以及政府等公共组织尊重每个公民在身份、人格、价值、文化等方面的具体差异，并逐步缩小公民在生存和发展机会上的不平等。而不是反过来，一方面，取消公民在身份、人格、价值、文化等方面的具体差异，寻求人格的同质化，另一方面，又不努力缩小甚至扩大公民在生存和发展机会上的不平等。

在信息网络时代和全球化时代，一方面消除了人与人之间的传统界线，大

① 《邓小平文选》，第3卷，110～111页，人民出版社，1993。
② 中央文献研究室编：《邓小平年谱（1975－1997）》，1356～1357页，中央文献出版社，2004。
③ 中央文献研究室编：《邓小平年谱（1975－1997）》，1363～1364页，中央文献出版社，2004。

大提高了广大民众的科学文化素质，在社会平等方面前进了重要一步；另一方面，由于网络技术和网络文化发展的不平衡，国家与国家、个人与社会、社会各阶层之间的差异与矛盾有加大的趋势，突出表现为“信息鸿沟”。王小东认为，信息技术可能造就“贫穷人海之中的一个个高科技群岛”。网络的发展只是为社会差异的消除和社会平等的实现提供了技术条件，要真正实现社会平等的理想目标，还需要政治、经济、伦理、文化各方面的努力。

温家宝总理在2007年2月发表《关于社会主义初级阶段的历史任务和我国对外政策的几个问题》一文，第一次把实现社会公平与正义作为发展社会主义的两大任务之一：“巩固和发展社会主义，必须认识和把握好两大任务：一是解放和发展生产力，极大地增加全社会的物质财富；一是逐步实现社会公平与正义，极大地激发全社会的创造活力和促进社会和谐。没有生产力的持久大发展，就不可能最终实现社会主义本质所要求的社会公平与正义；不随着生产力的发展而相应地逐步推进社会公平与正义，就不可能愈益充分地调动全社会的积极性和创造活力，因而也就不可能持久地实现生产力的大发展。”

胡锦涛总书记在党的十七大报告中更加明确地提出：“实现社会公平正义是中国共产党人的一贯主张，是发展中国特色社会主义的重大任务。要按照民主法治、公平正义、诚信友爱、充满活力、安定有序、人与自然和谐相处的总要求和共同建设、共同享有的原则，着力解决人民最关心、最直接、最现实的利益问题，努力形成全体人民各尽其能、各得其所而又和谐相处的局面，为发展提供良好社会环境。”“更加注重社会建设，着力保障和改善民生，推进社会体制改革，扩大公共服务，完善社会管理，促进社会公平正义，努力使全体人民学有所教、劳有所得、病有所医、老有所养、住有所居，推动建设和谐社会。”

与平等一样，民主也是现代社会的基本价值之一。(图 39-5)

民主最实质性的意义，就是人民的统治，人民的选择，就是人民当家做主。

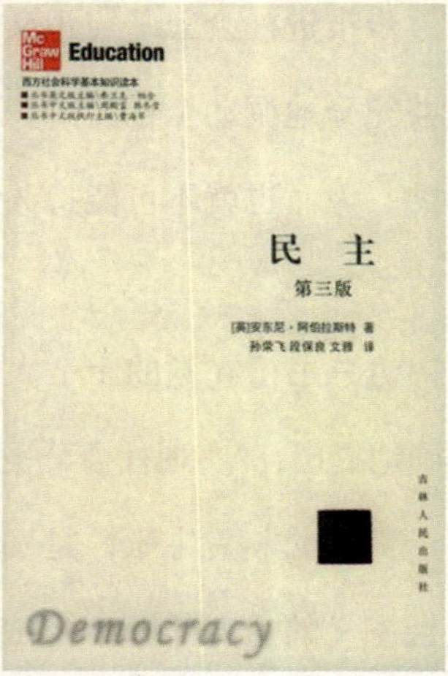

■ 图 39-5　安东尼·阿伯拉斯特《民主》（吉林人民出版社）

是每一个公民真正树立当家做主的观念并付诸行动，是政治体制能够为公民切实当家做主提供保障，是每一个合法的公民对公共政策有知情权、参与权、表达权、监督权。政府等公共组织的权力来源于人民，为人民负责，民主不是（政府）为民做主，民主也不只是一种形式和方法，而应成为贯彻整个政治生活和经济生活的基本原则，成为和谐社会的基石之一。

学者俞可平在《民主是个好东西》一文中说："在人类迄今发明和推行的所有政治制度中，民主是弊端最少的一种。也就是说，相对而言，民主是人类迄今最好的政治制度。或者如一位著名政治家讲的那样，民主是一种比较不坏的政治制度。民主保证人们的基本人权，给人们提供平等的机会，它本身就是人类的基本价值。"

人民当家做主虽是民主的核心原则，但并不具有可操作性，必须有具体的实现形式，就是把每个人的权力让渡给一个公权力组织，代行人民的权利，并管理公共事务。因此，民主在不同国家有不同的实现形式，如代议制、君主立宪制、内阁制、人民代表大会制等。

中国的民主政治建设，要走自己的路。社会主义制度与民主政治不是相背离的，高度的民主、完备的法制，恰恰是社会主义制度的内在要求，是成熟的社会主义制度的重要标志。我们要立足国情，在实践中积极探索中国特色的民主政治建设规律。当前，我们要以促进经济发展、保障公民权益、反对腐败行为、提高政府公信力和执行力、增进社会和谐为重点，扩大民主、健全法制，继续推进政治体制改革。

全球化时代和信息网络时代为民主

的发展提供了新的平台和机遇。信息网络为政府与民众的沟通与良性互动提供了非常好的平台，“网络民主”成为现实社会民主的重要组成部分。全球化为各国互相借鉴民主发展模式和成果提供了可能。

■ 图39-6　洛克

人权就是尊重和保护个人的独立人格和自由价值，泛指人按其本质应该平等享有的各种权利。它既包括个人的生命权、生存权、发展权、财产权、言论自由、隐私权等，又包括群体的政治、经济、文化权利。

人权作为一个实际问题和理论问题，是近代西方启蒙思想家针对中世纪的神权统治和封建特权提出的。英国思想家洛克（John Locke，1632—1704，图39-6）系统地论述了天赋人权的理论，认为人人生而平等；人权是人的本性的要素，不可转让、放弃和剥夺；人权的根本内容是人的自由、生存和财产等自然权利。法国思想家卢梭根据天赋人权的原则，将资产阶级自由、平等的思想进一步发展成为社会契约论和人民主权论。1776年美国的《独立宣言》和1789年法国的《人权及公民权宣言》（图39-7）以天赋人权为主要理论依据，以政治纲领的形式确立了人权原则，使天赋人权由理论上升为法律。西方各国资产阶级夺取政权后，人权被明确载入各国宪法，成为政治制度的重要内容。

《人权及公民权宣言》是1789年法国资产阶级革命的政治纲领。主要规定为：人人生而自由，权利平等，享有自由、私有财产、人身不可侵犯和反抗压迫的权利，享有言论、著述和出版等自由。自由

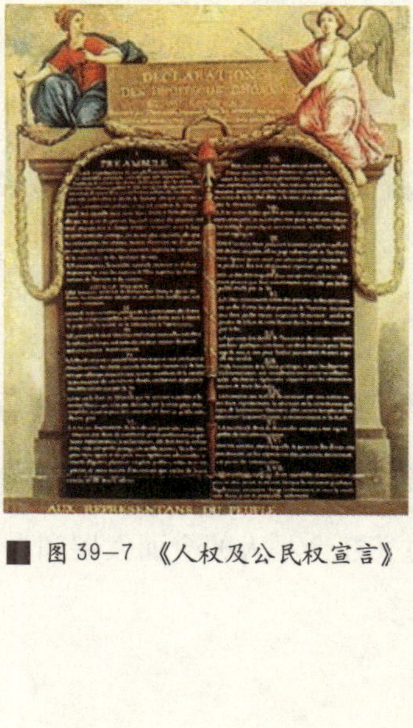

■ 图39-7　《人权及公民权宣言》

和权利的行使以保证社会其他成员能享有同样权利为限。私有财产神圣不可侵犯，国家只有在给予赔偿时才可以取得私有的财产权。主权属于国民。实行分权原则，任何团体或个人不得行使主权所未明确授予的权力。公民在法律面前人人平等，人人有权直接或间接参加立法。

马克思主义的人权理论认为：(1) 人权不是天赋的，也不是人的自然属性所固有的，而是历史发展到资本主义阶段的产物。(2) 在阶级社会里，人权不是普遍的、超阶级的。(3) 人权不是抽象的，而是具体的，受社会经济、文化条件的制约。(4) 人权不是绝对的和不受任何限制的，权利与义务是一致的，要使人权真正成为每个人普遍享有的权利，就必须使每个人在行使其权利时也承担相应的义务。(5) 人权的内容不是永恒的、固定不变的，而是随着社会条件的变化而变化。(6) 反对维护剥削阶级私有制的人权，主张消灭私有制和剥削，实现真正的、彻底的人权。这种人权不再是阶级的特权，而是一切人按照其本性应当享有的权利。共产主义社会是人的全面发展和自由人的联合体，而人的自由全面发展也就是人权的彻底实现。

从18世纪到19世纪，人权运动限于欧美国家，人权的基本内容是生存权、自由权、平等权、财产权、追求幸福权等个人权利和政治权利，并被作为法律原则规定在有关国家的国内法律中。“二战”后，保护人权成为全世界普遍的呼声。1945年，维护人权作为宗旨之一列入《联合国宪章》。1948年，联合国大会通过的《世界人权宣言》(图39-8)，第一次使人权成为国际法原则之一。宣言宣布基本人权应包括生命权，人身安全权，不受非法逮捕、拘禁和流放权，通讯秘密权，选举权，以及思想、言论、宗教、集会、居住、迁徙和免于奴役的自由等个人权利和政治权利。同时也规定了社会保障，免于失业，

■ 图39-8　罗斯福夫人手持人权宣言海报，美国纽约成功湖，1949年。

同工同酬，受教育和适度生活水平等经济、社会、文化权利。1966年，联合国通过了《国际人权公约》，用法律义务的形式肯定了《世界人权宣言》所确认的人权规定，同时推动了民族自决权等集体人权概念的形成和发展。1977年联合国大会通过了《关于人权新概念决议案》，强调经济、社会、文化权利与个人权利、政治权利的同等重要性和不可分割性，并主张将这些权利与第三世界国家发展民族经济的权利联系起来，敦促建立国际经济新秩序，以保障这些权利的充分实现。1986年联合国大会通过了《发展权宣言》，宣布发展权是一项不可剥夺的人权，根据这项权利，每个人和所有各国人民均拥有参与、促进并享受经济、社会、文化和政治发展的权利，以便在这种发展中使所有人权和基本自由均获得实现。发展权还意味着民族自决权以及对其所有自然资源和财富行使不可剥夺的完全主权。1991年11月，中国政府发表了《中国的人权情况》白皮书，向国际社会阐述了中国在人权问题上的基本立场。此后，中国政府不定期地发布中国的人权白皮书，说明中国人权的全面改善情况。实践证明中国把生存权、发展权放在人权的首位，是符合中国国情和全体人民的根本利益的，而把经济、社会、文化权利与个人权利、政治权利同等重视和同等发展也是中国人权建设的长远目标。

人权作为人类追求的理想和崇高目标，已成为国际社会普遍关注的重大问题之一。人权问题虽然有国际性的一面，但本质上是属于一国内部的问题。借口国际人权保护进行侵略扩张、干涉别国内政，推行自己的价值观念和发展模式，推行其霸权主义，这种违反国际法准则的行为，已受到国际舆论的谴责。

科学、民主、法制、自由、平等、人权等价值，并非资本主义所独有，而是人类共同追求的价值观和共同创造的文明成果。只是在不同的历史阶段和不同的国家，它们的实现形式和途径各不相同，没有统一的模式。我们既要承认平等、民主、人权作为人类共同价值观的普适性，不能游离于人类文明之外，又要根据自身的国情和文化传统，建设和实现具有中国特色的平等、民主、人权发展道路。

43 文化与价值：和而不同

“文化”这个概念，大概是人们日用而不知的概念之一。人人都在用它，却并不一定深究其义。从1871年英国文化人类学家爱德华·泰勒在《原始文化》中第一次给文化下了明确的定义至今，有关文化的定义至少有300多种。从词源上考察，中国古人理解的“文化”是“人文化成”。《易传》讲“观乎人文，以化成天下”。这是一种由人及物（自然）的思维方式。在西方，Culture一词的原义是对土地的耕作及动植物的培养，后逐渐演变为培养、教育、信仰、价值等含义。这是一种由物（自然）及人的思维方式。

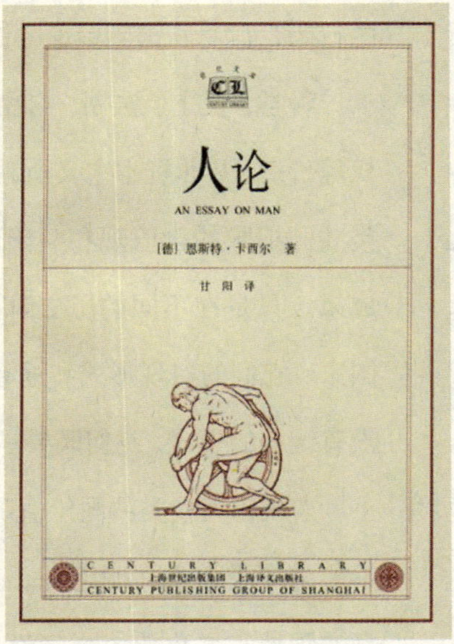

■ 图 43–1　卡西尔《人论》（上海译文出版社）

文化就是人化，人创造了文化，文化又塑造了人。人是文化的主体，任何文化实践和创造活动都是人的活动，文化的发展规律就是人的活动的发展规律。在广义上，文化是人的生存和发展的方式，包括人类所创造的一切物质和精神的成果，哲学是文化的核心部分之一；在狭义上，文化主要指人类的思想、道德、观念、宗教、艺术等人文成果，其核心是价值和价值观，也就是“人文精神”。因此，人们常把文化与价值相提并论。狭义上的文化又成为哲学的反思对象之一，这就是现代哲学的新兴分支——文化哲学。西方文化哲学最早、最重要的著作是卡西尔的《人论》(图43-1)。

所谓价值，简言之就是每个人判断是非对错好坏的标准系统，它决定着一个人的思想、行为和生活方式。对于个人和群体都是如此。比如：你生活的意义和目的是什么？你喜欢什么，厌恶什么？你面对选择时的标准是什么？因此，人与人之间、文化与文化之间的最根本差别往往体现在其价值观上。打个比方，文化就像电脑的“软件”，价值就像“软件”的核心——CPU的“指令集”，虽然看不见摸不着，却是电脑的核心，没有它，电脑只不过是一堆废物。同样，没有文化和价值，人也不过是行尸走肉。价值的主要内容有：认同、成就、家庭、友谊、财富、权力、名声、爱情、美感、快乐、平安、健康、智慧、幸福……对一般人来说，健康、快乐、智慧和财富是最重要的，而幸福是最高的价值。

价值观的形成是先天遗传和后天社会化（家庭熏陶、学校教育、文化传统和社会影响等）多方面共同作用的结果。不同的人有不同的价值取向、不同的生存和发展的方式。“萝卜青菜，各有所爱。”不同的文化也有不同的核心价值取向。从这个意义上讲，价值观没有优劣高下之分。美国人的价值观不一定比印第安土著的价值观好，乞丐的价值观也不一定比贵族的价值观差。不过，不同的价值观还是可以比较的，标准有二：一是看这种价值观能否很好地促进主体的生存和发展，能否很好地建立人与人、人与自然之间的和谐。二是看人对其文化价值有没有自觉，即“自知之明”。有自知之明的人能够自觉地认识和反思自身的价值，并学习借鉴他人的价值，取长补短，发展自己。而没有自知之明的人把价值当做本能，浑浑噩噩地过一生，不会有什么发展和进步。

不同的文化和价值在其自身范围内都是合理的、有意义的。“井水不犯河水。”然而，一旦不同的文化和价值相遇，就会产生冲突和矛盾，尤其是两种完全异质的文化相遇时冲突和矛盾更激烈。这就是文化冲突或价值冲突，这种冲突可能比利益的冲突更根本。

庞朴先生讲过一个非常有趣的故事，来说明不同文化交往中的误会。易中天曾经引用过这个例子。有一位吴先生在一家公司做公关经理，有一天他负责接待两个美国客户。6个中国人，2个美国人，8人正好一桌。按照中国人的礼节，他请大家每人都点一道菜。第一位美国人，大概去过中国餐馆，很老到地率先点了“芙蓉鸡片”。另一位美国人对中国菜一无所知，大家都点过之后，他仍很茫然。于是主人便说，汤还没点，要不你点一道汤？于是这个美国人点了“榨菜肉丝汤”。开席了，头一道菜便是芙蓉鸡片，第一个美国人问：“这是我点的菜吗？”得到肯定的回答后，他说：“对不起，那我先吃了。”把盘子移到面前，大快朵颐。在哭笑不得的尴尬中，几个中国人只好“主随客便”，也按美国规矩各人吃各人点的菜。这下另一个美国人可就倒霉了，他不得不硬着头皮喝下最后上来的一大碗榨菜肉丝汤！（图43–2）

■ 图43–2 中西文化冲突（王磊绘）

这个故事典型地反映出中西文化的冲突，可以看出中西文化核心价值观的不同。中国传统文化的核心是家族宗法本位，西方文化的核心是个人本位。中国人认为，在一桌吃饭就是一家人，每个人点菜是为大家点，并由大家一起吃。中国人把一切社会关系还原为血缘关系，家中是父子夫妇兄弟，国是大“家”，君臣如父子，君是“天子”和“国父”，君的妻子是“国母”，官是“父母官”，民是“子民”，师徒如父子，同门求师的学生是“师兄弟”，家族以外人与人之间的亲密关系是“兄弟姐妹”。维系家和国的纽带是血缘关系和等级秩序，伦理道德也由此产生。父子、夫妇、兄弟之间的关系当然不是平等的，父慈子孝、夫唱妇随、兄友弟恭，君与臣和民众之间的关系也不是平等的，而是有等级的，“爱有差等”。因此，中国传统文化中既没有独立的“个人”，也没有独立“个人”组成的“社会”，也就没有“平等”“自由”“民主”“博爱”等价值。

与之相反，在近现代西方文化中，个人是社会的基本单位。即使在一个桌子上吃饭，也是各点各的菜，各付各的账。每个人在上帝和法律面前都是独立、平等的个体，即使家族内部的父子、夫妇、兄弟之间也是如此。而不同的个体让渡自己的某些私权，达成各种契约，组成社会和国家。社会和国家不是家族血缘关系的泛化，而是独立个人根据各种规则组成的共同体，因此，个人的独立和自由，个人之间的平等，个体权利优先于群体权利，这些价值就成为西方文化的核心。

归根到底，中国传统文化是由农业生产方式决定的，西方近现代文化是由工业生产方式决定的。中国传统文化要走向现代化，必然走出浓厚的宗法血缘关系，从家族走向社会，吸收和借鉴西方近现代文化的优秀成果。当然，这种吸收和借鉴并不是全盘西化，而是立足自身的自我创新。

中国当代有三重文化背景：前现代（传统）农业文化、近现代西方工业文化和后现代信息文化。这三种文化在西方社会是历时演进的，而在中国社会，由于西方强势文化的入侵和影响，自身文化发展链条被打破，或主动或被动地融入了西方文明为主导的文化全球化浪潮，所以前现代——现代——后现代三种文化形态是同时并存的，乃至在很大程度上，文化从传统走向现代的时间过程变成了从本土走向西方的空间过程，文化形态的历史演进变成了向以西方为主导的全球文化转移的空间运动。由此出现了这样的悖论：要么西方化而丧失自我，成为西方的附庸；要么以本土文化为本位而无法进入现代，无法融入全球文化。

中国传统农业文化的精华主要有：自强不息的进取精神、修养德性与人际和谐、天下大同的社会理想、天人合一的自然意识、和而不同的文化理想等。

近现代西方工业文化是一种与资本主义生产方式相适应的理性文化。它的精华主要有：科学理性精神、人类中心意识、人与自然的对立意识、法治和契约、个人主义、商品经济、民主政治等。

后现代信息文化是20世纪中叶以来随着信息时代的兴起而产生的新文化，它与以理性为核心的工业文化不同，包含以下基本的文化要素：检讨反思理性、人与自然的和谐、精神文化价值的培育、全球性意识、文明间的宽容与对话等。

当代中国文化的基本走向应当是以后现代信息文化为基础，吸取和借鉴其他两种文化的合理因素，对其他两种文化的缺陷与不足进行自觉的反思与批判。

文化全球化是当代世界文化发展的新潮流。越来越多的文化主动或被动地融入全球化大潮中，从前基本上独立发展的文化在全球范围内遭遇、冲突、交流、互动、融合。虽然从总体上看，当代全球文化在很大程度上仍然由西方文化占主导，但其垄断格局已经被打破，全球化和西方文化的全球扩张非但没有消除不同文化之间的差异，实现其他文化的西方化，反而在不同文化的交流、冲突与互动中，日益呈现出一体化与多元化、国际化与本土化、普遍化与个性化并存的格局。这两种趋势形成了表面上截然相反而实质上不可分割的奇异局面，不同的学者看到不同的侧面提出截然不同的理论解释。一方面，不同文化通过人、信息、教育、科技等的交流与合作越来越频繁，特别是全球互联网把地球连为一个地球村，乐观派（如丹尼尔·贝尔等）据此断言统一的全球文明即将到来，全球文明将从分散、对立、冲突、斗争走向和平、宽容、和谐、共存；另一方面，文化联系的日益紧密并没有必然导致全球文化的和谐一致，而是在很多情况下导致冲突和矛盾加剧，甚至引发文化、宗教和意识形态方面的战争，悲观派（如亨廷顿等）据此提出“文明的冲突”，认为全球化时代的文化冲突不再以殖民化与反殖民化、侵略与反侵略等暴力方式表现出来，而更多地以文化和意识形态的控制与反控制、渗透与反渗透的形式表现出来，这种文化价值和意识形态的冲突的激烈程度恐怕比以往有过之而无不及。西方用麦当劳和好莱坞电影向非西方输出文化，也许没有用坚船利炮输出来得激烈，但肯定更深远持久。（图 43–3）

从时空维度上看，当代全球文化有三个层面：在时间维度上，是前现代—现代—后现代的交错更替；在空间维度上，是不同民族和地域文化的交流、冲突与互动，是文化的一体化与多元化、国际化与本土化的对立统一；在内容维度上，是从物质文化（机器工业）到制度文化（宪政民主法制）再到精神价值文化（自由、公正、民主、多元、和谐等普世文化价值）不断演进不断深化的过程。这三个层面的多种因素交织在一起，构成错综复杂的全球文化格局。

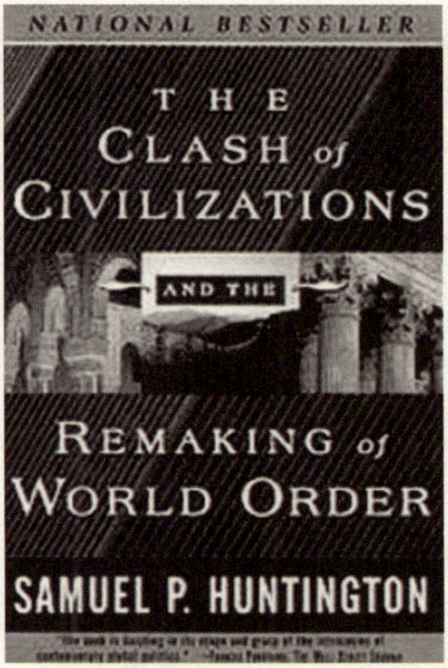

■ 图 43–3　亨廷顿《文明的冲突与世界秩序的重建》

20 世纪后期信息网络文化的兴起以及新全球化时代的变化，发展中国家经济社会的发展以及人民的文化自觉意识的增强，使人们越来越清楚地认识到，全球化不等于西方化，西方化不等于现代化，非西方文化可以也只能在本土文化的基础上，走出一条有自己特色的现代化道路，融入多元整合的全球文化。未来全球文化的理想可概括为“和而不同”。

中国传统文化的理想可概括为两个字：“和”“中”。和就是“和而不同”。（图 43–4）

■ 图 43-4　篆刻：君子和而不同，左图为“小榄印社”龙锦营作品，右图为毛国典作品。

万物负阴而抱阳，充气以为和。（《易经》）

和实生物，同则不继。（《国语·郑语》）

君子和而不同，小人同而不和。（《论语·子路》）

礼之用，和为贵。（《论语·学而》）

有像斯有对，对必反其为，有反斯有仇，仇必和而解。（张载《正蒙·太和》）

中就是中庸、中道、中性。中不是折中主义，不是不偏不倚，而是恰到好处，做事把握好“度”。

用马克思的话说是“自由人的自由联合”，是人的自由全面发展。

用社会学家费孝通（1910—2005，图43-5）的话说是“各美其美，美人之美，美美与共，天下大同”。意思是各自以自己的文化为荣并发扬光大，尊重、宽容、欣赏其他文化，各种不同的优秀文化共生共存，目标是达到天下大同的理想。

现代和谐思想与传统和谐思想不同，中国古代的和谐是建立在“君君臣臣、父父子子”的宗法等级制度基础上的，而现代和谐是建立在公民权利、人格平等基础上的。先要经过对立、分化的阶段，才能达到和谐。

和谐在国内是和谐社会，在国际就是和谐世界。和谐世界意味着：二元对立——多元整合。竞争（你死我活、党同伐异、红海）——合作共赢（对话、交流、宽容、协作、蓝海）。

和谐是运动中的平衡，差异中的协调，多样中的统一。

■ 图 43-5　费孝通

和谐社会要求资源节约、环境友好、经济优质、政治民主、技术创新、社会公平。

建设和谐社会，必须切实解决三大矛盾：人与自然、人与人、人与自身。特别是实现公平和正义，解决社会公共问题（教育、医疗、住房、社会保障等）。

2005年9月15日，在联合国成立60周年首脑会议上，胡锦涛主席发表了《努力建设持久和平、共同繁荣的和谐世界》讲话，展望了人类文明的未来前景，第一次提出“和谐世界”的主张。

> 我们应该尊重各国自主选择社会制度和发展道路的权利，相互借鉴而不是刻意排斥，取长补短而不是定于一尊，推动各国根据本国国情实现振兴和发展；应该加强不同文明的对话和交流，在竞争比较中取长补短，在求同存异中共同发展，努力消除相互的疑虑和隔阂，使人类更加和睦，让世界更加丰富多彩；应该以平等开放的精神，维护文明的多样性，促进国际关系民主化，协力构建各种文明兼容并蓄的和谐世界。

无独有偶，法国前总理拉法兰在2005年11月16日访华时在外交学院的演讲中提出“21世纪的主流思想是和谐”：

> 20世纪思想的主流是对抗的思想，认为只有对抗才能产生真正的活力，而21世纪的思想完全不同，我认为应该是一种和谐的思想。现在法国的很多学者都主张一种复杂性思维，他们认为在政治思想方面应当能够把反面的、对立的、冲突的东西都能够纳入进来。这种思维归结起来，其实就是超越的思维，和谐的思维。而我认为，中国的古老文明为世界上和谐思想的发展作出了卓越的贡献。

具体来说，未来全球文明应当包含几个基本要素：东西方文明的交流与整合，科学与人文的融合，物质文明与精神文明的协调，个体与人类的统一，人与自然、人与社会、人自身的和谐共生关系。从体现人类共同利益的角度说，它是一种人类文明；从体现人与自然的和谐角度说，它是一种绿色生态文明；从促进人类共生共存的角度说，它是一种共生文明；从实现人与世界和谐的角度说，它是一种和谐文明。

最后，让我们用胡锦涛主席的话来展望全球文明的未来：

> 在人类漫长的发展史上，各国人民的命运从未像今天这样紧密相连、休戚与共。共同的目标把我们联结在一起，共同的挑战需要我们团结在一起。让我们携手合作，共同为建设一个持久和平、共同繁荣的和谐世界而努力！

44 共产主义：自由人的自由联合

共产主义是马克思主义的最高理想。我们一般认为，共产主义指生产力的高度发达、生产关系公有制、物质产品的极大丰富、阶级和国家的消亡等等。但是，深入考察马克思和恩格斯的著作和思想，我们发现以上种种只是实现共产主义的手段，人的解放、人的自由全面发展才是马克思共产主义理想的核心，用最简单的话概括就是——自由人的自由联合。

什么是自由？自由，是一个很引人入胜又含混不清的词。不同的人有着不同的看法。海阔凭鱼跃，天高任鸟飞。鹰击长空，鱼翔浅底，万类霜天竞自由。匈牙利诗人裴多菲的著名诗句“生命诚可贵，爱情价更高，若为自由故，二者皆可抛”是对自由至高无上的著名歌颂。

马克思说：“一个种的全部特性、种的类特性就在于生命活动的性质，而人的类特性恰恰就在于自由的自觉的活动。”[①]许多人把这句话理解为人的本质是劳动或实践。这当然没有错，不过，如果再追问，劳动的本质是什么？那就是“自由的自觉的活动”，就是自由。因此，将自由视做人的最高本质，应该更符合马克思的原意。人既以类的形式存在，也以个体的形式存在。因此，自由既是人类存在的本质，也是人作为个体存在的本质。无论是对于人类还是个人来说，如果人完全被自然规律所约束，不能自我决定、自我选择、自我承担，人之为人只能是一句空话。自由在于超越外在事物的制约，

① 《马克思恩格斯全集》，第42卷，96页，人民出版社，1979。

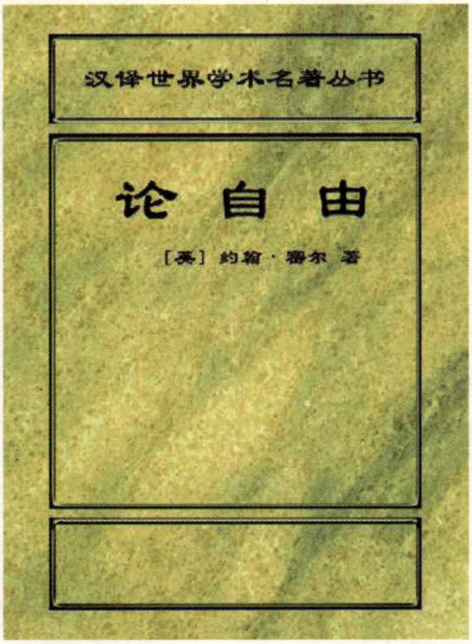

■ 图 44–1　约翰·密尔《论自由》(商务印书馆)

内在地自我决定。

从词源上看，英文的 Freedom 源出拉丁文，原意是从束缚中解放出来。中文的意思最初就是“由自”，《庄子》中的“逍遥”“无待”是也。“无待”指无所依赖、无所牵挂、无所束缚。现代历史学家陈寅恪说：“自由共道文人笔，最是文人不自由。”

在《德意志意识形态》中，马克思和恩格斯以深刻的洞察力，从多个角度阐述了人的不自由的状况：思想观念的束缚、公共利益和个人利益的压抑、法的控制、自然界的压迫。

马克思认为，自由是具体的，在不同的历史时期有其不同的内容。同时，自由也是有阶级性的，不同的阶级对自由又有着不同的理解和要求。马克思主义的自由观主张，自由是对必然的认识和对客观世界的改造。只要认识了客观必然性，人们将无需再做自然的奴隶，而可以遵循客观必然性去发挥能动作用，改造自然、改造社会，可以有所作为地去达到目的，这就是自由。积极自由和消极自由是马克思自由观的两方面。前者指人内在地自我决定自我创造自我实现，后者指人摆脱外在束缚和强制的自由。

把自由和实践联系起来是马克思自由观的一大特色。自由是以实践为基础的。人之所以被称为自由的存在物，深刻的原因在于他是以实践的方式存在的存在物。自由既是人的实践所具有的特征，也是人的实践所导致的可能性结果。人的实践是人打破与摆脱外部世界与自身本能的限制束缚的活动，人如果不从事现实的实践活动，什么也不做，那就什么也解脱不了，任何解脱都是伴随着人的实践而发生的，并表现为实践的结果。

自由不是为所欲为，就个人而言，自由意味着人与人之间的平等的自由，即个人的自由不损害他人的自由与社会的利益。还意味着同等的责任，有多大自由，就有多大责任。就人类整体而言，人类的自由不能损害其生存环境——自然界及其生态系统，人类的自由意味着对于自然界及其生态系统的不可推卸的责任。自由还意味着自主、自立、自尊、自强。

在《1844年经济学哲学手稿》(图44-2）中，马克思首次明确地把人类解放和人的自由全面发展当作无产阶级的未来目标。所谓人的自由全面发展，就是“人以一种全面的方式，也就是说，作为一个完整的人，占有自己的全面的本质”。共产主义是人的自我异化的积极扬弃，它意味着诸多矛盾的解决：人与自然界、个体与类、人与人、对象化和自我确证、自由和必然。

■ 图44-2　马克思《1844年经济学哲学手稿》(人民出版社)

在《德意志意识形态》中，马克思和恩格斯写道：

> 在真正的共同体的条件下，各个人在自己的联合中并通过这种联合获得自己的自由。
>
> 它（真正的共同体——引者注）是各个人的这样一种联合（自然是以当时发达的生产力为前提的），这种联合把个人的自由发展和运动的条件置于他们的控制之下。

在《共产党宣言》(图44-3）中，他们宣告：

> 代替那存在着阶级和阶级对立的资产阶级旧社会的，将是这样一个联合体，在那里，每个人的自由发展是一切人的自由发展的条件。

■ 图 44–3 《共产党宣言》的中外文不同版本

在《资本论》及其手稿（图 44–4）中，马克思认为共产主义是“以每个人的全面而自由的发展为基本原则的社会形式”[①]，是“自由人的联合体”。

这一思想博大精深，必须全面把握。主要有几个要点：

1. 主体是“每个人”。既不是笼统的人类，也不是单个人，更不是某些群体，而是全人类每一个人平等的、全面的、自由的发展。共产主义在主体方面应当是个体与类、群体与群体之间的矛盾的解决。

2. 提倡人的全面发展，反对片面畸形发展。人的需要和能力是多方面的，人与自然和社会的关系也是多方面的。但在私有制条件下，人的需要难以得到全面的满足，人的能力难以得到全面的发挥，人与自然和社会的关系也难以得到全面的发展。马克思曾多次批判私有制所造成的人的异化和片面发展，但同时

① 《资本论》，第 1 卷，649 页，人民出版社，1975。

也指出在人类历史发展的一定阶段人的片面发展又是不可避免的，这是一个积蓄力量的阶段，人的全面发展的实现是以各阶段的片面发展为准备条件的。

3.人的本质是自由的，人的发展是自由的发展，即从一切支配人束缚人的自然、社会、精神力量中解放出来。

马克思认为在私有制社会人的发展是不自由的，因为人的劳动是异化的劳动。异化是指人所创造的物反过来支配人奴役人，制约了人的发展。异化是自由的反面。马克思认为，异化与异化的扬弃是同一个过程，人类社会发展到一定阶段所出现的异化，恰恰在某种意义上来说是为扬弃异化和人的自由与解放准备条件。共产主义是人的自我异化的积极扬弃。

后来，马克思还提出“三大社会形态理论”，说明人的不自由即异化的具体过程。“人的依赖关系”，“以物的依赖性为基础的人的独立性”，“建立在个人全面发展和他们共同的社会生产能力成为他们的社会财富这一基础上的自由个性”。这三大社会形态分别对应于前工业社会（游牧社会和农业社会）、工业社会、共产主义社会（后工业社会）。在前工业社会，人的发展受到自然条件和群体的双重束缚。在工业社会，以商品和市场为中介，生产力水平的提高和人与人的普遍交往推动着经济、社会和文化的发展。但人的发展仍是不自由、不全面的，人受到物（商品和市场）和社会制度的束缚。人的发展和社会进步的状况既是不自由的，也是通过不断的相对自由走向未来的绝对自由的过程。更确切地说，绝对自由是不存在的，它只是作为一个终极的目标引导激励人类社会不断自我完善、自我变革，不断地走向真、善、美和自由的境界。

4.“每个人的自由全面发展”的形式和目标是“自由的联合体”。在共产主义社会，个人不是孤立的，而是充分社会化的，个人的发展是以自由的方式联合起来，结成“真正的共同体”。

5.共产主义即“自由人的自由联合”不是一种乌托邦空想，而是一个具体的、历史的过程，是人类社会发展的必然结果。马克思在《资本论》及其手稿中特别提到自由实现的两个根本条件——生产力水平的提高和自由时间的增加（必要劳动时间的缩短）。

> 时间的节省意味着“在必要劳动时间之外，为整个社会和社会的每个成员创造大量可以自由支配的时间（即为个人发展充分的生产力，因而也为社会发展充分的生产力创造广阔的余地）”。

> 在共产主义社会高级阶段，在迫使个人奴隶般地服从分工的情形已经消失，从而脑力劳动和体力劳动的对立也随之消失之后；在劳动已经不仅仅是谋生的手段，而且本身成了生活的第一需要之后；在随着个人的全面发展，他们的生产力也增长起来，而集体财富的一切源泉都充分涌流之后——只有在那个时候，才能完全超出资产阶级法权的狭隘眼界，社会才能在自己的旗帜上写上：各尽所能，按需分配！

■ 图44–4　德国马克思故居中陈列的《资本论》及其手稿

过去，由于主观和客观的种种原因，我们对马克思主义和共产主义理论存在着种种误解，在实践中也造成许多失误。或者认为它只是一种乌托邦空想，不可能实现；或者把它庸俗化为“一大二公”的公有制，认为只要人为消灭了私有制，把生产资料公有化，就进入了共产主义的初级阶段；或者把它量化为一个具体的物质指标，以为只要大力发展生产力就能在某年某月某日达到……

值得一提的是，共产主义这个词是翻译自英文“Communism”，其词根是Community，有社区、集体、社会、共同体之义。从字面上看，翻译成“共产主义”不太恰当，Community原本没有特别的“产”（“生产”或“财产”）的含义。也许翻译成“共生主义”（共同生存与发展）或“社群主义”更符合原意。把“共产主义”狭隘地理解为生产关系或财产的公有制，除了理论上的原因外，很可能与这一不恰当的翻译有关。而西方“存在主义”等思潮则偏重于个体的生存状态和理想，忽视了人类社会的共同理想。也许，两者都已不能完全表达我们的理想，我们的理想应当把这些理想合而为一，表述为“共生主义”。

一句话，仅仅把共产主义理解为一种经济制度或意识形态，理解为生产关系公有制和生产力高度发达，是不全面的。共产主义更是一种对未来社会和人的状况的全面的价值理想——自由全面发展的人，自由人的自由联合。马克思的共产主义理想，正是人类有史以来关于人和社会的发展理论的最高结晶。

上世纪末“苏东剧变”后，国际社会主义事业遭遇前所未有的挫折，很多人对社会主义、共产主义、马克思主义的前途命运悲观失望。其实，从人类历史和未来看，失败的或许只是某种社会主义的发展模式以及对马克思主义的某种片面和歪曲理解，只要人类社会还存在着不平等、不自由、不解放，人的发展还是片面的，那么，马克思主义就不会过时，他所设想的共产主义理想就值得我们去追求。

更为重要的是，马克思在150多年前的理论和预言并没有过时，而在一步步地被实践的发展所证实。当代世界的全球化浪潮，信息网络时代的到来，生产力的持续发展和普遍交往的实现，人的能力和文明素质的提升，都为人与世界诸多关系的改变和矛盾的解决准备了条件。人与世界在多方面的发展越来越自由，越来越全面，越来越和谐。当然，正如汪丁丁在《自由人的自由联合》（图44–5）一书中所说：“互联网提供了实现自由人的自由联合的最终技术条件，但这一技术条件代替不了自由人的自由联合所需

■ 图44–5　汪丁丁《自由人的自由联合》（鹭江出版社）

要的道德条件。”种种事实都为共产主义理想的实现提供了越来越坚实的条件，共产主义理想社会离我们不是越来越远，而是越来越近了。

当然，要真正实现“共生主义”理想，关键还在于我们有清醒的头脑，发扬我们现有的成就，改革存在的不足，自觉地把“每个人的自由全面发展”作为全社会的共同目标，真正地贯彻到每一步具体的经济、政治、文化和社会战略上。可喜的是，我国最近提出的科学发展观与和谐社会战略已经走上了一条正确的道路。

未来会怎样，在很大程度上取决于我们昨天的梦想与今天的创造。水手航行在大海上，不怕风浪，不怕孤独，不怕劳累，就怕迷失方向。只要把握了未来的正确方向，哪怕艰难险阻，哪怕迂回曲折，我们也终能到达理想的彼岸。关于未来全球社会的理想目标，中国古人的天下大同，中国当代的和谐社会与和谐世界，马克思的共生主义，其精神实质是一致的。面向未来，人与世界的关系应当是多元的一，是和谐的多，我们的理想是和而不同，求同存异，共生共存。

45 面向网络时代

全球化时代与信息网络时代是人类当代的时代特征。面向信息网络时代，作为“时代精神的精华”的哲学应该做什么？人类应该做什么？

有一首歌《情网》虽然表达的是爱情之网，却也可以贴切地表达网络时代的特色：

> 你是一张无边无际的网，
> 轻易就把我困在网中央。
> 我越陷越深越迷惘，
> 路越走越远越漫长，
> 如何我才能捉住你眼光？

学者姜奇平说：“21世纪是网络的世纪，网络不仅和网络有关，而且关系到我们的生存。”

所谓信息网络时代是对应于农业时代、工业时代而言的历史时代，简称网络时代。有人形象地称之为从A到B或D，即从原子（Atom）时代向比特（Bit）时代或数字（Digital）时代的变革。这一切应当归功于20世纪下半叶以来，以国际互联网（Internet）为代表的现代信息网络技术革命。与历史上其他技术革命相比，这一次的变革范围更广——不限于技术层面，影响更深——涉及人类生活的方方面面，前景更加难以预测。对这场变革的把握和反思是每一个当代人应当深入思考的重大问题。因为网络的浪潮正在且必将把世界上每一个人和每一个角落卷入其中。

我们简要地回顾一下网络技术和产业的发展历程。自20世纪40年代中期计算机问世以来，在全世界范围内兴起的第一次信息革命对人类社会产生了空前的影响，信息产业应运而生，人类开始迈向信息社会。但在当时，计算机技术与通信技术是不统一的，计算机只是进行信息处理，而信息的传输和共享成为关键问题。以信息网络技术为代表的第二次信息革命解决了这一问题。网络技术是计算机技术与通信技术的结合，以国际互联网（Internet）为代表。国际互联网的前身是美国军方于20世纪60年代发明的“阿帕网”，是在冷战期间为防御核打击而创建的，后逐渐转向科学研究和商业用途。1992年，互联网协会（ISOC）成立，互联网逐渐商业化，得到飞速发展和广泛传播。目前全球家庭互联网用户已超过10亿。中国第21次互联网发展调查报告显示，截至 2007年12月，我国内地网民总人数达到2.1亿，其中，宽带网民数达1.63亿，手机网民数达5040万人。

■ 图 45-1　曼纽尔·卡斯特《网络社会的崛起》（社会科学文献出版社）

信息网络技术与传统技术形态的显著不同之处在于它的强大的渗透性和平台性，它早已超出了单纯技术的范围，导致了人类社会生产方式、生活方式、交往方式、组织方式和思维方式的全面变革。所谓信息网络化就是指这些变革的过程和趋势。

曼纽尔·卡斯特把由于信息技术革命而引发的新型社会结构叫做“网络社会”，他认为“网络社会代表了人类经验的性质变化”。人类社会经历过三个阶段：一是自然支配文化；二是现代工业社

会中自然受到文化的支配；第三个阶段是超越自然，人工自然再生成为文化形式。(图 45–1)

网络时代不是只有信息网络的时代，确切地说，应该叫做“网络化时代”，信息化和网络化的人、组织、社会和文化成为时代的主流，代表了未来的方向。网络和网络化并不排斥其他社会形式，正如工业时代有农业，信息时代也有工业和农业，只不过不同时代的主导力量不同，在网络时代，网络将成为主导力量，而传统产业将不同程度地被网络化。

关注时代命运，把握时代脉搏，展望未来前景，是哲学生生不息的奥秘所在，更是哲学不可推卸的历史使命。因此，网络时代的变革与发展呼唤着深入而全面的哲学反思，哲学也面临着重大而深刻的挑战，需要对网络时代进行理论概括和反思，即，从哲学的角度思考网络，用网络的方式研究哲学。一种新的哲学形态——“网络哲学”应运而生，它不仅是时代和社会发展的必然要求，也是哲学理论本身发展的内在要求。可喜的是，近年来，国内外越来越多的学者已经开始从事这一开拓性的工作，取得了一系列有价值的研究成果。图 45–2、45–3、45–4 是部分著作。

那么，与传统哲学相比，网络时代的

■ 图 45–2　尼古拉·尼葛洛庞帝《数字化生存》(海南出版社)

■ 图 45–3　鲍宗豪主编《网络与当代社会文化》(上海三联书店)

■ 图 45–4　常晋芳《网络哲学引论》(广东人民出版社)

哲学在哪些方面发生着根本性的变革？

1.本体论（世界观）的变革。现代哲学本体论有一种从“实体”向“关系”的转变（详见本书第24节）。作为哲学概念的网络，是一种完全非实体化的概念，它引入哲学，是这一趋势的最新体现。确切地说，网络哲学不再有完整系统的本体论，但是有本体论意义上的前提或承诺，那就是人与世界的网络化关系及其存在。简言之，网络哲学就是对当代以信息网络为基础的人类存在方式（包括生存方式、交往方式、组织方式、思维方式等）的全面变革进行哲学概括和反思的新兴哲学学科。主要研究对象是以网络为平台和中介的人自身、人与人、人与自然、人与社会的网络化关系和活动。

2.概念范畴的变革。作为哲学概念的网络是网络哲学的核心概念。网络就是物质、信息和人之间的普遍联系的基本形式，是存在于一切相互联系、相互作用的事物或系统中的关系的实质，体现了开放、多元、自由、共享的精神价值。其他如信息、智能、虚拟实在、网络空间、网络文化等新概念和范畴引入哲学，必将引发哲学概念范畴的变革。

3.认识论的变革。近现代西方哲学是以认识论为中心的哲学，其认识论主要是以理性为基础和核心的主客二元对立的认识论，在认识模式上主要是感性直观—思维抽象—思维具体及实践—认识—再实践的线性认识模式。在认识方法上主要以演绎/归纳法为主。网络哲学完全超越了传统哲学的认识论和线性认识模式，突显了认识的非线性、复杂性、相对性、多元性、开放共享性，并且吸取现代科学技术与社会发展的最新成果，出现了许多新的认识方法。

4.价值观的变革。任何一种传统哲学都直接表达或隐含着某种价值观。古

■ 图45–5 网络时代的伊甸园（王磊绘）

今中外，不同哲学思想有不同的价值观，如中国古代“天人合一”价值观，近代西方理性和个人主义价值观等，而在不同时代不同文化系统之间则存在着不同价值之间的矛盾冲突和互动融合，尤以矛盾冲突为常态。因为大多数传统价值观都具有排他性、异质性，都以维护自己的基本价值，排斥甚至奴役、消灭异质“他者”价值为己任，“党同伐异”。

网络哲学充分体现了人文关怀与科学精神之间的统一，体现了时代精神和问题意识，具体表现为多元、开放、创新、共享、宽容、自由等现代价值。既极大促进了传统价值观的变革，也创造了崭新的价值观。尤为重要的是，信息网络为不同文化、哲学思想、价值观之间的平等对话和交流提供了一个全球化的无障碍平台，不同哲学和价值观可以也必须求同存异，从而为建立一种真正的全球哲学和全球价值观提供了可能契机。

5.思维方式的变革。传统西方哲学的思维方式是一种主客二元对立的思维方式，把完整的世界分成主体—客体/精神—物质等两种因素的对立统一。这种思维方式在认识和改造外部世界，发展科学技术和现代工业文明上起着进步的主导作用，但也导致了一系列思想上和实践上的危机和困境。比如生态危机等全球性问题、人与自然、人与社会关系的恶化等。

网络哲学超越了二元对立思维方式，试图确立一种彻底多元化的平等对话关系，不再是非此即彼，而是亦此亦彼，不再是党同伐异，而是求同存异。笛卡尔的“我思故我在”可以概括他那个时代的思维方式，而我们也可以用一句话概括我们这个时代的思维方式：

我们共在，我们共思；

我们共思，我们共在。

6.话语方式的变革。传统哲学的话语系统有一个明显的特点，就是“唯我论”（自我中心主义）。有两种表现方式：一种是明确地以“我说”“我思”证明我的存在，进而“推己及人”，论证他人及世界的存在，他人及世界的存在是以我的言说或思想为前提基础的，前者不过是后者的一般化和普遍化。另一种以隐含的方式，直接用“我们”或无主语言说人及其世界的存在，虽然并未明言“我说”“我思”，其实是隐蔽的唯我论，即用“非我”“无我”的方式言说我的思想言论，不是从我推己及人，而是直接用我代替他人或世界。这种话语方式，其实是以近现代理性文明所代表的人类妄自尊大、唯我独尊的话语霸权在哲学思想上的反映。

而网络哲学的话语方式正在摆脱唯我论话语方式，以多元、共享、对话、共生共存为基本原则，虽然仍以“我说”“我思”“我认为”为言说与思想的起点，但并不会想当然地把我的言论和思想一般化普遍化为他人和类的言论和思想，坚持“我说”“我思”的有限性，同时承认尊重“他说”“他思”的平等权利，在此基础上，努力达到人与人之间言说和思想的对话和有限共识。

■ 图 45–6　在网上，没有人知道你是一条狗

7.研究方式和方法的变革。传统哲学的研究方式不外乎两种：一种从理论出发，博览群书，学习研究古人他人的著作和思想，生发出自己的创见；一种是从生活实践出发，运用一定的方法和原则观察生活，分析和批判社会实践，发现问题，解决问题，总结概括出哲学思想。

网络哲学的研究方式和方法发生了很大改变。首先是哲学的来源增加了一种：信息。信息以其内容的极大丰富、边界和障碍的消除、范围的全球化、形式的多样化、互动交流共享、文本的非线性普遍联系（超链接）等特点，成为哲学的最大最新的思想库。当然，也带来信息垃圾问题，信息量的爆炸式增长与人脑处理信息能力不平衡等问题，考验着人们处理选择信息的能力。其次，哲学的研究方式和方法日益多元化，不再只有一种模式，有了无限多的可能性，为哲学的创新提供了新平台和新空间。第三，也是最重要的，网络哲学完全打破了传统哲学的

"贵族化"和"学院化"倾向，真正走向平民化、大众化，哲学思想不再是少数知识分子的特权，而是大众的权利和需求。换言之，哲学话语的霸权不复存在，从前"沉默的大多数"开始说话了，开始有思想了，并且可以交流共享。这无疑是人类思想文化史上的一次重大进步。用一位中国学者的话说："网络时代，文化不会终结，而将获得新生。网络将使文化从'诸神的狂欢'变为'众人的狂欢'，从'精英的独白'变成'万人的合唱'。"[①]

总之，在信息网络时代的背景下，网络哲学以其鲜明的时代精神和现实品格，正在实现对传统哲学的本体论、认识论、价值观、思维方式、话语方式、研究方法等的全面变革和超越，代表了新时代哲学的发展方向之一，具有强大的生命力和活力。当然，由于时代特点的影响及哲学自身的因素，网络哲学不可避免地带有一些缺陷和不足，如思想深度的缺乏（广度有余而深度不足）、创新能力的不足、信息垃圾的泛滥、思维继承性的丧失、人类生存的技术化等，应当引起人们的全面深入思考，以建立更合理、更有建设性、符合时代潮流又能引导时代潮流的新哲学。

可以用一句古诗和一首现代歌曲来表征网络时代和全球化时代的时代精神。

海内存知己，天涯若比邻。

——王勃

一个人在孤独的时候，走到人群拥挤的街头，是在抗议过分自由，还是荒谬的地球。

一个人在创伤的时候，按着难以痊愈的伤口，究竟应该拼命奋斗，还是默默地溜走。

只有你会理解我的忧，让我紧紧握住你的手。

我们曾经一样地流浪，一样幻想美好时光，一样地感到流水年长。

我们虽然不在同一个地方，没有相同的主张，可是你知道我的迷惘。

——《你知道我的迷惘》

① 陆俊：《重建巴比塔：文化视野中的网络》，84页，北京出版社，1999。

结语　我们同行在思之路上

当我们亲自去思时，我们方接近召唤思的东西。要达到这一目的，我们就必得去学会思。

——海德格尔《什么召唤思》

法国17世纪哲学家帕斯卡说过，人是一棵会思想的芦苇。因为人是芦苇，所以很脆弱，人在自然面前很无力，人类的生存永远受到自然和宇宙法则的制约，哪怕一滴水一粒沙也可以夺去人的生命；但正因人有思想（哲学是思想之集中体现），人也最坚强，世界上只有人这种存在物会自觉寻求自己存在的根据和意义，并以自己的思想和行动来认识和改造世界。

思想是天赋人权，然而不是每个人都珍惜这一权利。人人都有心，人人都会想，但并非人人都能“思”。所以我们必须“学会思”。子曰：“学而不思则罔，思而不学则殆。”（《论语·为政》）我们只有在学前人和他人之思中才能学会自己思，才能成为“思想者”。学以致思，以学养思，方为“思想者”之正途。然而思也不是什么高贵的特权和先天的禀赋，某些人之所以没有成为思想者，是因为或客观条件有限，或主观努力不够，或没有恰当的方法。

关键在于四点：

独立之人格，自由之精神，求真之态度，恰当之方法。

这就是思想的起点，从此出发，人人都可以成为思想者，人人都可以成为“哲学家”。有了它，目不识丁的农民也可能有宝贵的思想；没有它，著作等身的教授也不过是思想的贩卖者。套用罗丹的名言：世界上并不缺少哲学，而是缺少发现哲学的心灵。

思想有起点，但没有终点，世上没有“放之四海而皆准”的绝对真理，没有“以不变应万变”的终极思想，思想没有唯一的标准和最终的答案。思想者永远在路上，在与往圣先哲的心灵对话中，在与时代精神的交流互动中，思想跨越时空的羁绊，去接续那微弱的思之薪火，以照亮我们脚下的路。思想者在思之路上执着地前行，去迎接密涅瓦的猫头鹰起飞的时刻。

思想需要独立和自由，但绝不意味着思想可以与世隔绝，夜郎自大。思想与物质的最大区别在于其共享性。相对于人而言，物质的利用是有限的，具有独占性（排他性），占有它的人越多，单个人所得就越少，物质本身的价值越小；而思想相对于人而言是无限的，具有共享性（非排他性），分享它的人越多，每个人所得就越多，思想的价值越大。英国文学家萧伯纳曾有一个通俗而生动的比喻：你有一个苹果，我有一个苹果，我们交换一下，仍然是各有一个苹果；但是，如果你有一个思想，我也有一个思想，我们交换一下，我们就都有了两个以上的思想。在全球化和网络化时代，思想开始从独白走向对话，从封闭走向开放，从对立走向宽容，从竞争走向合作。

思想者不是孤独的“我”，而是共同的“我们”，在思之路上，不是“我”“你”“他”各自独行，而是我们手拉手、肩并肩地同行同往。思想的成就我们共享，思想的责任我们共担，思想的路我们共创。

我们是和谐的多，我们是多元的一。我们和而不同，求同存异，共生共存。

我们同行同往，我们感同身受，我们志同道合。

我们永远是思想者，我们同行在思之路上，活着，爱着，怀疑着，批判着，思索着，行动着，走向自由、健康、和谐、幸福。

本书要暂时作结了，然而本书的主题——哲学与思想——并不会结束。未来就在我们自己手中，路就在我们脚下，我们一起向前走吧。

这本书可以说是我迄今为止所有作品中用时最长、用心最多的。诚如恩师崔自铎先生所言：

> 创造，是艰难、痛苦甚至是极其残酷的事业。但它带来的喜悦、欢乐和幸福，也是无与伦比的。[①]

其原因，除了世事纷扰、人心惰怠外，最主要的就是她太简单了，而越简单的东西越难写。本书以及本系列的定位是思想学术的大众化和生活化，是用图文并茂的方式和生动活泼的语言向大众介绍哲学思想。编辑要求做到通俗而不庸俗，简单而不贫乏，形式要大众化，而内容还要深刻。哲学家们写了许多有趣的书，说了许多精彩的话，而要把这些话讲给老百姓听，让他们听懂，而又不被哲学家们嘲笑，其实是很难的。尽管我从来都不喜欢学究式的研究方式和艰深晦涩的语言，但写作本书时，却发现在那其中沉浸日久，竟一时难以转变过来。

不想辜负出版社、编者和读者的期望，但又深怕由于自己学识不逮和客观条件有限，写出的东西愧对读者。真是“战战兢兢，如履薄冰”。

好在，这项工作不是前无古人，更不会后无来者。正如您将会在本书中读到的那样，哲学起源于对世界的惊奇，她最初就是人与人的交谈，就是对智慧的热爱。哲学原本是大多数人都可以懂的，哲学家原来也和常人一样随和亲切，苏格拉底常到市场找人辩论，孔子教的弟子也是三教九流都有。哲学变成现在这个样子乃是后来的事情——晦涩的语言，艰深的思想，分化的专业，繁琐的技巧，夜郎自大的态度。有些哲

①崔自铎：《人之论说：岁月沉思录》，95页，中国青年出版社，1998。

后记

学家远离大众，远离生活，远离时代，在象牙塔里钻研，先建构起话语霸权，再自得其乐，最后作茧自缚。一位哲学界前辈曾经在一次学术会议上痛心地指出，现在的哲学界唯西唯古唯本本，似乎只有研究西方的学问才叫真哲学，研究中国古代的学问是半个哲学，而研究与我们最密切相关的中国当代的问题则不被认可。这种脱离时代、脱离实践、脱离大众、脱离生活的哲学轻则是“正确的废话”，重则害人害己。

可喜的是，今天，越来越多的象牙塔中的学术和学者开始走出书斋，走向生活和大众。中央政治局集体学习请专家讲课，“百家讲坛”等电视栏目成为品牌节目，学者们网上开博客，与网友互动交流，《苏菲的世界》《哲学的故事》《画说哲学》等通俗读物开始畅销……尽管人们有各种各样的看法，尽管这种学术思想的普及有各种各样的不足，但是无疑，这条路子是可取的。在全球化和信息网络的时代，知识和文化的垄断正在被打破，知识和文化必将从自言自语回归到交流对话，哲学应当回归大众，回归日常生活。生活处处有哲学，哲学即在生活中。离开了人的生活世界，哲学就成了无本之木，无源之水；哲学如果不对生活世界中的问题进行反思和批判，则是严重的失职。很难想象，一个人对工人和农民的疾苦没有关注和同情，却能够研究好马克思主义；一个人对当代人的生活状况和精神价值状况没有起码的认识和反思，而能够研究好文化问题；一个人对孔孟之学倒背如流，却无法在现实生活中恰当地待人接物……

“哲学是时代精神的精华”，是“文明的活的灵魂”，在这样一个世界日新月异、生活丰富多彩、成就非凡伟大、问题层出不穷的时代，哲学家们没有任何理由逃避现实、脱离时代、蔑视大众。其实，在读书写作之余，睁眼看一看我们周围的人与事，毕竟不是件天大的难事。

归根结底，四个字：深入浅出。深入易而浅出难。

更重要的是，在写作过程中，本丛书是一座“用文字和画面构筑的‘博物馆’”（本丛书主编曾繁仁语），编辑要求图文并茂，最好每页配一幅图。刚开始时我还有些忐忑不安，哲学是理论性很强的学问，如何找那么多图片？更担心做成文和图两张皮。然而，越往后写，越来越强烈地发现，谈哲学不仅可以用图，而且许多思想和道理用图说的效果好过只用文字。开始怕找不够图，后来竟嫌多了！其中包括书的封面、手稿，哲学家的画像、照片或雕像，艺术作品（中国画、油画、篆刻等）、漫画、邮票、新闻照片、实物照、示意图等，总共二百多幅图片。文字和图片相结合不但使版面漂亮许多，更重要的是，用文字和图片互相说明，相映成趣。文字更形象化，图片也更有深意。

我所做的工作主要是把历史和现实中的有趣味有价值的哲学思想介绍给大家，有时也发表一下自己的浅见，也借此机会把自己对哲学和文化问题的一些思考整理出来与大家交流。也许有哪些思想介绍得不完整不准确，自己的浅见更有许多不足，请大家多多包涵。书写得好不好，话说得对不对，那是能力和水平的问题，至少，我的态度是真诚的。如果能引起读者诸君对“教科书哲学”的印象的一点点改变，或者对某些哲学问题的一点点兴趣，我就知足了。

感谢山东教育出版社编辑朱晓晨老师，没有您的耐心与细致，本书恐怕早已夭折，没有您的睿智与勤奋，本书也不会有现在的面貌。

感谢本书原创插图的作者，你的睿智隽永、妙趣横生的插图使本书大为增色。

感谢山东教育出版社这一传承思想、启迪大众的伟业。

感谢第四十批中国博士后科学基金的资助。

感谢我的妻子，你深沉而绵绵不绝的爱给我永远的慰藉和希冀。

感谢我的师长和同仁，你们的思想给我启迪，你们的前功扶我上路。

感谢我的父母和亲友，你们给我的生命和生活以温暖和力量。

感谢这个时代和世界，你们是我思想的家，我是你们的幸运儿。

凤凰卫视的品牌节目“世纪大讲堂”有一个惯例，就是主讲人演讲结束后，主持人都会问最后一个问题：请您用一句话来回答演讲的主题，只能用一句话。如果读者也这样问我这本书的主题，我可以这样说：

如果你热爱生活，如果你热爱智慧，那么，你一定也会热爱哲学！

或者，可以用诗人舒婷的一首诗《致橡树》来表达我对哲学的爱，并与大家共勉：

我如果爱你——
绝不像攀援的凌霄花，
借你的高枝炫耀自己；
我如果爱你——
绝不学痴情的鸟儿，
为绿荫重复单调的歌曲；
也不止像泉源，
长年送来清凉的慰藉；
也不止像险峰，
增加你的高度，衬托你的威仪。
甚至日光。
甚至春雨。
不，这些都还不够！
我必须是你近旁的一株木棉，
作为树的形象和你站在一起。
根，紧握在地下，
叶，相触在云里。

每一阵风吹过，

我们都互相致意，

但没有人，

听懂我们的言语。

你有你的铜枝铁干，

像刀、像剑，

也像戟；

我有我红硕的花朵，

像沉重的叹息，

又像英勇的火炬。

我们分担寒潮、风雷、霹雳；

我们共享雾霭、流岚、虹霓。

仿佛永远分离，

却又终身相依。

这才是伟大的爱情，

坚贞就在这里：

爱——

不仅爱你伟岸的身躯，

也爱你坚持的位置，

脚下的土地。

常晋芳

2007 年 10 月 20 日

记于北京清华园

敬 告

本书所使用的部分图片资料源自互联网，我们已采取多种方式与原作者进行联系，但仍有部分作者地址未详，联系未果，特此致歉！请图片作者见书后及时与我们联系，我们将及时寄上稿酬，并在再版时标出作者姓名。

责任编辑的联系地址是：山东济南纬一路321号山东教育出版社文科编辑室。联系电话：0531-82092630。电子信箱：bluenight-2003@163.com。

编者

图书在版编目（CIP）数据

人文博物馆·哲学卷／常晋芳著．—济南：山东教育出版社，2008

ISBN 978-7-5328-5926-9

Ⅰ．人… Ⅱ．常… Ⅲ．①人文科学－青少年读物②哲学－青少年读物 Ⅳ．C49 B-49

中国版本图书馆CIP数据核字(2008)第052624号

丛书主编　曾繁仁

人文博物馆·哲学卷

常晋芳　著

主　管：山东出版集团
出版者：山东教育出版社
（济南市纬一路321号　邮编：250001）
电　话：（0531）82092663
传　真：（0531）82092661
网　址：http://www.sjs.com.cn
发行者：山东教育出版社
印　刷：山东新华印刷厂临沂厂
版　次：2008年6月第1版
2008年6月第1次印刷
印　数：1-3000
规　格：787mm × 1092mm　16开本
印　张：21印张
插　页：1插页
字　数：273千字
书　号：ISBN 978-7-5328-5926-9
定　价：76.00元